普通高等教育“十一五”国家级规划教材
高等院校建筑类教材系列

建筑构造设计基础

（第二版）

同济大学　刘昭如　编著

科学出版社

北　京

内 容 简 介

本书是在《建筑构造设计基础》第一版的基础上扩充、修改而成。

本书根据初学者的特点，以系统理论为依据，从建筑物实体的构成和细部的处理及实施的可能性两个方面，探讨对建筑物实体进行构造设计时所涉及的基本问题。

全书共分三篇。第一篇讨论与构造设计有关的基本问题以及常用的建筑体系和常用的建筑材料及其连接方式；第二篇介绍建筑物各部分的构成及相互联结；第三篇阐述建筑物的构造细部处理方法及环境的关系。书中附有大量建筑物实景照片构造详图，以及设计实例分析供读者参考。

本书可作为建筑学、城市规划等专业的教学用书，亦可供广大建筑工程人员阅读。

图书在版编目（CIP）数据

建筑构造设计基础/刘昭如编著. —2 版. —北京：科学出版社，2008
（普通高等教育“十一五”国家级规划教材・高等院校建筑类教材系列）
ISBN978-7-03-021171-2

I. ①建… II. ①刘… III. ①建筑构造 IV. ①TU.22

中国版本图书馆 CIP 数据核字（2016）第 022944 号

责任编辑：童安齐/ 责任校对：刘彦妮
责任印制：吕春珉/ 封面设计：耕者设计工作室

科学出版社 出版
北京东黄城根北街 16 号
邮政编码：100717
http://www.sciencep.com
北京九州迅驰传媒文化有限公司 印刷
科学出版社发行　各地新华书店经销
*
2001 年 5 月第　一　版　开本：787×1092　1/16
2008 年 3 月第　二　版　印张：13 3/4
2021 年 8 月第二十二次印刷　字数：307 000

定价：45.00 元

（如有印装质量问题，我社负责调换〈九州迅驰〉）
销售部电话 010-62136230　编辑部电话 010-62137026（HA08）

第二版前言

近年来，随着教学环境的改善，各院校之间关于建筑技术类课程教学的研讨会屡屡举行，充分说明了学界对这一问题的重视。近日整理自己参会的数篇有关建筑构造教学的论文，觉得其中一篇名为“分过蛋糕做什么——关于资源共享和教学互动的讨论”的，颇具心得。因而，值此《建筑构造设计基础》一书入选“十一五”国家级规划教材，经修改后与电子版教学课件合并出版之际，决定将该篇文字择要收录，作为第二版的前言，以免受再行写作新文章之苦。

要是读者能够以宽大包容之心，容我偷懒，而且也容忍将一本教材的前言，弄得好像与课文本身无关，看过后只是莞尔一笑，道声：还行吧！那这厢就千恩万谢了。谢谢！

分过蛋糕做什么
——关于资源共享和教学互动的讨论

记得前两年，我在编写建筑构造课程使用的《建筑构造设计基础》第一版时，曾经在前言里将它比作端上桌面的蛋糕，希望它是一根钓鱼竿的模样，而不要像一条鱼，或是一堆鱼。我那时还许愿要将配套的教学课件做出来。如今，这个愿亦已得了。我们的学生每人都有一张经正式出版的刻录着教学课件的光盘。于是有人戏言：蛋糕给彻底分掉了。

对于要不要将教学课件分到学生手里，学校里曾存在着两种截然不同的看法。一方面，学生们是举手欢呼，翘首以待；而另一方面，我的同事们则部分持保留态度。在他们看来，教学课件等同于教师的备课笔记，一旦交给学生，就算是“兜底端”了，再怎么上课呢？其实当初我也曾犹豫过，怕学生拿到了课件不来听课。倒是学生们的一句话彻底打消了我的顾虑，他们说，要真是那样，连课本也不该有啊！

这篇文章所要讨论的，就是有关课件这样的教学资源要不要与学生共享的问题、课件分下去以后怎样教学的问题以及继而引发的如何促成教学互动的问题。

■“分蛋糕”分掉了什么

分蛋糕历来是开 party 的重要程序，蛋糕再漂亮，最终总是要分给大家品尝的，让与会者共享一份快乐，比蛋糕本身的花式或口味更重要。

对于像建筑构造课程这样实践性强，学时又紧的专业基础课来说，做一份有提纲、有实例、有二维和三维的图像对比、还带上一点动画的多媒体课件，在上课时演示，无疑是对过去单调的课堂教学形式的重大变革，就像把淡馍馍换成了鲜奶蛋糕，其课堂教学效果是不言自明的。但是，如果教师仅满足于在学生面前展示这块大蛋糕，而不把它分到学生手里，让他们细细品尝，还是远远不够的。

首先，根据我们使用多媒体课件辅助教学的经验，由于用电脑展示课件内容可以省却板书的时间，再加上同时运用多种媒体所具有的特殊功能，在相同的课时中便可以输出更多的信息量，因而学生可以被塞得更满，但是塞进去的东西他们究竟能不能消化吸收，并不是以教师的一片好心为转移的。

其次，纵然教师对于做课件投入再多的时间和积极性，课件做得再怎么生动，改变的只是教学的形式而不是传统的模式，所有的主动权仍然掌握在教师的手里，学生仍然只是受教的对象，而不是学习的主体。

那么，把课件分到学生手里去，究竟会有什么改变，究竟能分掉些什么呢？

第一，要紧也是最触动神经的恐怕是分掉了教师的绝对控制地位。从理论上说，学生掌握了老师手中的“秘密武器”，就掌握了主动权。他们可以不来听课，因为多媒体演示比起纯文字的课本更易于被理解，学生没有必要为已经明白的内容再多花时间去课堂听课。如果他们不能通过自学全部理解课程的内容，那有选择地听课或带着问题去听课也不失为一种好办法。当然，学生还可以选择像过去一样完全由教师来“灌”。根本不用担心这样做的后果，因为考试目前依然是衡量的唯一标准，一次不通过可以来第二次，这才是真正意义上的学分制。所谓缩短与国外同等程度教育制度的距离，至少表面上应该做到如此。

第二，把课件分给学生，等于取消了对于某种资源的垄断。在当今这个讲究效率和可持续发展的社会，辛辛苦苦收集得来的资料、绞尽脑汁做成的课件，如果做不到物尽其用，岂不是最大的浪费！学生们说，有了课件，可以上机反复看，有点像“四轮学习方略”所推崇的那样，弄懂了的问题，考试就不怕。

由此看来，分蛋糕的好处已初见端倪，只是一时还不甚分明。

■分过蛋糕做什么

这才是目前最应受到关注的问题。把课件放到学生中去了之后，教师和学生一人手中一块蛋糕，原先的上课方式按说已不再能适应所有学生的需求了。但经过一个时期的运作，我发现学生好像反而比没拿到课件前更踊跃地来占座位听课，对这个现象是该喜还是该忧呢？

也许把课件做成“默片”，是让学生不能放弃听课的重要原因。但我当时确实很为难。因为我想尝试让学生在预习时先从相关的各种图文信息中得出自己的看法，哪怕比较模糊，至少不会先入为主地以老师的说教为唯一结论。如果学生是带着想法踊跃到课堂上来“对答案”，或是带着不解的问题来求帮助的，我应该感到高兴，因为他们至少从完全被动学习的境况中前进了一步。但如果因此教师上课讲学成为必不可少，而上课又还是以教师的讲述为主，没有争辩，也缺乏进一步探索的余地，那我应当感到不安，因为我们其实并没有走远。

带着这样的反思，我想借着分“蛋糕”的契机，进一步从建筑构造课的教学模式上，而不单单是从其教学形式上去进行改革。因为有一个问题始终令我感到困惑，那就是我们一向承认构造设计是建筑设计的一个重要组成部分，但为什么学生在学校里学习建筑设计主要是通过自己去找资料、画图纸、由老师修改而完成的；而学习构造时，就变成了竹筒一根，虚心则虚心矣，却完全等着老师来塞豆子、填米饭呢？其实，这正应了学习方法论上常说的两种不同的方式。一是发现学习，系指学生通过搜集资料，积极思考，自己去体会和发现相关的概念、原理、技能、技巧；二是接受学习，系指学生通过由授业者传授某种确定形式的内容，然后经过自身的组织、消化，在必要时再加以利用。尽管发现学习的效率——时间要比接受学习来得低，但学生充分发挥了主观能动性，不容易受到某种思维定势的影响，相反具有自信心和独立思考的能力，善于发现事物中代表本质的方面，因而更富有创造能力。在这方面，构造课应当向建筑设计课学习。尽管我们现在的课时数远比设计课要来得少，但与学生共同分享教学资源后，老师讲课的时间应当可以压缩，可以留出更多的空间来给学生自行探索。

其中，至少有以下两个方面的问题值得花精力去做。

一、探索改变单一授课型的模式，力争向多种模式并行的探究型的教学模式转变

借助于教学课件的普及，教师上课可以主要集中在要点的诠释及疑难问题的解答上。特别是随着国家及各地、市精品课程建设的推进，网络教学将逐步成为大势所趋。到那时，教学资源将做到进一步公开化。这样，学生自行探索的空间将得到扩展。作为教师的责任，主要是创造更多的机会引导学生自主学习，使他们能够通过一定的手段得以验证他们的心得，探索知识的综合应用。因此，在教学过程中，应当鼓励学生在教师讲课之前先行发表自己的见解；适量增加课堂练习和课堂讨论；如果有条件，还可以多多组织现场参观。与此同时，菜单式的经过良好设计的练习题库，也是必不可少的。

二、加强与建筑设计课程的联系与结合

建筑构造课是专业基础课程，尽管包含有许多技术的因素，但不应该与设计课割裂开来。从整体上讲，在构造课中所学到的许多知识应该在设计训练中不断得到巩固和提高，但以往有部分学生忽略了这一点。他们在设计课上往往偏重于建筑空间的构成手法及其表现，不重视构成空间的建筑物实体的构造，个别同学甚至于在大学的几年中画剖面图从来不剖到楼梯。像这一类问题不能单靠构造课的若干个课时予以解决，只有在建筑学教学的全过程中都对建筑技术予以充分的重视，才有可能造成影响。因此，当学生在构造课上接受过统一的基本训练后，最好能够在后续的建筑设计课上，结合自己的方案构思，每次分别着重解决一到两个构造技术问题，以培养重视建造技术的意识，并学习解决具体问题的方法。

■由谁来做新蛋糕

把蛋糕分给学生之后，原来的蛋糕盒确实是空了。但新蛋糕不能还是让老厨师来做，教会学生自己动手做蛋糕，才是我原来希望蛋糕做成钓鱼竿模样的初衷。

为此，在我开始制作课件的时候，曾有意选择了ppt文件的格式。这一方面可以方便上课使用，更重要的是当学生有了课件之后，还可以在上面随意添加注释，或者自行增减素材，自行重新编辑。这样一来，每一块蛋糕就有可能变成具有新口味的新蛋糕。事实上，有些学生已经开始尝试这样做了。这是一个很好的开端。此外，有一些学生还自己去制作新课件。例如有位学生跟踪了学院里一个局部改造工程的全过程，将其中一个楼梯的制作经过制成课件在课堂上演示，并加入了他自己的许多学习心得。这种“新蛋糕”的号召力，是不言而喻的。我在改编教材和教学课件的过程中，注意不断将这样的学生作品和他们所收集的资料编进去，因为学生所关注的知识点，很有可能就是他们学习中的难点。学生在教学改革中所做的每一分努力，都必须受到尊重，因为只有学生，才是教学过程中的真正主人。努力做到以人为本，努力加强师生间的相互交流，才能达到教学互动的目的。这对于在应试教育的环境中成长起来的大学生，对于即将成为极需创造力的建筑师的大学生，同样，对于对他们负有责任的大学教师，都是十分重要的。我愿为之不断努力。

（本书课件可在 http://www.abook.cn 下载）

作　者

2008年1月

第一版前言

刚接触建筑构造课程的学生说:“这门课怎么这么难?连一页书也看不下去,对着详图拼命想也不知道是怎么回事!”

刚学完这门课的学生说:“这门课蛮有劲的,怎么就完了?!以后还有吗?”

临近毕业的学生说:“我们构造学的内容太简单了,做法太陈旧,太落后。”

成了建筑师的学生说:“学到用时方恨少,在工作岗位上,很多与构造有关的东西都要重新去温习起来,特别是当自己想创新的时候。”

⋮

⋮

于是,带着种种愧疚和设想,掺和着许多前人和同仁的劳作辛苦和自己的辛苦劳作,终于将这本《建筑构造设计基础》端上了台面。

在蛋糕上插上蜡烛,能不能多许几个愿呢?

第一个愿望:不要被人骂做是“换汤不换药”。书的内容是“设计基础”,应该不再是按部就班地罗列一些基本的建筑构造做法,而是能揭示出掩盖在各种做法后面的人的设计思想以及这些做法间的差异、关联、变化轨迹和成因。蛋糕最好能做成一根钓鱼竿的形状,而不要像一条鱼、一盆鱼,甚至一桌子鱼。

第二个愿望:要让使用这本书的学生和教师都感到轻松。因为二维的构造详图不再令人感到艰涩难懂,旁边就有可以比对的三维的实物照片,甚至施工的过程照片;许多构造层次也不再像药方一样需要死记硬背,因为从工程实例分析中可以发现其灵活变通应用的所在。于是大家都可以莞尔一笑:尽信书,不如无书!相信自己吧,创造的路就在脚下!

第三个愿望:要是配套的多媒体课件能同时出炉就好了。那样,许多看不见摸不着的构造原理就可以通过动画处理活生生地呈现在读者面前,收集的许多实例也有助于大大拓宽思路。可惜那只做了一部分,还在煎、在煎。

不如就此打住吧。许了愿,切过蛋糕后,就该去忙你的活了。

最后,还应该谢谢大家才对,尤其是帮你一起做蛋糕的人。首先是系里的领导和同事,因为领导决定从大家辛苦创收的钱里划出一只角,来赞助教材的编写工作,其中也包括你。钱不管多少,都是众人的心血。再有被差来遣去的两位研究生,他们参加摄影、绘图、整理资料和做多媒体课件,名叫余巨鹏和林怡。当然，那些有出版的资料和创见被收集入这本书的前辈、同仁和学生，那些满腔热情帮我斧正书中的错误的长者，如东南大学的唐厚炽先生，就更该千恩万谢了。谢谢！

同济大学建筑城市规划学院建筑系
刘昭如
2000年5月

目　录

第三篇　建筑构造细部及环境应对策略

第一篇　导　论

第一章　概　论

第一节　构造设计的主要内容

建筑空间是现代人类生存和活动的主要场所，它使人类能避开自然界中的某些不利因素的影响，生活在相对舒适和易于控制的环境中。而建筑物的物质实体正是提供和界定空间的依托。所谓有为之利而无为之用，可以准确地描述建筑实体与其构成的空间之间的关系。这两者都是建筑设计研究的主要对象。本课程则主要探讨对建筑物实体进行构造设计时所要涉及的基本问题。

一、建筑物是一个大系统

建筑物作为室内外空间的中间屏障，必须同时适应其外部自然或人工条件变化的影响以及满足其内部的各种使用需要；建筑物作为独立的实体，又必须具有形式上的美学价值，因而便形成了自身复杂的系统。

（一）建筑物的组成

建筑物通常由楼地层、屋盖、墙或柱、基础、楼电梯、门窗等几大部分组成（图 1.1.1.1）。这些部分相互搭接构成整体，其中每一部分又可以由不同的构件及构造层次组成，例如楼层可以由楼板和梁构成受力的结构部分，其上下表面又有装修和保护的层次，等等。这些组成部分的功能分别是：

图 1.1.1.1　从室内看建筑物的各组成部分

楼地层——提供使用者在建筑物中活动所需要的各种平面，同时将由此而产生的各种荷载，例如家具、设备、人体自重等荷载传递到支承它们的垂直构件上去。其中建筑物底层地坪可以直接铺设在天然土上，也可以架设在建筑物的其他承重构件上。楼层则可以单由楼板构成，或者也包括梁和楼板。它除了具有提供活动平面并传递水平荷载的作用外，还起着沿建筑物的高度分隔空间的作用。对于高层建筑而言，楼层是对抗风荷载等侧向水平力的有效支撑。

屋盖——除了承受由于雨雪或屋面上人所引起的荷载外，屋盖主要起到围护的作用，防水性能及隔热或保温的热工性能是屋盖部分必须解决的主要问题。同时，屋盖的形式往往对建筑物的形状起着非常重要的作用。

墙或柱——在不同结构体系的建筑中，屋盖、楼层等部分所承受的活荷载以及它们的自重，分别通过支承它们的墙或柱传递到基础上，再传给地基。在房屋的有些部位，墙体不一定承重。但无论承重与否，墙体往往还具有分隔空间或对建筑物起到围合、保护作用的功能。

基础——建筑物的垂直承重构件与支承建筑物的地基直接接触的部分。基础的状况既与其上部的建筑的状况有关，也与其下部的地基状况有关。

楼电梯——解决建筑物上下楼层之间联系的垂直交通工具。

门窗——用来提供交通及通风采光的方便。设在建筑物外墙上的门窗还兼有分隔和围护空间的作用。

（二）建筑物的构成系统分析

组成建筑物的各个部分，按其功能归纳起来，可以分为结构支撑系统和围护、分隔系统两大部分，此外，还有许多与主体部分相关的其他系统，例如供水、照明、供气、供暖、空调、电信等。

1．建筑物的支撑系统

建筑物的支撑系统指建筑物的受力结构系统以及保证结构稳定的系统。它保证建筑物能将各种使用荷载及自重合理有效地传递给支承建筑物的地基。

例如上述的建筑物的楼地层、屋盖、楼梯、柱、承重墙及基础，都属于建筑物的受力结构系统。使用荷载通过它们中的水平构件传递到下一个层次的垂直承重构件，如墙或柱子上，再经由其下部的基础部分传递给地基。

但是，除了垂直方向的使用荷载及建筑物的自重外，有的建筑物，像高层建筑，还需要承受水平方向的风荷载，因此其本身的结构刚度和稳定性也显得非常重要。此外，当某些自然灾害，特别是地震灾害发生时，建筑物受力的情况会变得非常复杂，设计时必须充分考虑将灾害对建筑物结构系统可能产生的影响控制在有限的范围内，以尽量避免或减少伤害事故的发生，并实现灾后对建筑物的有效修复。针对这些情况，建筑物的支撑系统中通常还包括保证结构稳定的部分。例如高层的框架结构建筑往往会在合适的部位设置剪力墙（图 1.1.1.2），剪力墙的主要作用是对抗水平方向的剪切力，以提高结构系统的整体刚度及其稳定性。

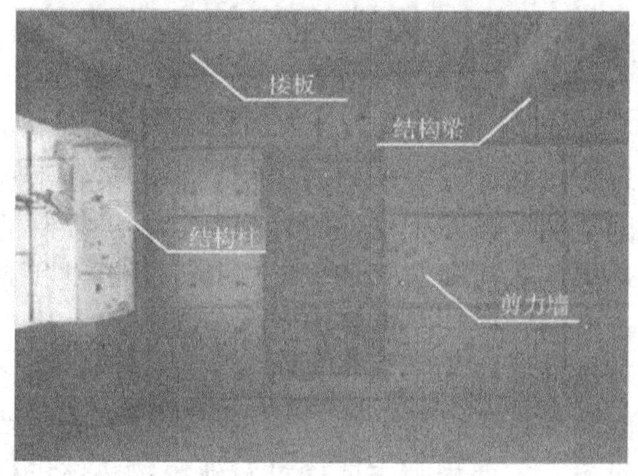

图 1.1.1.2　某框架结构建筑的楼板、梁、柱及剪力墙

由于建筑物的支撑系统在荷载传递以及保证结构稳定性方面的重要作用，使其成为建筑物中不可变动的部分，其构件的大小必须经过结构计算，相互之间的连接主要是考虑受力的合理性及结构的稳定性，建成后不得任意拆除或削弱。

2．建筑物的围护和分隔系统

建筑物的围护、分隔系统指建筑物中起围合和分隔空间的界面作用的系统，例如某些轻质的内隔墙、门窗和用柱子作为垂直承重构件的建筑物的填充外墙等。它们在建筑中并不起承重的作用，而只是用来限定空间（包括区分建筑物的内部和外部空间以及内部不同的空间），并且作为一种分隔和屏障，与建筑物的内、外部环境对建筑物的物理性能的要求产生对应的联系（图 1.1.1.3）。例如建筑物外墙上的门窗，不但界定了室内外的空间，而且也需要能够让自然光线通过，以

图 1.1.1.3 某框架结构建筑中的内隔墙不承重

达到采光的目的；还需要能够开启，以实现通风和通行；同时，还应该有一定的密闭性能，以防止渗漏等。

这些属于围护、分隔系统的构件虽然自身不承重，但它们的自重却要通过结构系统传递到地基上去。因此，它们在整个建筑物系统中的合理位置以及与承重的支撑系统的合理连接是必须予以重视的问题。

此外，许多支撑系统的结构构件同时也兼有界定空间的围合和分隔的作用。例如屋盖、楼梯和承重内外墙等。因此，它们必须同时作为围护和分隔构件来设定。

建筑物的围护和分隔系统应满足如下几方面的要求。

（1）良好的安全性能

建筑物除了结构方面的安全性能外，还有防火、防辐射、无毒性等方面的安全需要。有关规范明确地规定了建筑物的防火等级（详见附表中表 1~表 3）以及各种建筑材料的安全适用范围。

（2）良好的热工性能

良好的热环境是人体舒适度的重要指标，这在很大程度上取决于建筑物外围护结构的热工性能。对其采用良好的隔热、保温等构造措施可以使得其热工性能得到改善并取得有效的节能效果。

（3）良好的通风、采光和密闭性

建筑物在通过门、窗、采光顶棚等设施改善室内空气质量和光环境时，还必须保证它们具有良好的水密性和气密性，以防止风雨的侵害。

（4）良好的防水机制

建筑物的外围护系统除了构件之间有接缝，例如门窗的开启缝，需要做防水处理外，还会由于种种原因，例如昼夜的热胀冷缩而产生裂缝，造成渗漏。室内经常使用水的处所，也容易产生水渗漏的现象。有些建筑物的基础和地下室还会受到地下水的侵蚀。因此，防水是建筑物的围护和分隔系统中的一个重要环节。

（5）良好的声学品质

建筑物的声学品质包括对噪声的阻隔及室内的音质效果两方面。除了室内空间的体形和容积会对其音质效果产生影响外，构件的材料、质量、内部结构、连接方式、表面处理等都直接涉及建筑物的声学品质。

（6）良好的感官效果

建筑物的围护和分隔构件作为分隔空间的界面，同时还是参与建筑造型的重要构成元素，它们的尺度、形式和材料的色彩、质感等都应该给人以感官上的愉悦感受。

实例分析

图 1.1.1.4 是某装配式轻钢住宅体系的外墙板在设计时所必须经受的功能测试以及其外墙组合。从图中（e）可以看出，该体系的支撑系统是型钢的骨架；墙不承重，由内外两层墙板及当中的空气间层和保温材料所组成。其外墙板在设计时综合考虑了耐久性、耐火性、强度、热工、防水和防止结露受潮等方面的功能。首先，该外墙板选用不燃的轻混凝土作为原料，使其在高温时不会释放有毒物质，因而符合防火及安全无毒的要求；其次，在其内部构造上选择高强、中空的形式，不但可以在满足抗冲击力等强度的要求下降低构件的重量，对结构有利，而且可以提高其热工的性能和增加其隔音的效果；最后，墙板材料可以防止水和水汽的入侵，表

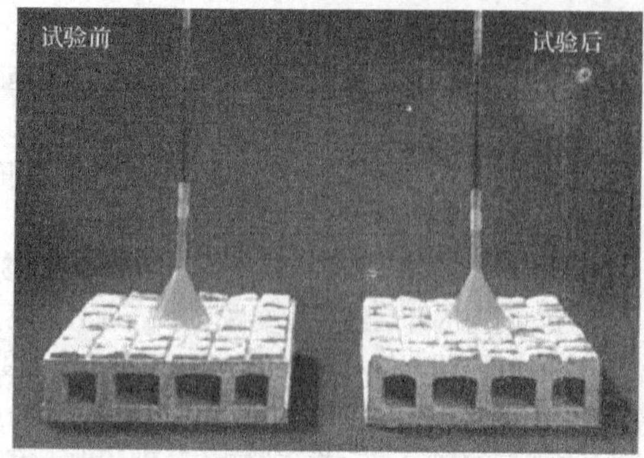

(a) 24小时渗水试验

(b) 防火试验

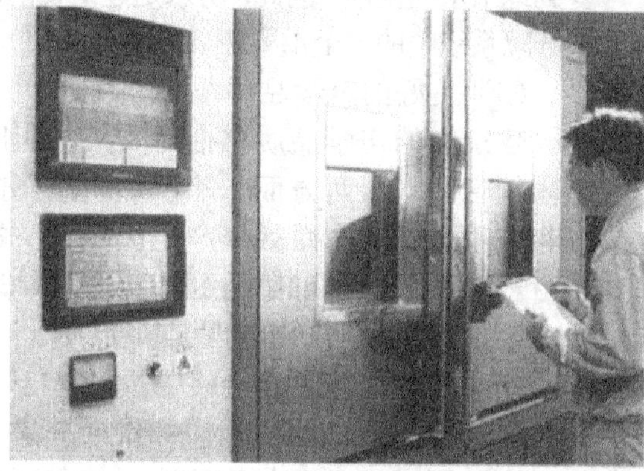

(c) 冻融试验

(d) 抗冲击试验

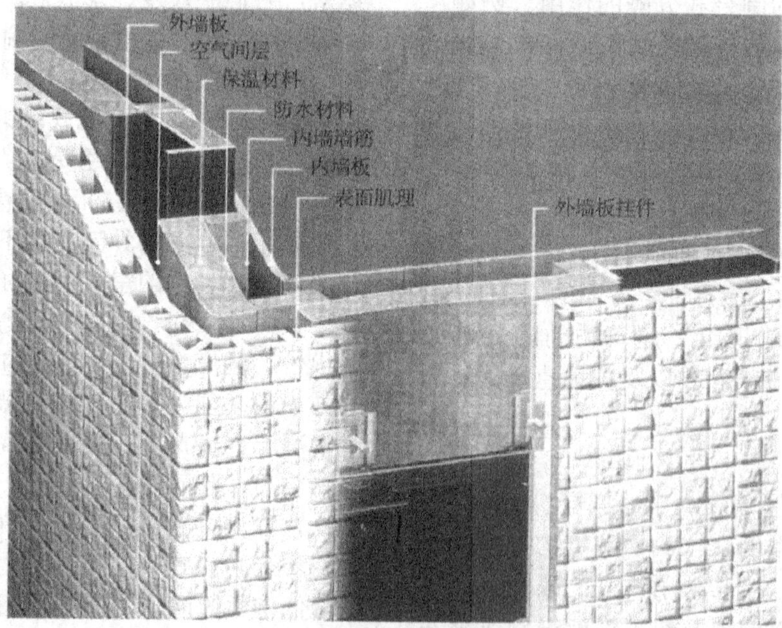

(e) 墙体组合示意图

图 1.1.1.4　某装配式建筑的外墙板功能测试及外墙组合

现在其通过了渗水试验和抗冻融试验，这一方面可以满足其作为建筑物室内外的屏障时对建筑防水的要求，另一方面可以避免冬季因其内外两侧存在温差而容易造成水气在墙体中结露甚至产生冻融现象而使墙体材料破坏的隐患，这就大大提高了墙板的耐久性。这样的外墙板与空气间层以及保温材料等构造层次进行合理组合，在总体上可以进一步提高墙体的热工性能和隔音效果，再加上对其安装及连接构造的正确设计，有利于对抗变形等不利因素，特别是可以适应抗震的需要；对其外观肌理的工厂化预加工，又可以简化现场的施工工序，并达到加工精良的效果。像这样的对于建筑外墙板的设计综合考虑了它处在建筑物系统的特定位置上所应该满足的各种要求，是一个比较成熟的设计实例。

3．与建筑物主体相关的其他系统

在建筑物中，许多与主体部分相关的其他系统，例如供水、照明、供气、供暖、空调、电信等，有大量的管线要穿越主体建筑，并依附在主体结构上。主体结构要为这些管线提供支撑和必要的空间以及必需的屏障。由于管线的穿越，许多结构构件需要做特殊处理以保证传力的合理性，一些围护构件在管道穿越的局部也需要加强例如防水等多方面的构造处理。

此外，这些附加系统的设置还是人类改善生活质量，营造可控的人工环境的重要手段。这种可控性越是增强，建筑的室内环境与外部环境之间的差别就可能越大，于是对建筑物的要求就更高。例如空调的普及，使得许多原先不属于寒冷或炎热地区的建筑物的围护结构也有了保温和隔热的要求，建筑节能的问题被大面积地提到了议事日程上。还有目前正在发展的建筑智能化设计，使得人工支配环境的趋势日益走强，有朝一日当人工智能的触角伸向建筑物的各个层面时，也许就是建筑物的营造方式发生彻底变革的时候了。

（三）应对建筑物系统进行动态的研究

建筑物系统的动态过程不单存在于从设计到施工、使用、维修的进程中，而且反映在其全生命周期中每时每刻与周边的自然及人工环境的互动作用中。

施工和使用是建筑物本身必然经历的两大阶段。建筑物在施工过程中逐渐形成所产生的一系列变化是显而易见的，但投入使用后的建筑物也仍然处在不断的变化及运动的过程中。造成这些变化的人为因素有变动使用功能、重复装修、更新设备和设施等等，不过更大量的每天发生的由环境而诱发的变动却是不易为人所察觉的。例如由承担荷载而引起的结构构件的徐变、由昼夜温差而引起的建筑物的周期性的胀缩变形、由地基压缩引起的建筑物的缓慢沉降、由空气中的化学物质引起的化学反应导致对建筑物的侵蚀和毁损等，这些变动给建筑物带来的主要影响是变形开裂。其中，细小的裂缝可以造成渗漏，而超过一定范围的裂缝将导致建筑物结构部分的破坏，从而殃及人类的生命财产的安全。

怎样将建筑物的系统放在一个动态的过程中去加以研究，使其从整体和细部的处理都能在相当的程度上适应这种动态的变化，以提高建筑物的质量和耐久性，是设计中面临的一个大课题。例如许多建筑物的屋面上都需要覆盖防水的材料来阻止雨水的渗漏，但屋面往往是最容易受到热胀冷缩的温度应力影响的部位，如果不采取必要的构造措施来加以应对，屋面防水层就很容易因此而受损，影响到建筑物的正常使用。本书在有关建筑构造的章节中将具体介绍相关的研究方法以及应对策略。

二、构造设计的主要内容

构造设计是建筑设计过程中的一个重要部分，因为所谓建筑设计的过程，是将构想中的物象加以物化和细化，并用图表达出来，令其达到可以由他人实施施工目的的过程。一般的平、立、剖面图反映的是整体的大概念，或者较多地倾向于建筑空间的构成和组合，而关于建筑物实体的构成以及细部的处理和实施的可能性等等，都要通过构造设计来解决并用建筑详图来表达。

“构造”这两个字，本身就包含了“构成”和“营造”两重意义。“构成”讨论建筑物各部件或构件的组成及相互之间的联系；“营造”则兼顾到经营（设计）和建造（施工）两个方面。

构造设计的过程是贯穿在整个建筑设计过程的始终的。虽然一般说来，往往要到施工图设计的阶段才需要大量绘制并递交建筑详图，但对建筑物构造做法的推敲却常常在方案阶段就要开始研究。因为许多细部的构成，包括其尺度、体量、实施可能性等，会对整体的设计起着制约的作用，或者可以是诱发创意的凭借点，所以必须事先做到“心中有数”。其次，一个建设项目的设计是要由建筑、结构、设备等各方面的人员通力合作才能够完成的，有些技术问题不能靠建筑设计人员单方面来解决。建筑设计人员对设计对象的创意及设想，必须及时提供给其合作伙伴，得到他们的理解或修改意见，才能使设计程序正常顺利地进行下去。所以说在实际工程中，建筑师往往在设计前期就需要绘制大量细部的草图或正规图纸，作为进一步深化设计的依据。

实例分析：图 1.1.1.5（a）~（h），反映了某

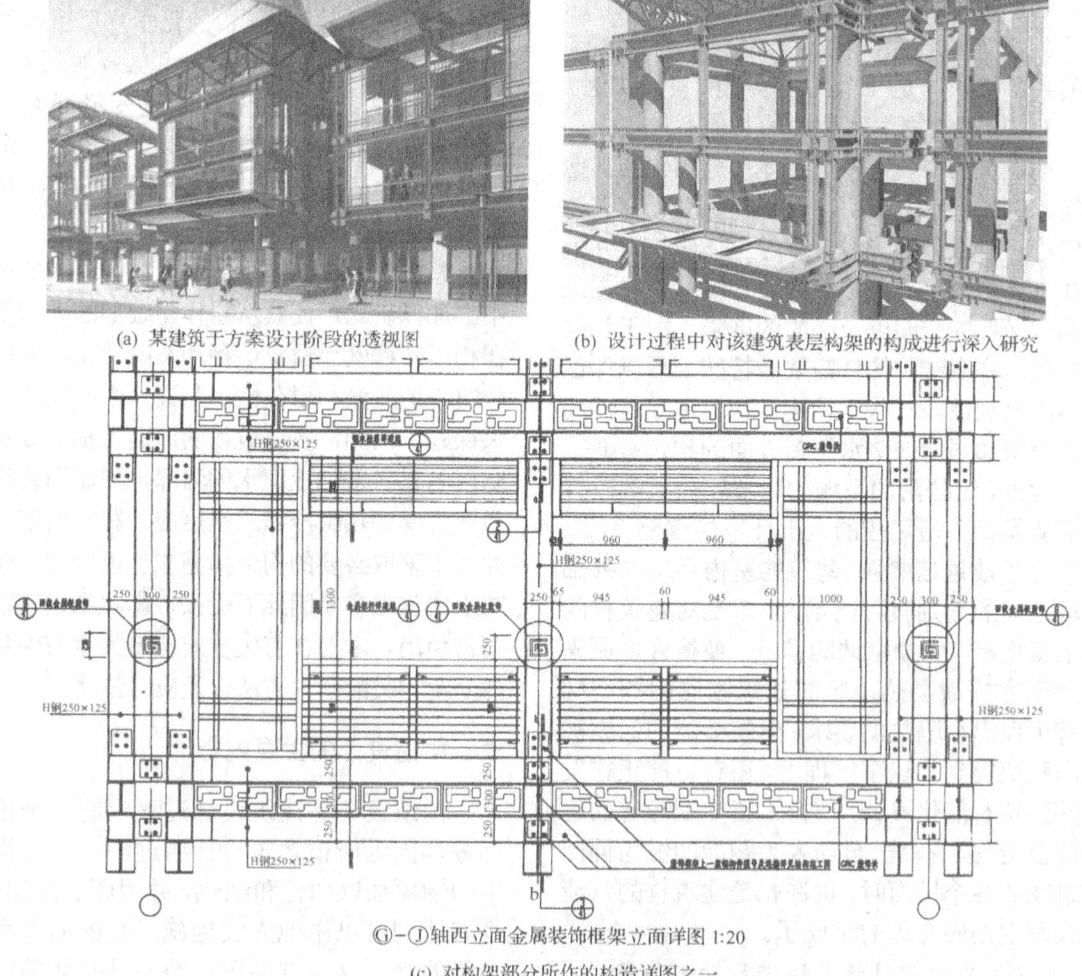

(a) 某建筑于方案设计阶段的透视图

(b) 设计过程中对该建筑表层构架的构成进行深入研究

Ⓖ-Ⓙ轴西立面金属装饰框架立面详图 1:20

(c) 对构架部分所作的构造详图之一

图 1.1.1.5 某建筑表层构架构造做法的生成过程

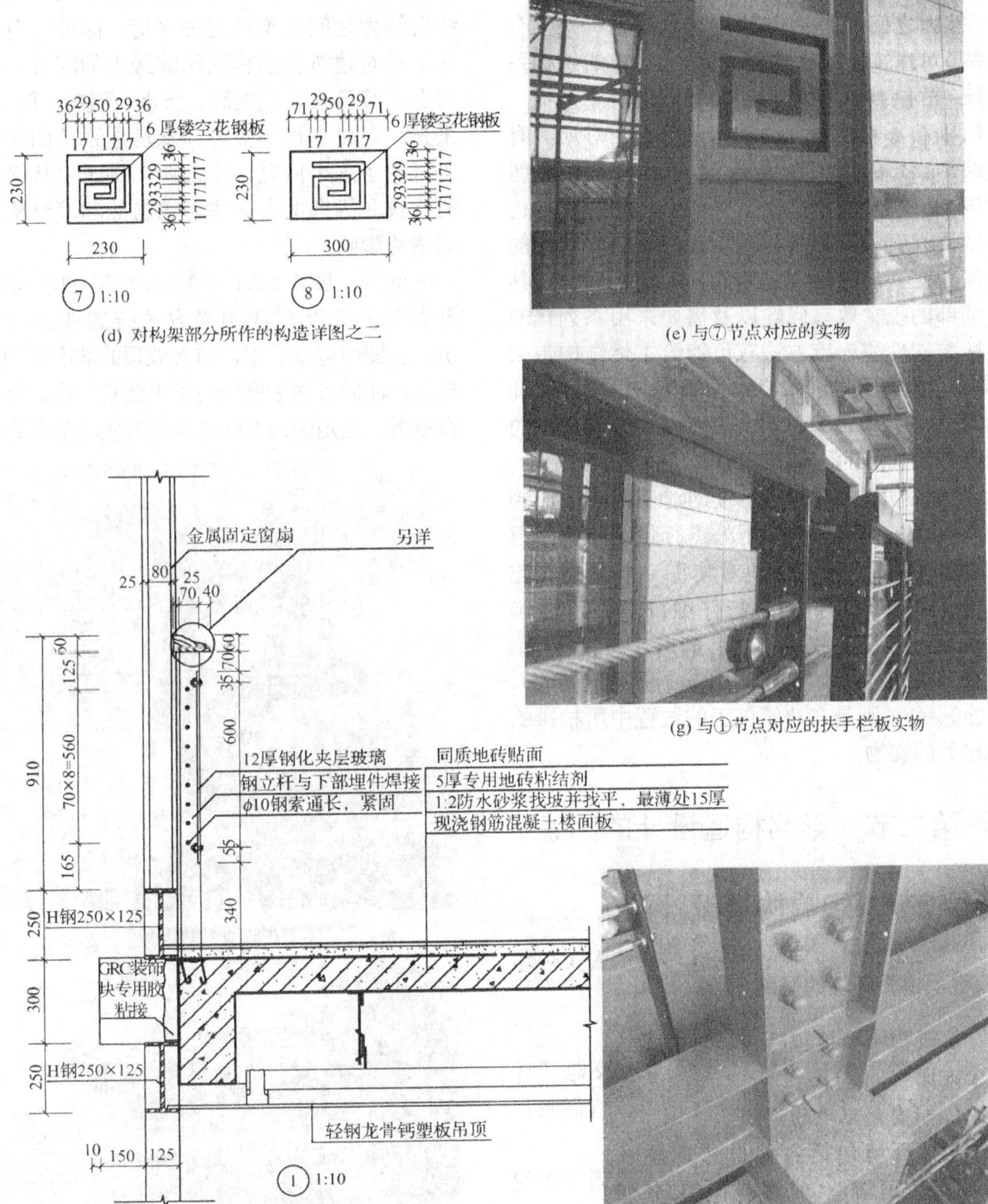

(d) 对构架部分所作的构造详图之二

(e) 与⑦节点对应的实物

(g) 与①节点对应的扶手栏板实物

(f) 对构架部分所作的构造详图之三

(h) 与①节点对应的钢构件连接节点实物

图 1.1.1.5（续）

建筑物表层装饰构架的构造设计随整个建筑设计逐步深化的过程。其中（a）是在建筑方案设计阶段所做的效果图，表层的构架具有装饰的意向，但因为没有确定建筑的结构系统究竟是采用钢结构还是钢筋混凝土结构，所以并不能够确定这层构架是否同时还具有结构支承的作用。后来在初步设计的阶段明确了结构支承采用钢筋混凝土，这时这层构架便只有装饰作用，在设计中主要要解决的问题是其与建筑物主体部分的连接问题、其细部的视觉效果问题以及需要采用系列化的标准构件和连接方法有可能给主体结构带来的尺度方面的问题。图中（b）是在初步设计阶段与建筑的平、立、剖面同步开展研究的该装饰构架的细部模拟建构图。利用相关的计算机技术，可以很方便地对其每一个连接点、每一个特殊的转折处进行仔细研究，通过多轮的相互磨合及权衡、修改，最后在建筑施工图的阶段完成了一系列关于这个装饰构架的构造详图。图中的（c）、（d）、（f）是这一系列详图中的几个局部，而图中的（e）、（g）、（h）则是在建筑施工的过程中所拍摄的相关的实物。

第二节　影响构造设计的因素

一、客观物质环境的影响

客观物质环境包括自然环境及人工环境两个方面。

（一）自然环境的影响

自然环境包括各种自然现象及地理环境，例如风雨雷电，气温变化等，气候条件和日照及土质，水文等地理条件。

自然环境可以给人类生活带来诸多不便甚至灾害，但也给人类的生存提供了物质的资源。人类建造房屋的历史，就是不断适应自然条件、利用自然资源、营造尽可能由人控制的生存环境的历史。其中每一个进步甚至细小的变化，都不可避免地要在人的意愿和自然力之间取得动态的平衡。因此，自然环境是对建筑物的构造影响最大的因素。本书上一节已就诸如抗震、防水、隔热、保温、采光、对付变形等多方面从房屋系统的角度来讨论了这个问题，下面两个例子将从横向的比较和纵向的发展来讨论自然环境对建筑构造的影响。

例一：图 1.1.2.1 中的（a）和（b）分别是典型的北欧与我国南方传统的坡屋顶建筑。从图中可以看出，前者坡顶的坡度陡峭而挺直，而后者的坡度则趋于平缓且在檐口处多有举折。这是因为北欧冬季的气候非常寒冷，

(a) 典型的北欧坡屋顶建筑

(b) 我国南方地区传统的坡屋顶建筑

图 1.1.2.1　不同气候环境中的坡屋顶建筑比较

为了避免过多的积雪增加屋面的荷载，就会采取加大屋顶坡度的措施，但随之产生的问题是屋面所盖的瓦片必须要用铜丝绑扎等方法加以固定才不至于因屋面坡度过大而滑落。相比之下，在我国的南方地区，气候条件较好，阳光充沛，雨水量多，冬季少有冰雪，因此屋面坡度可以做得较为平缓，同时在檐部加以举折起翘，这一方面有利于在加大檐口出挑的深度、达到遮阳的目的同时又不妨碍采光，另一方面还可以使流经屋面的雨水在檐口处成角度跌落，以更好地保护该处的墙脚或檐廊的柱子。对于这样较平缓的坡屋顶，瓦片用不着绑扎固定，只要用“挂”的方式铺设在屋面上就可以了。

例二：在当代，幕墙的出现是对传统墙体构造的重大变革，尤其是玻璃幕墙，给建筑物的外观及采光带来了前所未有的特殊效果。但玻璃是一种脆性材料，大片的玻璃幕墙除了要避免在昼夜温差的作用下受温度应力的影响而引起的胀、缩所可能造成的破坏之外，还要防止在风荷载的作用下所引起的整体凹陷或膨出等变形所引发的毁损。因此，适应变形成了玻璃幕墙设计中的矛盾突出点。早期的玻璃幕墙在每块玻璃的四周都有金属边框作为连接和固定的构造层次，这些金属边框又通过不同的方式固定在建筑主体的边梁、柱或楼板上。这样，对付变形的问题就同时存在于玻璃与金属框的连接上以及金属框与主体构件的连接上。如图 1.1.2.2 所示的玻璃幕墙的构造节点，金属框与主体圆钢柱之间的连接前后可以调节；相邻金属框相互之间可以有左右的细微移动；玻璃与金属框之间采用柔性连接。这样，上述的一些变形应力就可以在这些部位的微小调节中消耗掉，而不至于对幕墙玻璃产生不利影响。后来，幕墙又发展了点式固定，用一种像钢爪一样的连接件来抓住玻璃，基本上每片幕墙玻璃只要由四点来固定，玻璃之间取消了“框”，

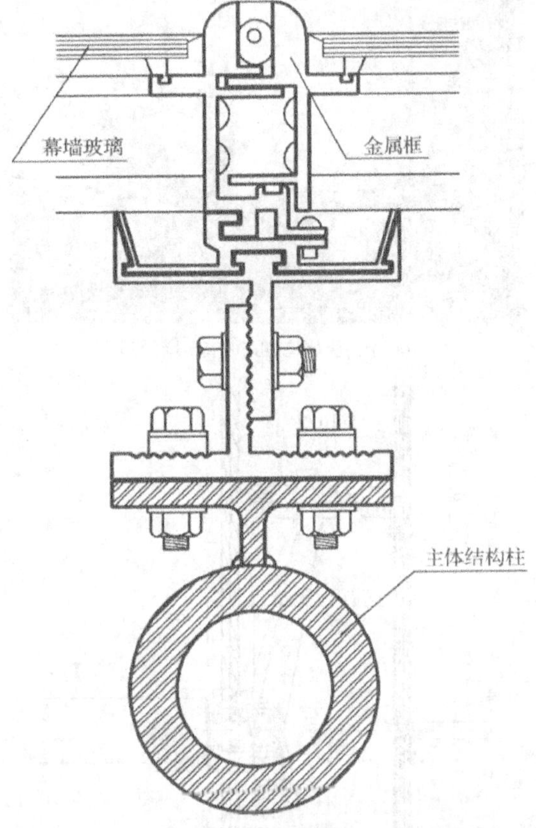

图 1.1.2.2 某有框玻璃幕墙与主体的连接节点

可以直接用柔性的胶来粘连。同时，固定钢爪的构件多采用桁架的形式与主体结构铰接，甚至采用更具柔性的高强的钢索来连接。在此基础上，进一步的改进是在钢爪与玻璃的连接部位加上万向铰。万向铰增加了细微转动的可能性，从而更减轻了变形对成片玻璃幕墙的影响，使得受力更趋合理。上海万人体育馆建筑的外倾的玻璃幕墙和上海大剧院的玻璃幕墙，分别采用了这些先进的构造做法。图 1.1.2.3 所示的是上海大剧院玻璃幕墙的构造。

（二）人工环境的影响

人类在长期的生产实践和社会活动中，营造了庞大的人工环境的系统，建筑物本身也是这个系统链中的一个环节。因此人工环境对建筑物的影响是交互性的。

(a) 上海大剧院点式玻璃幕墙局部

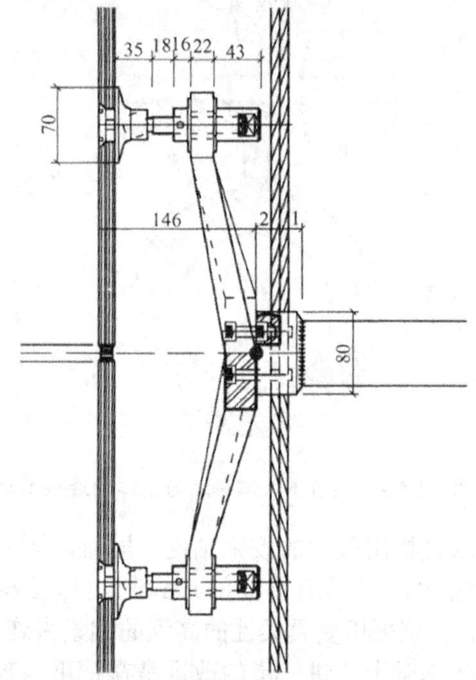

(b) 上海大剧院玻璃幕墙连接节点

(c) 带万向铰的“钢爪”的转动效果

图 1.1.2.3　上海大剧院点式玻璃幕墙实例

在现代社会中，环境噪声、空气污染、空调热效应，道路和建筑群的改造和开发建设等人为因素，从不同侧面给建筑物的设计和建筑提出了新的课题。被动地应付，例如加强墙体的隔音效果等等，是一个方面的办法，但更重要的是要在房屋的设计中主动加强环保意识，例如选用无公害的绿色建材，使用节能的材料和房屋构造方法，避免对环境造成污染等，可以使整个系统有效地处在良性循环中。

此外，建筑物与周围人工环境在精神方面的互动作用也很重要。建筑物不但是物质的产品，而且也是一种精神产品，许多诸如建筑风格、造型等方面的指向，无不带上了社会的、精神的烙印。但归根到底，建筑物有关精神方面的功能需求，都还是要靠物质手段来实现的。例如上一节图 1.1.1.5 所示的商业建筑，因为是建造在重要的历史保护街区，附近有等级较高的保护建筑，因此在形式和体量上都必须与周边环境协调。但其周边保留建筑的木构方式对现代的大型商业建筑并不适用，因此该建筑主体采用的还是钢筋混凝土的框架结构，但在建筑细部处理方面力求用现代的材料和构造来表达一种传统建筑的建造理念和尺度、肌理。图 1.1.2.4 所示的建在其附近的另一商业建筑，采取的也是这种方法。

图 1.1.2.4　建在某历史保护街区中的新建筑

二、使用者的要求

建筑物是为人服务的，使用者使用的方便、舒适和安全，离不开构造设计的周到、合理和细致。特别是在许多构造细部的处理上，所选用材料的质感和色彩应符合所在场所的特定要求，连接构造应合理并符合人体功效的原则，并有选择合适的尺度。

仅以幼托建筑的设计为例，幼儿经常活动的室内，地面应该做架空木地板，以缓冲儿童倒地时的撞击力；墙面最好有木护壁并以儿童喜爱的色彩作面涂；一切儿童能够触摸到的地方凡有边角的都应尽量做成圆角以适应他们幼嫩的肌肤并减少摩擦碰撞的伤害；幼托的楼梯都要加一道低矮的扶手，踏步的高度应适宜儿童攀登，但楼梯、阳台栏杆却都不得设计成易于攀登的形式，而且栏杆间距必须小于儿童头部所能通过的宽度……凡此种种，都是从维护儿童的身心健康出发的。我们通常所说的建筑设计必须符合规范的要求，而建筑规范中的许多内容，就是像这样从使用者的利益出发的。

三、建筑材料的影响

建筑物是通过一定的营造方式将各种建筑材料组合而成的。材料对建筑构造的影响主要表现在材料自身的物理和化学性能、材料的地域性以及材料的发展等几方面。

建筑材料的特性不同，它们的构造方式也不同。例如木质材料的天然纤维具有韧性，可以用钉子钉入木构件，靠挤压产生的摩擦力来达到相互固定的作用。但这种连接方法对疏松材料如发泡的塑料无效，因为材料在钉入点会产生变形退让，不能形成足够的摩擦力。

材料的地域性表现在材料的来源及时对当地自然条件的适应性等方面。在不同的地区，长期以来会形成一些带有地方色彩的常见构造方法。例如，鹅卵石贴面是南京地区外墙面的传统地方特色；云南少数民族地区则常以天然竹子为建筑材料。又如在我国北方某些干旱地区适用的生土建筑，在江南水乡不可能存在等等。

建筑材料的发展问题在整个历史进程中显得较为缓慢，但进入近现代以来发展较快，例如混凝土的问世在建筑的发展史上起到了划时代的作用。尤其是现代科学技术的迅速发展，以高速度造就了大量新型的建材，它们的材性特征及应用范围与传统材料有相当的差别，构造方法也有很大的改变。例如，一些新型胶合剂的应用使得大面积的玻璃甚至结构用的钢材构件之间仅靠黏结就能取得必要的强度，这在过去是不可想象的。

另外，由于人类环保、节能、安全等意识的普遍增强，对许多传统的建材也进行着改造或改变。例如，由于许多天然材料的不可再生性或其有限性或再生缓慢，自然资源紧缺的问题日益严重，人类不得不认真对待节能的问题。在建筑材料的选择上，近年的发展趋势是用人工合成材料去取代某些天然材料用于房屋的建造，例如用水泥砌块来取代传统的黏土砖，可以达到有效利用可耕地资源的目的。此外，在房屋的构造处理上更注意减少能源的消耗，例如近年来我国按地区制定出必要的热工标准来规范建筑外围护结构的热工性能，执行的结果必然会提高房屋的保温隔热能力而降低使用能耗等等。

材料的安全性能也是需要认真对待的因素之一，特别是生产和施工过程的无公害、使用和燃烧时的无毒以及阻燃或不燃等防火性能，都在必须考虑之列。例如近年来许多人工合成装修材料中甲醛含量的超标对人体所造成的伤害，已经引起了各方面的重视。这是在技术发展过程中不容忽略的问题。

四、社会整体技术力量的影响

社会整体技术力量是整个社会的总体技

术水准的总和。它主要从设计原理、设计手段、实验手段和实施可能性几方面对建筑的构造产生影响。

设计原理基于对客观事物的认识，这种认识深度的提高有赖于科学的不断进步，许多相关学科的发展为建筑设计提供了有利的依据。例如上文提到的玻璃幕墙的做法，如果没有对各种荷载综合作用下幕墙的受力及变形情况的分析和了解，就不可能有合理的对策。

设计手段的多样化发展了思维的空间。尤其是计算机辅助设计的应用，不但加速了设计工作的进程，更重要的是可以通过模拟过程等手段扩大视野，加强设计的预见性，使其更为合理。

实验手段的完善改变了过去以经验为主要依托的工作方法，尤其对新材料和新方法的应用，起到了不可替代的作用。例如对材料使用寿命的估计，不用实验手段就要靠时间来证实，这对建筑材料往往是长达十几年的周期，而通过实验手段模拟真实的使用状态，就可以在短期内得出结论。又如许多外围护结构的构造节点所涉及的气密、水密性能，都可通过实验来检验和加以改进。

实施的可能性对建筑构造做法的影响对于缺少实践经验的初学者可能较易忽视，但其却是一种重要的制约因素。其中包括材料的生产与加工、构件的制作与运输，施工机械和工具的配备，施工管理和操作人员的素质等等。以某些大型空间结构的屋面构件为例，如果杆件在工厂预制好并实现部分拼装后再运到现场去，经在现场地面组装成型并整体吊装的话，其精确度高，成功的把握较大，但过程中往往需要有装载大型构件的运输车辆、合适的道路、现场同步起吊的设备等等。如上海东方明珠电视塔，处于高空的构部件甚至需要由机器人同步爬升来拼装。此外，有些构造节点较为精细的施工工艺，也有赖于工具的改进。所有这一切，都是与社会的整体技术力量的强弱分不开的。

五、经济因素的影响

从宏观上看，建筑业是国民经济的重要支柱产业，就像社会整体技术力量对建筑的发展具有影响一样，反过来，建筑业的发展也会带动许多相关产业的发展，这还是与整体的国力有关。从微观上看，尽管每个个别的建设案例都有其经济的投入，但控制投资额总是非常重要的环节。历史上常有建筑因投入不足而停建，以致拖延几十年的，其中不乏一些有名建筑的例子。因此，建筑师应该了解各种土建和装修的造价，以在合适的范围内加以选用。同样，在开发新的建造工艺时，也应该综合考虑其经济效益。

第三节　建筑构造设计的基本原则及构造图的表示方法

一、建筑构造设计的基本原则

适用、美观、经济、安全是建筑物应达到的基本标准，是从整体到细节都应追求的综合目标。因此，在进行建筑构造设计时应遵循以下基本原则：

1）将建筑物放到其特定的环境和系统中去加以研究，注重系统各个层次相互间的联系，把握需要解决的主要矛盾和矛盾的主要方面。这是决定设计好坏的关键。

例如本章图 1.1.1.4 和图 1.1.1.5 的两个设计都牵涉外墙面的构造。前者因为是装配式建筑的局部，构件都在工厂预制后到现场安装，所以要考虑的第一层次的问题是构件的相对位置、几何尺寸以及拼装的方式、施工的可能性和准确性以及力学和安全的性能等，然后才是第二层次要解决的与外墙有关的其他性能。而这些性能又能分别由构件本身或构件间的层次设置关系来解决。与之相比较，后者的构造层次要简单得多。这是因为第二个设计所涉及的主要是附加在阳台外沿的装饰构件，其主要作用是参与建筑的造型，它的主要矛盾在于与主体建筑在尺度上的和谐及支承的关系，此外还有该形式所带来的其他矛盾，如是否易于清洁以及防雷等问题。可见不同的矛盾需要采取不同的有针对性的方法去解决。

2）遵守现行的建筑法规和规范。法规和规范是针对行业中的普遍情况制定的最起码的要求和标准。设计满足规范的要求是最起码的准则。因为法规和规范可以帮助我们克服认识的局限性和片面性，避免不必要的疏漏。随着社会的发展和科学技术的进步，法规和规范都会不断发展。

3）遵守一定的模数制度。模数制度是一种数字的组织原则和协调原则。

世界上统一规定，一个基本模数为100mm，表示为 1M=100。因为 100 毫米≈4 英寸，所以取 1M=100，实际上已协调了公制和英制两个系统的主要矛盾。各国根据各自不同的情况，又选取了不同的扩大模数作为设计时应遵循的基本标准。我国建筑行业现行的模数制以 3M 为主，即采用 3M=300。

遵守统一的模数制有利于构件的标准化生产和提高通用性，有利于设计中构件的定位及相互协调和连接，有利于实现建筑的工业化。例如本章图 1.1.1.4 所示的装配式的钢结构建筑，在模数化的基础上形成了专用的建筑体系，使得绝大部分的构件都能够在工厂预制后到现场组装，其工业化生产程度高，施工速度快，更重要的是形成了良好的质量保证体系，这代表着当前建筑行业的一种发展趋势。

4）注意可持续性的发展。可持续性的发展是当今人类用来解决自身的长期生存问题所采取的重要的对策。作为人工环境的重要组成部分以及与人类生活休戚相关的建筑物，也必须纳入这样的良性循环的轨道。在进行建筑物的构造设计时，应该综合考虑其在建造及长期使用过程中的涉及的相关问题，例如环保、节能、可重复改造使用等等。

二、建筑构造图的表示方法

建筑构造图一般是建筑局部的放大图，也叫建筑详图，用来表明构件间的相关关系及细部尺寸和施工方法。详图的标识符号应该与建筑的平面、立面或剖面图上其所在位置的引出符号相对应，图的类别也应该相符合。例如如果是在某平面图上用剖切线引出的详图，就应该是该局部放大了的剖面图；而如果是用引出线引出的详图，则应该是该局部放大的平面图。图 1.1.3.1 和图 1.1.3.2 的图例表明了有关标识的意义及其用法。

此外，建筑构造图还应符合以下的要求：

1）所涉及的建筑构件的相对位置和相关关系的图示要正确，尺寸标注要清楚，所选用材料的图例要符合规范。

2）文字标注应包括选用的材料、厚度、级配及做法，标注顺序按图 1.1.3.3 的说明进行。

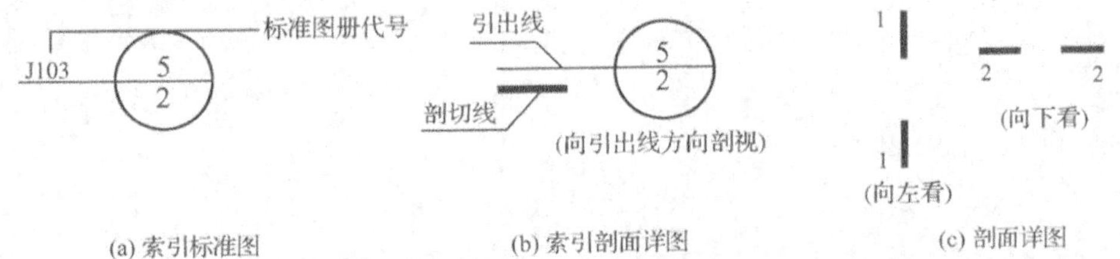

图 1.1.3.1　详图引出部位的索引符号

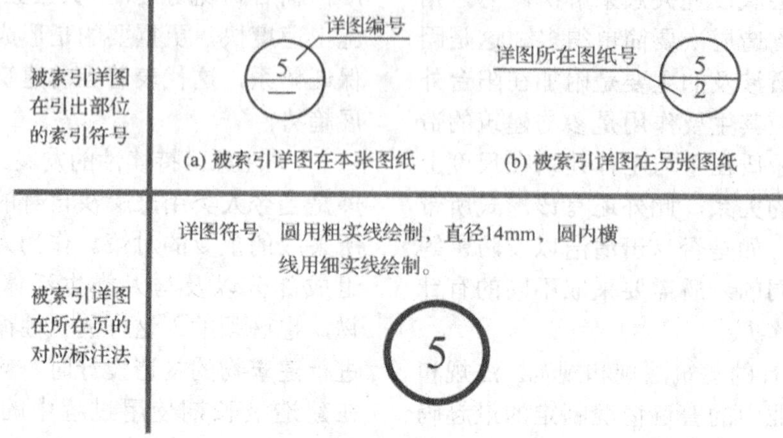

(c) 详图索引号的含义及对应标注方法

图 1.1.3.2　详图引出部位索引符号的意义及其用法

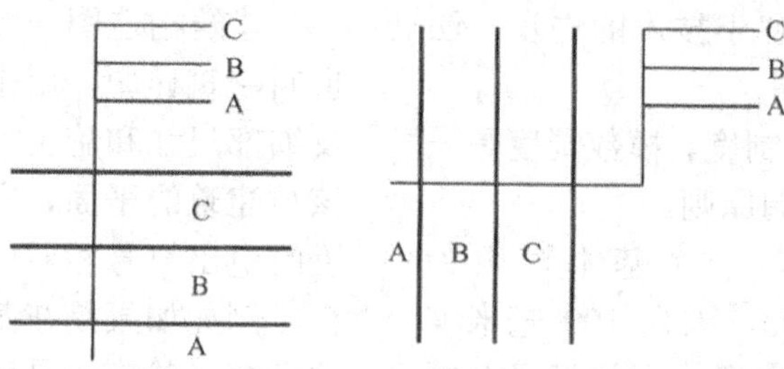

图 1.1.3.3　详图的标注与所绘制的构造层次形成一一对应的关系

本章复习提要

- 理解各种相关因素是如何影响建筑构造设计的
- 掌握用二维的构造详图来表达构造设计的基本方法

第二章　几种常用的建筑体系

第一节　墙承重体系

一、墙承重体系的特点

墙承重体系的垂直承重构件是墙体，其支承方式可以分为横墙承重、纵墙承重和纵横墙混合承重等几种方案。这类结构体系适用于空间分隔明确，开间较小的建筑物，例如居住建筑、办公楼、学校建筑等。

根据墙体所采用的材料和施工工艺的不同，墙承重体系的建筑，其平面布局以及建筑高度都会有所不同。

二、常用的墙承重体系

（一）混合结构体系

混合结构体系建筑的楼板材料多为钢筋混凝土，其墙体是以砖、石、砌块等块材由砂浆黏结叠砌而成的砌体（图 1.2.1.1 和图 1.2.1.2）。这种砌体墙抗压的性能好而抗弯、抗剪的性能差，因此不适宜用在高层建筑中。例如，相关规范规定，在 7 度抗震设防的地区，砖混结构房屋的限高为 21m，且不超过 7 层。

混合结构体系的优点是其施工工艺较为简单，墙体虽然相对较多但平面布置具有一定的灵活性，可以做到纵横墙混合承重，因此拼接也比较灵活，这对于住宅设计特别有利。如图 1.2.1.3 所示的多层住宅，其墙体除按规定在有些部位必须拉通者外，其余部分可以根据需要灵活布置，这样就在很大程度上方便了户内的交通路线组织以及建筑的通风和采光。唯其承重墙不能开很大的洞口，建成后也不能随意拆除或改变位置，使得在整个使用过程中，建筑空间布局变化的可能性非常有限。

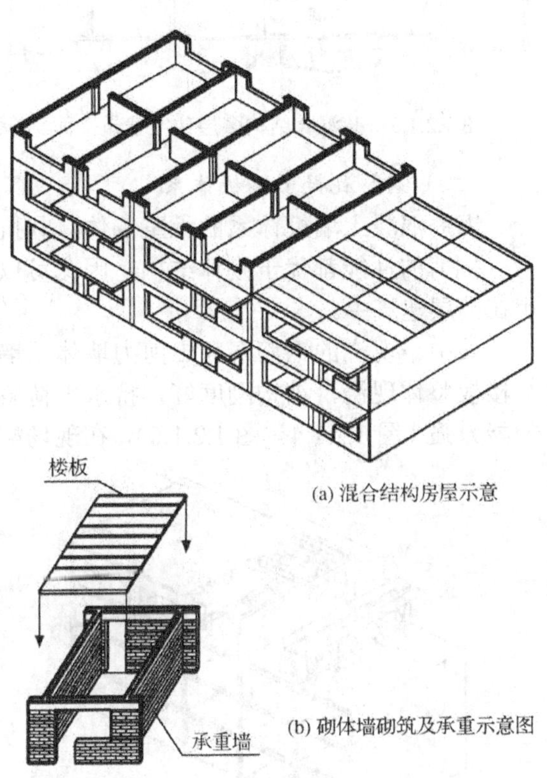

(a) 混合结构房屋示意

(b) 砌体墙砌筑及承重示意图

图 1.2.1.1　混合结构体系建筑构成示意

图 1.2.1.2　混合结构建筑砌体墙建造实例

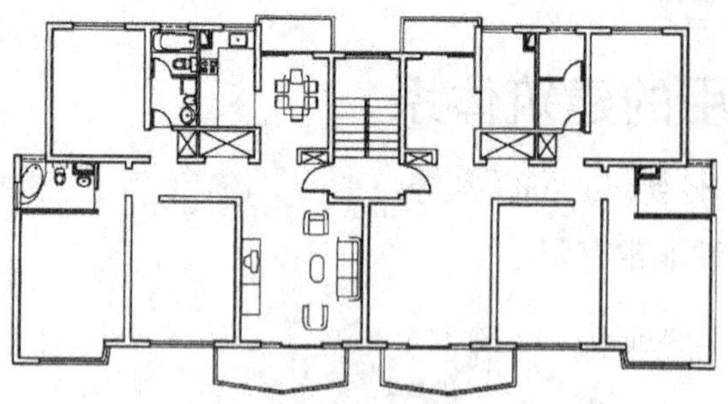

图 1.2.1.3　某混合结构多层住宅建筑平面

（二）钢筋混凝土墙板体系

钢筋混凝土墙板体系的承重墙体，其抗弯、抗剪的性能都优于砌体结构，因此可以用在高层建筑中。

其中，现浇的钢筋混凝土剪力墙体系墙与楼板整体现浇，结构刚度好，抗水平荷载的能力强（图 1.2.1.4～图 1.2.1.6），在现场配筋及支模有一定的灵活性，因此墙体的布置相对也比较灵活。

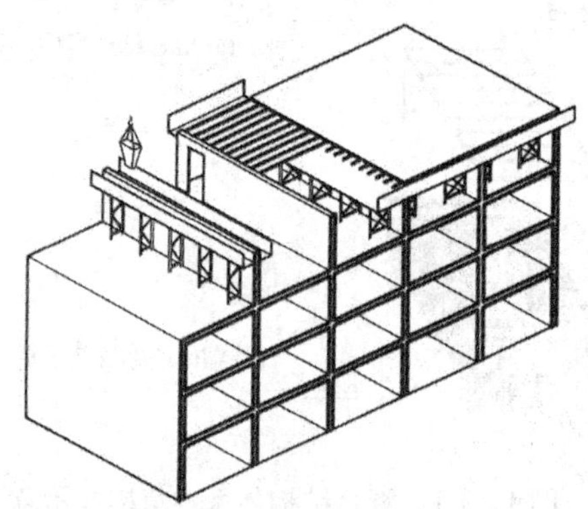

图 1.2.1.4　现浇钢筋混凝土墙板的工艺示意图

图 1.2.1.5　现浇钢筋混凝土承重墙的建筑实例

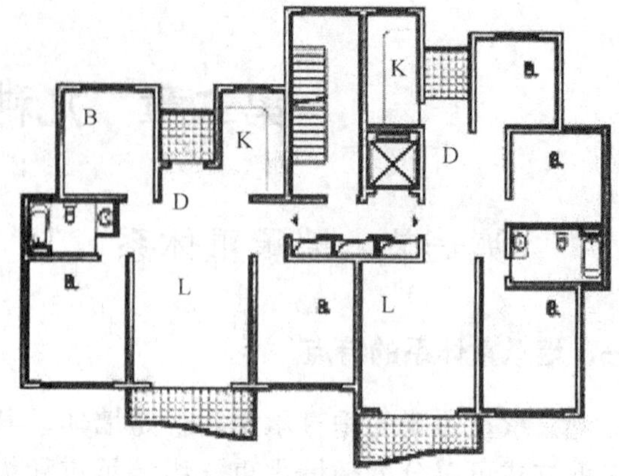

图 1.2.1.6　某现浇钢筋混凝土陌生墙的建筑平面

预制装配的大板建筑，因钢筋混凝土楼板和墙板均由工厂预制，其现场施工的速度快，工业化程度高（图 1.2.1.7 和图 1.2.1.8）。但由于其构件标准化生产的需要及受制于装

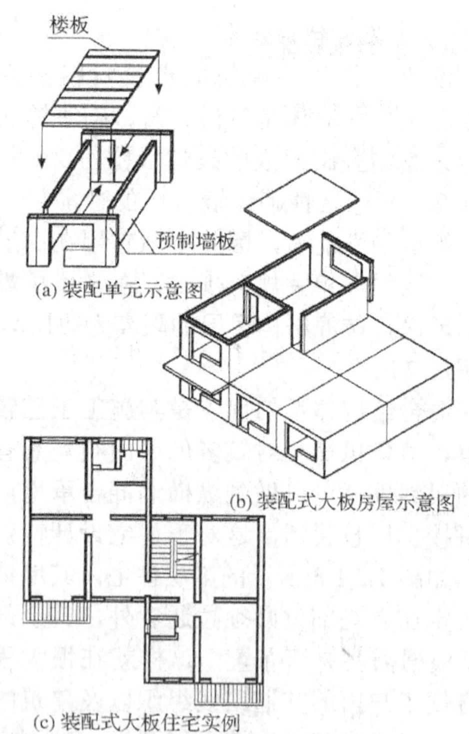

图 1.2.1.7　预制装配式钢筋混凝土大板建筑构成示意图

图 1.2.1.8　预制装配式钢筋混凝土大板建筑实例

配和连接方式的可能性，一般多采用横墙承重的方式，建筑平面的布置较为呆板，空间变化易受限制。

（三）盒子结构体系

盒子结构体系是将建筑按层间划分的标准单元在工厂预先整浇或拼装成“盒子”形式的部件，再运到现场组装（图 1.2.1.9）。这种建筑可以赢得非常强烈的造型效果（图 1.2.1.10），但其平面布置不够灵活，而且需要工业化程度高的生产、运输、起吊等设备，建筑材料也较费，造价比较高。

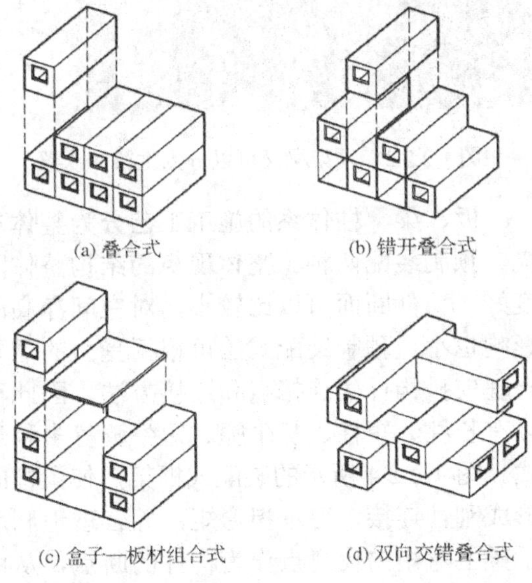

图 1.2.1.9　盒子单元的组合示意图

图 1.2.1.10　加拿大某盒子结构体系建筑实例

第二节　框　　架

一、框架承重体系的特点

用一榀框架（通常为两根柱子支承一根梁）来代替一片承重墙，可以最大限度地减少垂直承重构件所占据的空间，并使相邻的两部分空间得以连通且能自由分隔，这就是框架承重体系不同于墙承重体系的最大特点。在框架承重体系中，柱子成序列有规则地排列，由纵横两个方向的梁将它们联结成整体并支承上部板传来的荷载（图 1.2.2.1）。

框架结构体系适用于需要较大跨度和大空间的建筑类型，例如商场、大型办公楼、车站、图书馆、影剧院等公共建筑和多层工业厂房，也可以添加剪力墙形成框-剪、框-筒等体系应用于高层建筑中（图 1.2.2.2）。但由于框架结构垂直承重构件需要成系列排列，像图 1.2.1.3 所示的建筑平面，如果是采用框架结构来承重，就有可能需要在转折处增添一些构件，使得结构系统较为烦琐。所以说，在住宅建筑中，要想充分利用框架下部空间开放的优越性来形成灵活布局，又在一定的户内面积指标下迫于各个房间都有通风采光的需要而不能够选择较为规整的平面，设计是会有一定困难的。

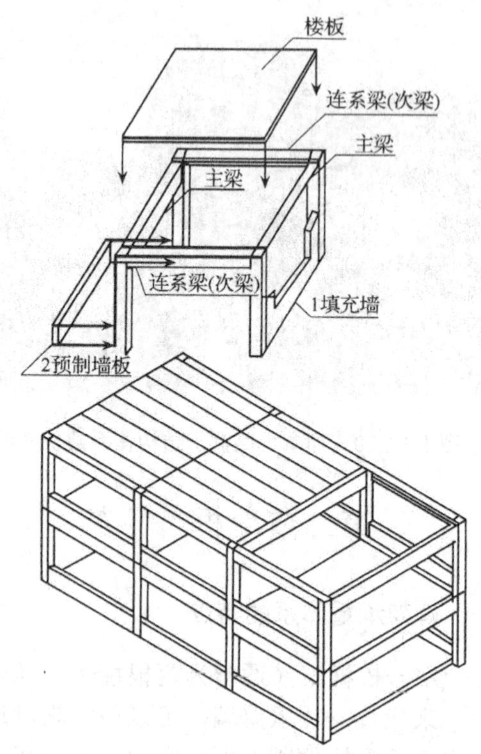

图 1.2.2.1　框架结构体系建筑构成示意图

图 1.2.2.2　框架结构高层建筑实例

二、框架承重体系的常见结构形式

框架承重体系按传力系统的构成，可分为板、梁、柱体系和板、柱体系两种形式。

（一）板、梁、柱体系

板、梁、柱体系是最常见的框架结构形式。其构成特点如本节一开始的部分所述。其中梁的布置也可以分为横向承重、纵向承重以及纵横向混合承重等几种形式，而且还可以再按照主、次梁来划分成不同的传力的层次（图 1.2.2.3）。例如可以在两根主梁之间再架设与之垂直的次梁，或者在某一局部的纵横两个方向都设次梁形成井格形布局。这样做的主要目的是通过调整和控制结构的传力路线来控制梁的高度，以最终满足控制建筑层高的要求和其他诸如扩大采光面以及方便管道架设等方面的要求。

图 1.2.2.3　框架梁又可以分为主梁和次梁

板、梁、柱体系的施工工艺分为整体现浇、预制装配两种。整体现浇的结构整体刚度好，构件断面可以比较小，对空间净高的影响也小。预制装配式的可根据受力的需要合理安排构件的连接点和连接方法，因此可以有长柱、短柱、长牛腿、短牛腿等多种形式。图 1.2.2.4 所示的装配式框架，使梁柱间形成刚性连接，可承担弯矩，并合理地利用了梁上弯矩的反弯点作为构件的断点，从而有效地减小了梁的高度。

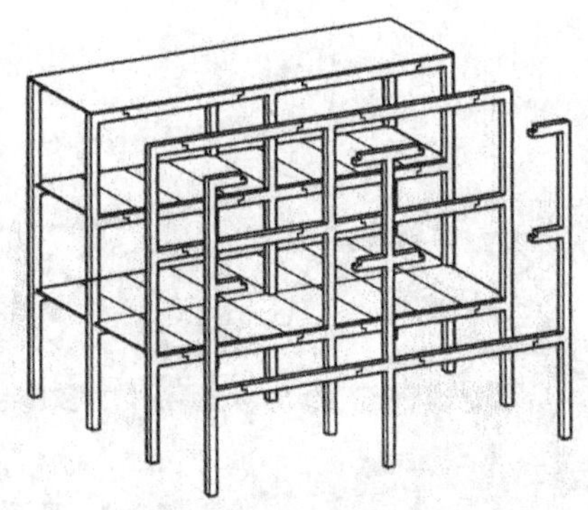

图 1.2.2.4　长牛腿的装配式框架构件设计合理

（二）板、柱体系

板、柱体系又称为无梁楼盖，其板的荷载直接传递给柱，板、柱之间多用柱帽承托（图 1.2.2.5）。

这种结构形式适用于楼面为均布荷载，且荷载值在经济范围内的建筑，如某些商场、轻型厂房、库房等（图 1.2.2.6）。

图 1.2.2.5　某板、柱体系建筑室内

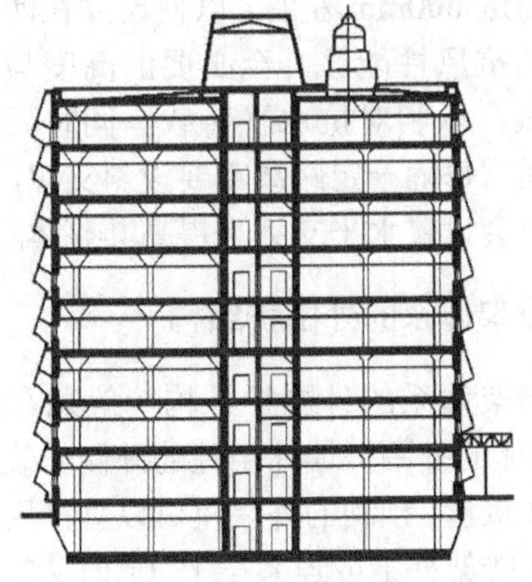

图 1.2.2.6　某板、柱体系藏书楼剖面

为了使受力合理，柱网的尺寸在两个向度上应尽量接近，而且尽量控制在一定的范围中。

板、柱体系的施工工艺也可分为现浇和预制装配两种，本书将在“楼板”一节中详细叙述。

三、框架体系的围护和分隔墙体

框架体系的围护和分隔墙体均不承重，施工顺序为先框架（包括楼梯和必要的剪力墙等），后填充非承重的墙体。墙体与框架之间应有良好的连接，以有利于其自身的稳定性（图 1.2.2.7），但应同时保证其不分担框架所承受的荷载（见第一章图 1.1.1.3）。

常用的框架体系建筑的填充墙主要有由各种砌块砌筑的砌体墙和预制的内、外墙板。填充墙根据其自重支承的合理性以及连接的方式及可能，可以设置在柱间的梁下，也可放在梁柱的平面外（图 1.2.2.8）。设在建筑物外围的墙体除了上述类型外，还可以采用幕墙的形式，所用材料有金属、玻璃、轻混凝土及石材等（图 1.2.2.9）。

图 1.2.2.7　框架柱预留拉结筋与砌筑隔墙拉结

图 1.2.2.8　框架结构填充墙的位置设置较为灵活

图 1.2.2.9　框架建筑的外墙可以采用幕墙的形式

图 1.2.3.1　某排架结构单层工业厂房室内

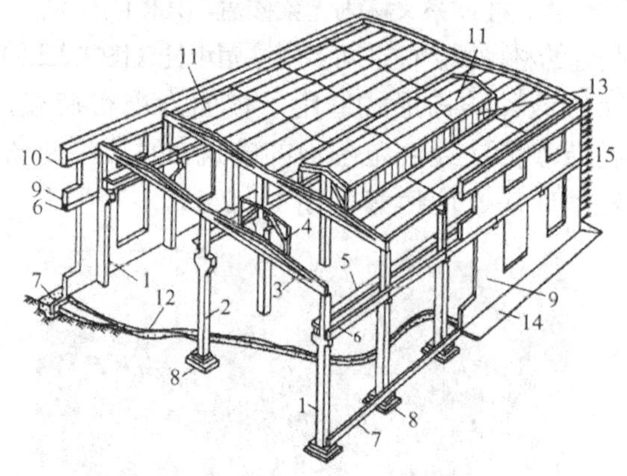

1.边列柱；2.中列柱；3.屋面大梁；4.天窗架；5.吊车梁；6.连系梁；7.基础梁；8.基础；9.外墙；10.圈梁；11.屋面板；12.地面；13.天窗扇；14.散水；15.风力

图 1.2.3.2　排架结构单层厂房的结构构成示意图

第三节　排　　架

一、排架体系的特点

排架体系常用于高大空旷的单层建筑物，如工业厂房、飞机库和影剧院的观众厅等，其柱顶设置大型屋架或桁架，再覆以装配式的屋面板（图 1.2.3.1）。根据建筑物的需要，有的排架建筑的屋顶上还要设置大型的天窗，有的则需要沿纵向设置行车梁，以安装行车来吊装重型器材、设备或生产的产品（图 1.2.3.2）。

由于排架体系的房屋刚度小、重心高，又经常需要承受由行车运行所产生的动荷载，因此建筑纵向两端部各一对柱子的定位通常需要缩进 600mm 左右，以使设立在两端部山墙上的抗风柱能够升至必要的高度与头跨屋架连接，以利对抗水平荷载。同时，在排架柱间通常每隔一定距离需要设斜支撑，在屋盖部分也会设置水平支撑来提高其整体刚度。

二、排架体系的外围护结构

排架体系的外围护结构一般贴在柱的外皮。砌体的外围护墙体由柱的外侧安装地梁来支承其重量，预制的外墙板可以直接用连接件安装在排架柱上或连系梁上（图 1.2.3.2）。

第四节　空间结构体系

一、空间结构体系综述

一般普通框架结构的梁、柱和楼板，在进行结构计算时都可以简化为“线”及“面”的平面二维关系，不过另有一类结构体系，经设计组织成空间传力的系统，使其构件材料的力学性能够得到充分的发挥，做到用料省、结构自重小而覆盖面积大，并最大限度地发挥结构系统的整体效能，这就是空间结构系统。

空间结构系统常用在需要大面积覆盖的建筑物的屋盖部分，例如空港、体育场馆、展览馆、大型仓库等，也可以做成球形或其他的曲面形式，对建筑空间进行整体覆盖。

空间结构系统建筑的结构构件常常暴露在外面，给人以力学方面的美的享受，其外表的围护构件也多使用轻质高强的新型材料。因此，空间结构体系是集新技术和新材料于一身的系统。

二、常用空间结构体系

常用空间结构体系按结构类型可分为钢筋混凝土的薄壳、钢结构的网架和悬索，以及膜结构。

钢筋混凝土的薄壳属于空间薄壁结构，又可分为曲面壳和折板两种，其结构构件本身就形成了“面”，可以与围护系统合一，而且可以经切削形成丰富的形态。

网架由许多杆件按照受力的合理性有规律地排列组合而成，可以把它想象为壳体结构的格构化。其空间整体性好，又可以分为平板网架和网壳两种。其中平板网架杆件正交、斜交后可以形成不同的平面形状，使用相当灵活。在需要时结构杆件可以暴露。

悬索结构用高强钢丝做拉索，加上高强的边缘构件以及下部的支承构件，使结构自重极大地减小，而跨度大大增加。除稳定性相对较差外，悬索是比较理想的大跨屋盖结构形式。由于拉索显示出柔韧的状态，使得悬索结构建筑的形象飘逸而且具有动感。

膜结构像薄壳一样，兼有承重和围护的双重功能。膜在本质上也是受拉构件，可以想象把索网结构的索继续细化加密，直到交织成一张薄膜。膜结构的张拉力来源于充气或者设置桅杆、拱、拉索等构件来将膜张拉、绷紧。由于桅杆等构件可以灵活布置，加之膜本身非常轻柔，因此膜结构的形态千变万化，目前在城市室外空间小品中也经常有所应用。

图 1.2.4.1~图 1.2.4.8 对上述常用的空间结构体系的建筑分别举例予以介绍。

图 1.2.4.1　悉尼歌剧院由带肋的曲面壳覆盖

图 1.2.4.2　某建筑墙体及屋盖全部采用折板

图 1.2.4.3 某建筑物用两个向度的平面网架覆盖

图 1.2.4.4 某建筑物用曲面网架覆盖

图 1.2.4.5 某展览建筑屋盖系统由悬索支承

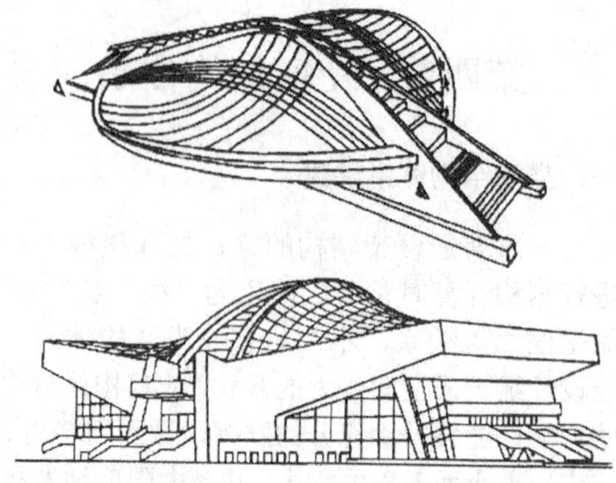

图 1.2.4.6 悬索的结构形式往往决定了建筑物的外形

图 1.2.4.7 上海八万人体育场馆用张拉膜覆盖看台

图 1.2.4.8 北京游泳馆用充气膜做围护构件

本章复习提要

• 了解常用的建筑体系的特征及其适用范围

第三章　常用建筑材料及其连接

第一节　常用建筑材料及其性能和用途

对各种常用的建筑材料的基本性能，从建筑构造的角度出发，应做如下了解。

材料的力学性能——有助于判断其使用及受力情况是否合理；

材料的其他物理性能（防火、防水、导热、透光等）——有助于判断是否有可能符合使用场所的相关要求或采取相应的补救措施；

材料的机械强度以及是否易于加工（即易于切割、锯刨、钉入等特性）——有助于研究用何种构造方法实现材料或构件间的连接。

一、砖石

（一）材料分类

砖是块状的材料，分为烧结砖和非烧结砖两种。前者是以黏土、页岩、煤矸石等为主要原料，经烧制成的块体（图 1.3.1.1）；后者以石灰和粉煤灰、煤矸石、炉渣等为主要原料，加水拌和后压制成型，经蒸汽养护成块材（图 1.3.1.2）。

图 1.3.1.1　烧结黏土实心砖和空心砖

图 1.3.1.2　煤渣砖（非烧结砖）

石材是一种天然材料，其品种非常多，最常见的有花岗石、玄武岩、大理石、砂岩、页岩等，按成因可分为火成岩、变质岩和沉积岩。其中火成岩（以花岗石为代表）系由高温熔融的岩浆在地表或地下冷凝所形成；变质岩（以大理石为代表）系由先生成的岩石因其所处地质环境的改变，经变质作用而形成；沉积岩（以砂岩和页岩为代表）系由经风化作用、生物作用和火山作用而产生的地表物质，经水、空气和冰川等外力的搬运、沉积固结而形成（图 1.3.1.3 和图 1.3.1.4）。

（二）材料性能

砖、石都是刚性材料，抗压强度高而抗弯、抗剪较差，其强度等级按抗压强度取值。普通烧结砖的强度按等级分 MU30、MU25、MU20、MU15、MU10 和 MU7.5 六级（单位为 N/mm^2）；石材的强度按等级分 MU100、MU80、MU60、MU50、MU40、MU30、MU20、MU15、MU10 等九级。

砖具有一定的耐久性和耐火性，现场可以湿作业。但其中非烧结砖吸湿性较大、易受冻融作用而且表面较光滑，与砂浆较难结合，因此使用时应采取相应的构造措施。

(a) 花岗石

(b) 大理石

图 1.3.1.3　火成岩（花岗石）和变质岩（大理石）

(a) 砂岩

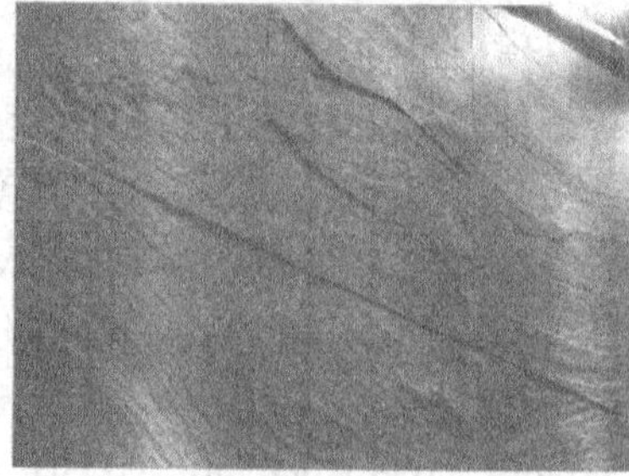
(b) 页岩

图 1.3.1.4　沉积岩——砂岩和页岩

石材也具有相当好的耐久性和耐火性。其中花岗石的结构均匀、质地坚硬、耐磨损而且不易风化；大理石的内部结构呈粒状变晶结构，不如火成岩均匀，虽因此形成丰富的色彩和纹理，但抗冲击不如火成岩，在外力作用下，不同纹理的交接处有可能开裂，且易受到空气中所含的碳酸及其他酸性化学成分的影响而遭到侵蚀；砂岩有气孔而易污染，不易清洁；页岩则具有较为特殊的肌理。

（三）主要用途

砖用于砌体，长期以来一直是低层和多层房屋的砌筑墙体材料的主要来源。但普通黏土砖大量消耗土地资源，因此用新型墙体材料来取代它成为当前一个重要课题。

石材经人工开采琢磨，可用作砌体材料或用作建筑面装修材料。其中火成岩质地均匀，强度较高，适宜用在楼地面；变质岩纹理多变且美观，但容易出现裂纹，故适宜用在墙面等部位；沉积岩质量较轻，表面常有许多孔隙，最好不要放在容易受到污染，需要经常清洗的部位。天然石材在使用前应该通过检验，令放射物质的含量在法定标准以下。此外碎石料经与水泥、黄砂搅拌制成混凝土，在建筑上有广泛的用途。

二、混凝土

（一）材料分类

混凝土是用胶凝材料（如水泥）和骨料加水浇注结硬后制成的人工石，建筑行业中常将其写作“砼”。其中的骨料包括细骨料（如黄砂）和粗骨料（如石子）两种。最常用的混凝土中石子的粒径一般在 45~50mm，因此混凝土的厚度一般至少在 70~80mm。要是选用粒径在 15~20mm 的石子来做粗骨料，这种混凝土就被称为细石混凝土，细石混凝土的厚度一般在 35~40mm。

在工程中，内部不放置钢筋的混凝土叫作素混凝土（图 1.3.1.5），内部配置钢筋的混凝土叫作钢筋混凝土（图 1.3.1.6）。这两种材料的力学性能有较大的区别。

（二）材料性能

素混凝土是一种刚性材料，其抗压性能

图 1.3.1.5 素混凝土

图 1.3.1.6 钢筋混凝土

良好而抗拉、抗弯的性能较差，强度等级分为 C7.5、C10、C15、C20、C25、C30、C35、C40、C45、C50、C55、C60 等。

钢筋混凝土是一种非刚性材料，由钢筋与混凝土共同作用。因为钢筋和混凝土有良好的黏结力，温度线膨胀系数又相近，所以可以共同作用并发挥各自良好的力学性能，其中钢筋主要用于抵抗弯矩，混凝土则主要用于抗压。

混凝土的耐火性和耐久性都好，而且通过改变骨料的成分以及添加外加剂，可以进一步改变其他方面的性能，例如将混凝土中的石子改成其他轻骨料，像蛭石、膨胀珍珠岩等，可制成轻骨料混凝土，改善其保温性能。又如在普通混凝土中适量掺入氯化铁、硫酸铝等，可增加其密实性，提高防水的性能。

（三）主要用途

素混凝土因为抗压性能良好，故常用于道路、垫层或建筑底层实铺地面的结构层。

钢筋混凝土可以抗弯、抗剪和抗压，故作为结构构件，大量使用在建筑物的支承系统中。

三、砂浆

（一）材料分类

砂浆是由胶凝材料和细骨料（如黄砂、石灰等）加水拌和后结硬而成的（图 1.3.1.7）。常用的建筑砂浆有水泥砂浆（水泥+黄砂）、混合砂浆（水泥+石灰膏+黄砂）和水泥石屑（水泥+细石屑）。工程中在使用到砂浆时，通常还需要交代其中材料的级配，即材料的质量比。水泥砂浆常用的级配（水泥：黄砂）是 1：2、1：3；混合砂浆常用的级配（水泥：石灰膏：黄砂）是 1：1：4、1：1：6；水泥石屑常用的级配（水泥：石屑）是 1：3。

图 1.3.1.7 搅拌中的砂浆

（二）材料性能

砂浆属于刚性材料，由于骨料的粒径较小，在施工和使用的过程中有可能开裂，其强度等级分为 M0.4、M1、M2.5、M5.0、M7.5、M10、M15 等 7 级。

根据内部成分的不同，各类砂浆的性能也有所区别，其中，水泥砂浆是一种水硬性材料，结硬后强度较高，防水性能较好；混合砂浆是一种气硬性材料，和易性（保持合适的流动性、粘聚性和保水性，以达到易于施工操作，并且成型密实、质量均匀的性质）较好，但强度及防水性能均不及水泥砂浆；水泥石屑中的细石屑粒径较黄砂大，因此抗压强度较高，而且在使用的过程中石屑不易因表面磨损而析出。

与混凝土一样，在水泥砂浆中掺入氯化物金属盐类、硅酸钠类和金属皂类，可制成防水砂浆，进一步改善其防水性能。

（三）主要用途

砂浆的主要用途是作为黏结材料来砌筑砌体，一般在建筑物的±0.00 以下用水泥砂浆来砌筑，而在±0.00 以上则用混合砂浆来砌筑。

砂浆还是许多建筑构件表面粉刷的常用材料。一般在需要抗压或需要良好防水性能的场所会选用水泥砂浆，在需要良好黏结性能的场所则会选用混合砂浆。水泥石屑一般用于建筑室内地面的面层粉刷。

除此之外，砂浆还可以被用来黏结一些装饰块材；制作成防水砂浆后，可以应用在一些需要特殊防水构造的场所，例如地下室外壁等。

四、钢材

（一）材料分类

常用的钢材按断面形式可分为圆钢、角钢、H 型钢、槽钢，以及各种钢管、钢板和异型薄腹钢型材等（图 1.3.1.8）。

(a) H 型钢

(b) 焊接方钢管、槽钢及扁钢

(c) 圆钢管及角钢

(d)方钢管、钢索及钢板

图 1.3.1.8　各类型钢

（二）材料性能

钢材有良好的抗拉伸性能和韧性，但若暴露在大气中，很容易受到空气中各种介质的腐蚀而生锈。同时，钢材的防火性能也很差，一般当温度到达600℃左右时，钢材的强度就会几乎降到零。因此，钢构件往往需要进行表面的防锈和防火的处理，或将其封闭在某些不燃的材料，如混凝土中，才能很好地被利用。

（三）主要用途

钢材在建筑中主要用作结构构件和连接件，特别是需要受拉或受弯的构件。某些钢材，如薄腹型钢、不锈钢管、不锈钢板等也可用于建筑装修。

五、其他金属

（一）常用的其他金属材料及其性能

1. 铝合金

铝合金是铝和其他元素制成的合金。其重量轻，强度较低，但塑性好，易被加工。且在大气中抗腐蚀性好，耐疲劳性能也较好。

2. 铸铁

铸铁在工厂翻砂铸造，其材质较脆，易折断，但耐气候性较好。

3. 铜

铜材材质较软，延展性好，且化学性能稳定，色泽华丽。

4. 铅

铅熔点低，延展性好，易于加工，且屏蔽性强。

（二）主要用途

1. 铝合金

铝合金在建筑中主要用来制作门窗、吊顶、隔墙龙骨及饰面板材。

2. 铸铁

铸铁可以被浇铸成不同的花饰，主要用于制作装饰构件如栏杆等，而且因为耐气候性较好，可以长期暴露于室外而少有锈蚀。

3. 铜

铜材除用作水暖零件和建筑五金外，还可用作装饰构件。黄铜粉可用于调制装饰涂料，起仿“贴金”的作用。

4. 铅

铅可用作屋面有突出物或管道处的防水披水板，还可因其强屏蔽性能用在医院、实验室类的建筑中。

六、天然木材

（一）材料性能

木材是一种天然材料。由于树干在生长期间沿其轴向（生长方向）和径向（年轮的方向）的细胞形态、组织状况都有较大的差别，因此树木开采加工成木材后，明显具有各向异性的特征（图 1.3.1.9）。

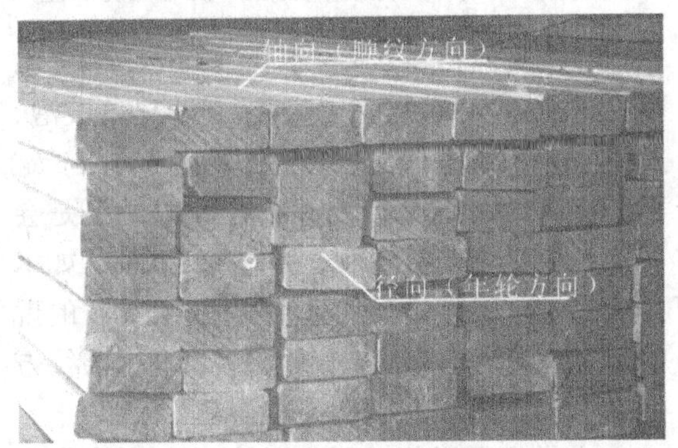

图 1.3.1.9　天然木材的轴向和径向

天然木材的顺纹方向，即沿原树干的轴向，具有很大的受拉强度，顺纹受压和抗弯的性能都较好（图 1.3.1.10）。但树木顺纹的细长管状纤维之间的相互联系比较薄弱，因此沿轴向进入的硬物容易将木材劈裂，即便在木材近端部的地方钉入一根钉子，也可能使该处的木材爆裂。此外，这些管状纤维的细胞壁受到击打容易破裂，因此重物很容易在木材上面留下压痕。

木材的横纹方向，即沿原树干的径向，强度较低，受弯受剪都容易破坏，再加上一般树木的径围都有限，沿径向取材较难，因此，建筑工程中一般都不直接使用横纹的木材。

图 1.3.1.10　木材顺纹方向受压、抗弯性能俱佳

作为天然材料，木材本身具有一定的含水率，加工成型时除自然干燥外，还可进行浸泡、蒸煮、烘干等处理，使其含水率被控制在一定的范围内。尽管如此，木材的制品往往还是会随空气中湿度的变化而产生胀缩或翘曲，如木地板在非常干燥的天气里会发生"拔缝"的现象就是由于这个原因。一般来说，木材顺纹方向的胀缩比横纹方向的要小得多。

木材是易燃物，长期处在潮湿环境中又易霉烂，同时还有可能产生蚁害，因此木材在设计使用时应注意防火、防水和防虫害等方面的处理。

常用的木材分为方子和板材两种，开料的断面尺寸多以 25mm，即近似于 1 英寸增减，例如方子的断面尺寸常取 50mm×75mm、50mm×100mm 等，行业中口头上习惯按照英制将其简称为"二三"（即 50mm×75mm）、"二四"（即 50mm×100mm）等，标注时只需用引出线标明其断面尺寸，如50mm×75mm等即可。

（二）主要用途

由于树种不同，各种不同的木材硬度、色泽、纹理均不相同，在建筑中所能发挥的作用也不同。在现代建筑中，木材多用来制作门窗、屋面板、扶手栏杆以及其他一些支撑、分隔和装饰构件。

七、人造块材和板材

人造块材或板材是经对天然材料进行各种再加工及技术处理或者人工合成新材料制成的。它们可以节约天然材料、克服天然材料所固有的某些缺陷，并更适合现代的建筑技术。常用的人造块材和板材有如下几种。

（一）水泥系列制品

水泥系列制品以水泥为胶凝剂，经添加发泡剂、各种纤维或高分子合成材料，制成块材或板材，在轻质、高强、耐火、防水、易加工等方面有突出的优点。其中大部分还兼有较好的热工及声学性能。

1. 加气水泥制品

加气水泥制品系以水泥、石灰、炉渣等含氧化钙的材料和砂、粉煤灰、煤矸石等含硅的材料加发气剂制成，分砌块和板材两大系列（图 1.3.1.11 和图 1.3.1.12），必要时可以配筋。加气水泥制品广泛用于各种砌筑或填充的内、外墙以及用作某种复合楼板的底衬，还可单独用作保温材料。

图 1.3.1.11　加气水泥砌块

2. 加纤维水泥制品

以水泥为胶凝剂加入玻璃纤维制成的玻

璃纤维增强水泥板（GRC 板）、低碱水泥板（TK 板），以及加入天然材料的纤维，如木材、棉秆、麻秆等制成的水泥刨花板等材料（图 1.3.1.13），可用于不承重的内外墙及管井壁。

图 1.3.1.12　加气水泥墙板

图 1.3.1.13　玻璃纤维增强水泥板

3. 轻骨料水泥制品

水泥加入轻骨料，例如聚苯乙烯泡沫塑料颗粒、陶粒、蛭石等，制成板材（图 1.3.1.14），质量轻、保温性能良好，具有较好的耐水及抗冻性，可用作墙体或屋面的内外保温层。

（二）石膏系列制品

石膏的隔热、吸声和防火性能好，容易浇注成形，容易切割加工，但耐水性较差。常见的石膏系列制品有纸面石膏板、加玻璃纤维或纸筋、矿棉等纤维制成的纤维石膏板、矿渣石膏板和多种石膏的装饰构件如线脚、柱饰、板饰等（图 1.3.1.15）。

图 1.3.1.14　聚苯乙烯发泡颗粒水泥板

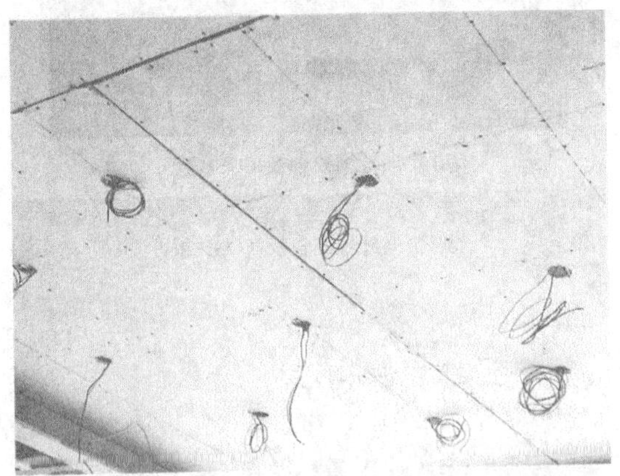

图 1.3.1.15　用作吊顶面板的纸面石膏板

石膏系列制品主要用作建筑隔墙和吊顶的面板，还可用于建筑吊顶和一些需要装饰的部位。

（三）天然材料纤维制品

天然材料纤维制品多出于对材料充分利用或对材料天然性能的改造的目的，如把天然木材的边角打碎后将其纤维用胶黏剂黏结制成木质的定向纤维板（OSB 板）和各种密度板，将木材旋转切割成薄片后错纹叠合黏结成旋切木胶合板，或者将木材边角料成条排列胶合成细木工板等，既保留了天然木材易加工的优点或某些天然的纹理，又克服了其多向异性、易受潮变形的缺点，还能提高材料的强度并有效地利用自然资源。图 1.3.1.16 为部分这类制品的示意图。

(a) 定向纤维胶合板（OSB 板）

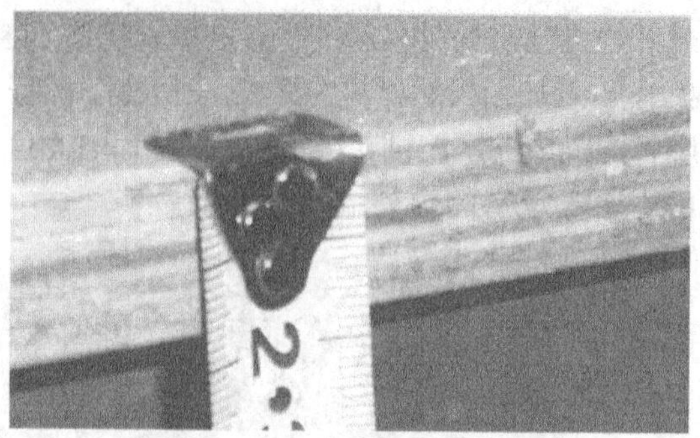
(b) 旋切木胶合板

(c) 细木工板

(d) 中密度板

(e) 强化地板所用的高密度板

图 1.3.1.16　各种天然材料纤维胶结板材

在工程中，这类制品多用于建筑隔墙、地板或饰面。唯其黏结材料中含有甲醛，应严格控制其用量以保证使用者的健康。

（四）复合工艺制品

复合工艺制品指将多种材料用现代工艺加以复合制成的产品，可以克服单一材料所固有的缺陷，求得较佳的综合性能效果。例如，复合材料蜂窝夹芯板，是用一层高分子材料或铝合金甚至高强的纸制成蜂窝状的芯板来取得成品的刚度，然后在其双侧复合所需的面层材料薄板，如石板、铝合金板等，以及用防水、隔离材料等制作的衬底。这种蜂窝夹芯板轻质、高强，隔声、隔热效果好，可用作隔墙、隔声门、装饰面板，还可用作幕墙（图 1.3.1.17）。

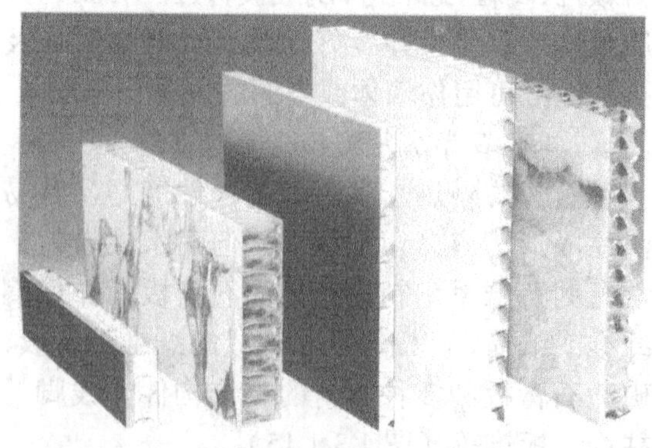
图 1.3.1.17　各种蜂窝夹芯板

又如，工程中常用的保温夹芯彩钢板，在两层压型钢板中复合轻质保温材料（图 1.3.1.18），可以在很大程度上简化施工程序，甚至可以自成体系地建造房屋。

图 1.3.1.18　保温夹芯彩钢板

八、玻璃和有机透光材料

（一）材料性能

1. 玻璃

玻璃是天然材料经高温烧制的产品，具有优良的光学性质，透光率高，化学性能稳定，但脆而易碎，受力不均或遇冷热不匀都易破裂。

为了提高玻璃使用时的安全性，可将玻璃加热到软化温度后迅速冷却制成钢化玻璃，这种玻璃强度高，耐高温及温度骤变的能力好，即便破碎，碎片也很小且无尖角，不易伤人。此外，还可在玻璃中夹入金属丝做成夹丝玻璃（图 1.3.1.19），或在玻璃片间夹入透明薄膜后热压黏结成夹层玻璃（图 1.3.1.20），这类玻璃破坏时裂而不散落。钢化玻璃、夹丝玻璃和夹层玻璃都是常用的安全玻璃。

图 1.3.1.19　夹丝玻璃

图 1.3.1.20　钢化玻璃制作的夹层玻璃虽碎成小块但不散落

玻璃在几何形态上可分为平板、曲面、异形等几种。除了最常用的全透明的玻璃外，还可通过烤漆、印刷、轧花、表面磨毛或蚀花等方法制成半透明的玻璃。此外，为装饰目的研制的玻璃产品有用实心或空心的轧花玻璃做的玻璃砖以及用全息照相或者激光处理、使玻璃表面带有异常反射特点而在光照下出现艳丽色彩的激光玻璃等。

由于玻璃在建筑外围护结构上占据了相当的比例，为改善其热工性能和隔声效果而研制的玻璃有镀膜的热反射玻璃、带有干燥气体间层的中空玻璃等。

2. 有机透光材料

有机合成高分子透光材料具有重量轻、韧性好、抗冲动力强、易加工成型等优点，但硬度不如玻璃，表面易划伤，且易老化。

这类产品有丙烯酸酯有机玻璃、聚碳酸酯有机玻璃、玻璃纤维增强聚酯材料等，成品可制成单层板材，也可制成管束状的双层或多层板，还可以制成穹隆式的采光罩或其他异型透明壳体（图 1.3.1.21）。

图 1.3.1.21　有机合成高分子材料制作的穹隆式采光罩

（二）主要用途

玻璃和有机透光材料在建筑中主要用于门窗、采光天棚、雨篷、幕墙、隔断和装饰。

九、其他常用建筑材料

（一）装饰面材

装饰面材的主要用途是对建筑界面进行装修，所以对其性能的关注主要集中在材料的色泽、质感、耐气候性、易清洁性能等几方面。常用的装饰面材有以下几种。

1. 装饰卷材

装饰卷材包括各类地毯、墙布、墙纸和悬垂物。常用的有天然材料的织物（如羊毛和丝的织品）、皮革，以及各类化纤和金属的织物及轧制物（如塑料地毡、人工草皮、金属编织网）等，可用于墙、地面铺挂及作为软吊顶装修（图 1.3.1.22）。

图 1.3.1.22　金属网作为软吊顶装修

2. 装饰块材

装饰块材包括各类面砖和人造石材。

其中装饰面砖一般以陶土或瓷土为原料，经加工成型后煅烧而成（图 1.3.1.23）。表面处理分无釉和上釉两种。其质地较坚硬，切割较方便，有一定的吸水率，在较大的撞击力作用下易破碎。

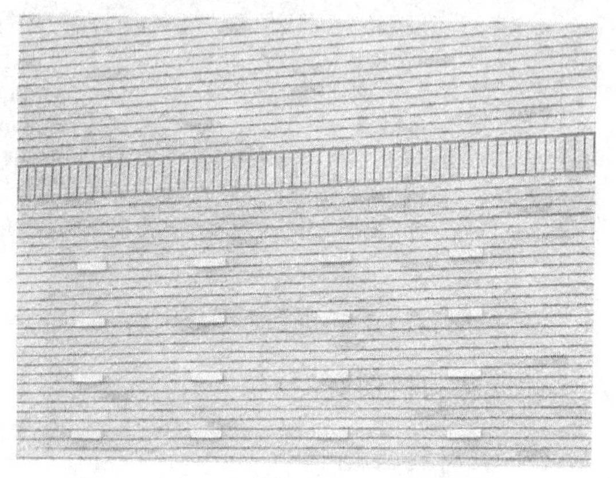

图 1.3.1.23　面砖装修所形成的表面肌理

在应用范围方面，陶土面砖可以适用于建筑物的内外墙面及地面。上釉的陶土面砖因其防冻、耐腐蚀的性能比无釉的更好，所以用在室外更适宜。瓷土面砖较细密，吸水率较低，而且表面较易清洁，因此适用于日常易于受到污染的建筑物的墙面。

有一些被分割成非常小的块面的面砖叫作马赛克（译音），或称为锦砖或纸皮砖，因其通常会在工厂预先被集合成片、粘贴在牛皮纸上再提供现场使用，以方便施工。马赛克的品种很多，有石材的，烧制陶瓷的，还有复合工艺制造的，如衬膜的玻璃马赛克等。用不同色彩的马赛克可以取得很好的拼花效果（图 1.3.1.24）。

此外，将天然石材的碎料经人工树脂或者水泥等材料黏结，可以制造出人造花岗石、人造大理石、预制水磨石等块材，其色彩和纹理可以由人设计，而且块材间色泽均匀，不易破损，价格也较为便宜，特别是人造大理石，可以用于室内建筑物的地面铺设。

图 1.3.1.24　彩色马赛克拼花所形成的装饰效果

3. 涂料

涂料是颜料、填料、助剂及乳胶液的混合物，能对构件表面起到保护作用并取得需要的颜色和质感。一般说来，外墙涂料需要有较好的弹性及耐气候性，常用的有苯丙乳液涂料、纯丙乳液涂料、溶剂型聚丙烯酸酯涂料、聚氨酯涂料、砂壁状涂料、有机硅改性聚丙烯酸酯乳液型和溶剂型外墙涂料、弹性涂料等；内墙涂料需要有较好的质感及装饰效果，常用的有乙酸乙烯乳液涂料、丙烯酸酯内墙乳液涂料、聚乙烯醇内墙涂料和多彩涂料等；地面涂料要有较高的强度，耐磨且抗冲击能力较好，常用的有过氯乙烯水泥地面涂料、环氧树脂自流平地面涂料、聚氨酯地面涂料、氯化橡胶地面涂料等。

4. 油漆

油漆包括各类清漆和调和漆，其中清漆的装饰效果是可以使基底材料的纹理清晰地表现出来，常用的有酚醛清漆、醇酸清漆、虫胶清漆（泡立水）、硝基清漆（腊克）等。调和漆不透明，一般包括覆盖力较强的底漆和漆膜较为坚固的面漆，可以对所涂覆的表面起到保护和着色的作用。

（二）防水卷材及密封材料

1. 防水卷材

防水卷材按防水材料的类别可分为沥青、沥青和高分子聚合物的共混物以及高分子材料三类。对应的成品分别称为沥青油毡、改性沥青油毡和高分子卷材。按防水卷材的制作工艺，又可分为有胎和无胎的两种。有胎的是以纸、聚酯无纺布、玻璃纤维毡、铝箔等为胎体，复以防水材料制成的；无胎的则直接将防水材料制成片材，如三元乙丙、聚氯乙烯、氯化聚乙烯防水卷材等。

防水卷材铺设方便，一般用胶粘材料附着在基层上，可以单层或多层设置，相互间可以搭接。但需要有一定的延伸率来适应变形和较好的耐气候性来防止老化。

2. 密封材料

密封材料有两种，一种是橡胶、泡沫塑料类的制品，可做成不同的断面形式，通过嵌入缝隙后体积回弹挤压或由断面形状造成多道屏障，达到封闭目的。成品有各种止水带、密封条。

另一种以胶粘剂的方式，填入缝隙后成膜，与两边材料粘接，且自身具有良好的延伸率，能适应变形。此类产品有沥青防水油膏、聚氯乙烯嵌缝油膏、聚氨酯建筑密封膏、硅酮密封膏（俗称硅胶）、聚硫密封膏等。

（三）保温材料和隔声材料

保温材料和隔声材料同属容重小、内部富含空气的材料，但保温材料的内部气孔最好能够闭合，以防止水气的进入。反之，隔声材料的内部气孔则最好开放，以利于消耗声能。

常用的保温材料和隔声材料有用天然石材和矿石为原料加工成的纤维状物，如岩棉、矿渣棉、玻璃棉等，可制成各种成品的卷材或板材。此外还有用聚氨酯、聚苯乙烯、聚氯乙烯等有机高分子合成材料经发泡处理加工成的各种制品，如发泡聚苯乙烯板材等（图 1.3.1.25 和图 1.3.1.26）。

图 1.3.1.25 矿棉保温板

图 1.3.1.26 发泡聚苯乙烯保温板

在选择使用保温材料和隔声材料的时候，必须注意其内部构造对应用场所和功能需要的合理性，而且还应该注意到此类材料中有些是可燃的，或者可能会在高温的条件下释放出有害气体，绝对不能掉以轻心。

（四）黏结材料

黏结材料应有合适的粘接强度，易于使用，并稳定、耐久。

由于黏结材料多为化工产品，而被结合物与黏结材料之间应有相容性以及良好的结合力来保证其安全性能，所以不同的黏结材料有不同的用途。

常用的黏结材料有：

803 胶——用于水泥砂浆作添加剂，铺贴面砖；粘贴壁纸。

环氧树脂胶黏剂——用于金属、陶瓷、玻璃、砖石等的黏结。

聚酯酸乙烯乳胶液（白胶）——用于木料、陶瓷等的黏结。

氯丁橡胶黏结剂——用于结构黏结。

聚氨酯类胶结剂——用于木材、玻璃、金属、混凝土、塑料等的黏结，并适用于地下及水中施工。

（五）其他高分子合成材料

建筑工程中常用的其他高分子合成材料包括 PP（聚丙烯）、PE（聚乙烯）、PVC（聚氯乙烯）等。

这类材料轻质、高强，导热系数小，一般不透水，产品可按需要加工成多种色泽以及各种断面，因此被广泛用于制作门窗、有水场所的隔断、室外楼梯扶手及各种管道。其中，冷、热水给水多采用 PVC、PE 等塑料管道；建筑排水多用 PVC 塑料管道；燃气塑料管道采用 PE；塑料电线护套管采用 PE 及 PVC；塑料通信电缆护套管采用 PE。

这类高分子材料多数可燃，在应用时应予以注意。

十、常用建筑材料断面的表达方式

建筑详图一般比例较大，按照规定必须在构件剖切到的位置用相应的图例来表达所用的材料。

图 1.3.1.27 是常用的建筑材料的断面的表达方式。

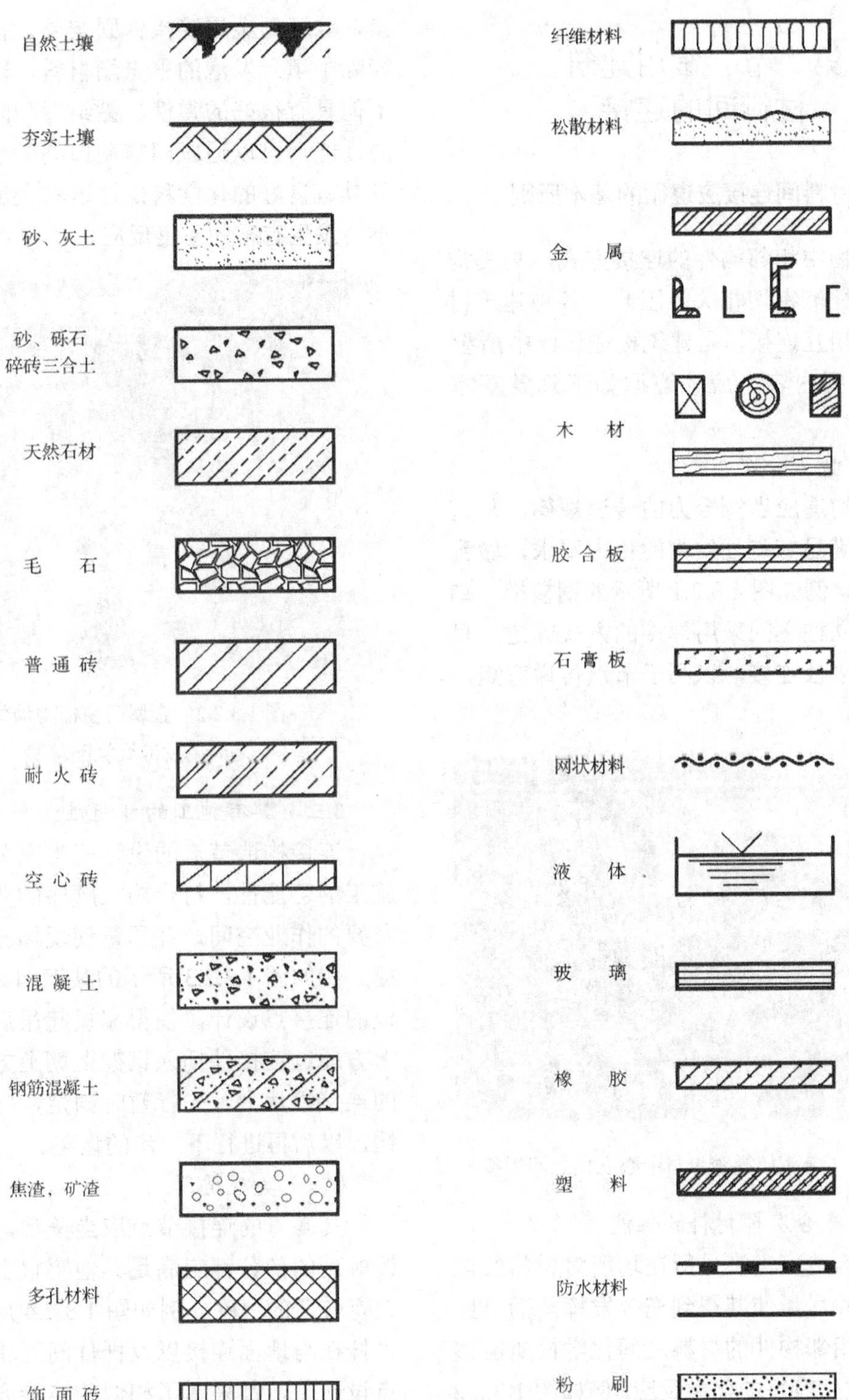

图 1.3.1.27 常用建筑材料的断面图例

第二节　常用建筑材料间的连接

一、建筑材料间连接应遵循的基本原则

建筑物中相邻构件的连接方式，与其构成材料的性能密切相关，因此，各种建筑材料之间的相互连接，是建筑构造设计中所要涉及的重要内容，应该遵循如下几条基本原则。

（一）受力合理

连接构造应当符合力的传递规律，从整体到局部满足节点处结构的传力要求，做到安全可靠。例如图 1.3.2.1 所示的钢楼梯，踏步与中心立柱之间采用焊接的方式固定，目的是形成刚性连接，以利于节点传递弯矩，避免转动。

图 1.3.2.1　某钢楼梯踏步与中心立柱之间焊接

（二）充分发挥材料的性能

连接构造应当满足所在场所对材料性能的要求，并尽量使其得到充分发挥，而且应同时保证相邻构件的材料之间化学性质能够相容，不发生有害的化学反应。例如图 1.3.2.2 所示的金属门窗的门窗框与墙体之间的连接，除了用金属连接件固定外，往往还会在缝隙中填入发泡的聚氨酯材料，因为聚氨酯不但具有很好的弹性、黏结性和防水、保温的性能，可以适应门窗洞口的微小变形，而且具有良好的化学稳定性，与金属材料之间不会发生有害的不良反应。

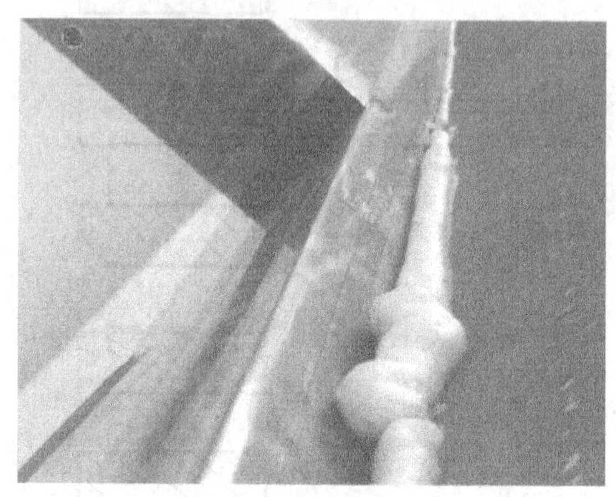

图 1.3.2.2　金属门窗框与墙体之间用发泡聚氨酯填缝

（三）具有施工的可能性

连接构造节点的设计应当充分考虑现场施工的可能性，符合施工顺序的要求，留有必要的作业空间，并尽量使现场施工简单快捷。例如图 1.3.2.3 所示的某钢构架与外墙挂板的连接点设计，使得墙板起吊后很容易从上方通过连接件插入钢架上朝上方留有缺口的连接钢片上，先行暂时固定，方便吊具脱钩，以后再进行下一步的调整。

（四）美观适用

凡暴露的连接节点应当美观，凡是人能接触到的部分都应满足其他感官上的要求，并有合适的尺度。例如图 1.3.2.4 所示的踏步栏杆在与地面连接以及杆件间互相连接的节点设计上，都采用了相似的连接方法和配件的细部构造，体现出设计的精良。

(a) 某建筑钢构架上挂外墙板的连接件向上留有开口

(b) 外墙板施工时可以很方便地与主体结构连接

图 1.3.2.3　连接节点方便施工的实例

图 1.3.2.4　某梯段栏杆设计精良

二、常用建筑材料的连接方法

(一) 木材常用的连接方法

传统的木构件之间常采用榫接、钉接、螺栓连接和胶接。榫接的节点可以在一定程度上适应变形，有些木屋架的老房子遇到地震时屋盖虽然扭曲歪斜，但没有整体垮塌。现时由于金属连接件及其连接工艺发展迅速，因此木构件间除了传统的连接工艺外，还会大量借助金属连接件辅助连接（图 1.3.2.5~图 1.3.2.7)。

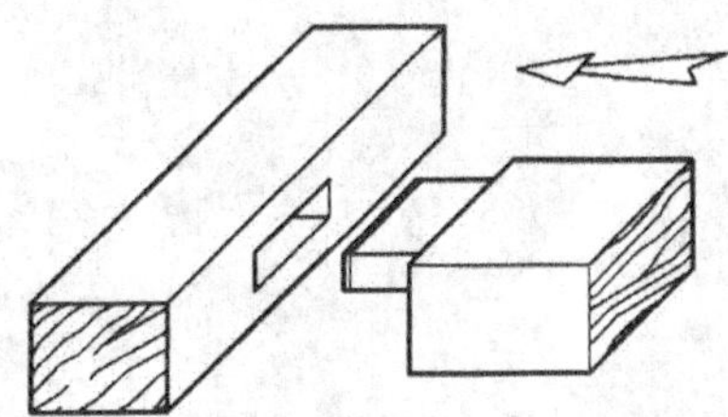

(a) 木材直榫连接示意图

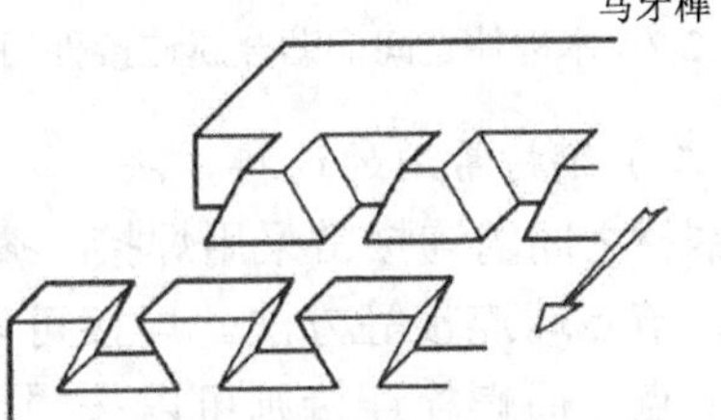

(b) 木材马牙榫连接示意图

(c) 传统木构架用直榫连接的实例

图 1.3.2.5　木构件之间榫接

图 1.3.2.6　木构件之间钉接

图 1.3.2.7 本构件之间借助金属连接件用螺栓连接

图 1.3.2.9 构件间先用螺栓临时固定后再焊接的实例

（二）钢材常用的连接方法

钢材之间的连接常采用焊接、螺栓连接、套接、节点球连接等方法。焊接可以形成刚性的节点，而螺栓连接则可以按照需要设计为铰接或者刚接。为了方便施工现场构件的临时固定以及就位后作适当的调整，许多需要焊接的构件往往会先用螺栓固定，构件上预留螺栓孔的形状也会根据调节的需要来决定（图 1.3.2.8~图 1.3.2.13）。

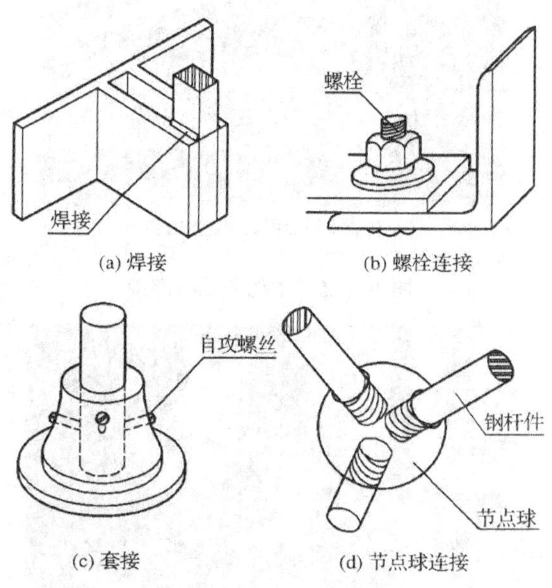

图 1.3.2.8 钢材常用连接方法示意图

图 1.3.2.10 长条形螺栓孔有利于构件位置的调节

(a) 某钢构架覆盖张拉膜的建筑小品

图 1.3.2.11 钢构件之间连接方式合理设计的实例

(b) 边缘钢构件之间高强螺栓+焊接以保证结构刚度

(c) 支撑张拉膜的钢构件之间铰接以适应变形

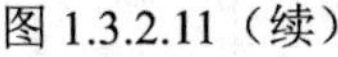

图 1.3.2.11（续）

图 1.3.2.12　钢构件之间套接

（三）钢筋混凝土常用的连接方法

钢筋混凝土构件用于建筑物的主体结构，不但彼此之间有预制装配连接的可能，而且经常有其他种类的构件需要以这些结构构件为依托与之相连接。一般说来，除了钢筋混凝土的预制构件之间会留出钢筋、经互相搭接处理后用混凝土浇筑节点外（图 1.3.2.14），其余节点通常都是通过在混凝土中预埋连接钢板或螺栓、预留孔置入开脚铁件后填实以及在现场打入膨胀螺栓等方法与其他构件相连接的（图 1.3.2.15~图 1.3.2.17）。

图 1.3.2.13　钢构件之间用节点球连接

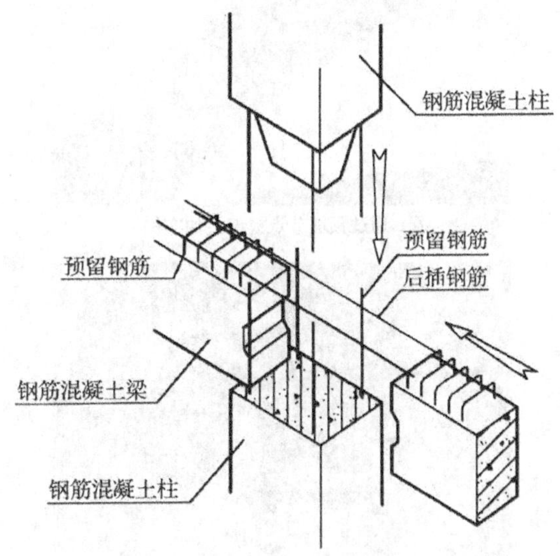

图 1.3.2.14　预制钢筋混凝土构件之间湿浇节点

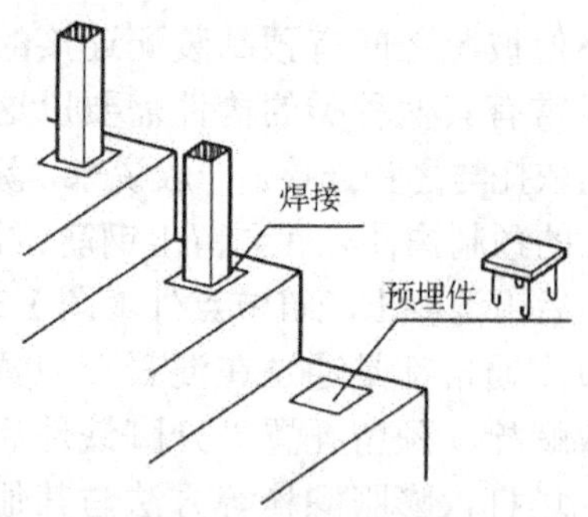

(a) 钢筋混凝土中预埋节点板

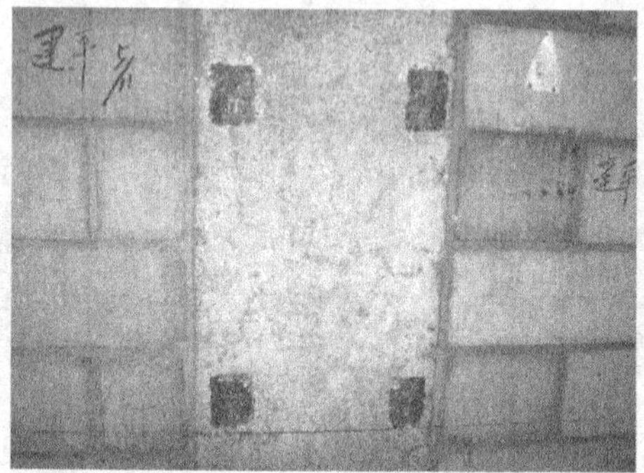

(b) 钢筋混凝土中预埋节点板实例

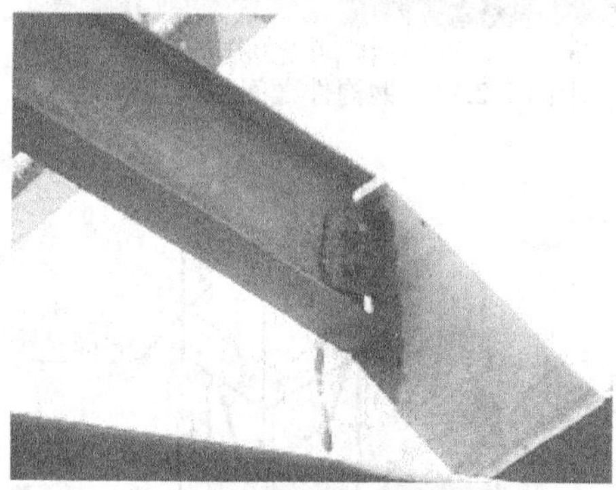

(c) 通过预埋节点板连接的实例

(d) 与预埋螺栓连接的实例

图 1.3.2.15 钢筋混凝土中预埋节点板的连接方法

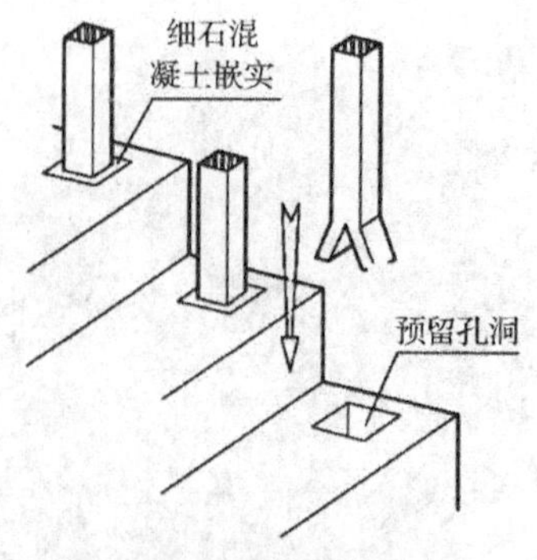

(a) 钢筋混凝土预留孔置入开脚铁件做法示意图

(b) 钢筋混凝土预留孔实例

图 1.3.2.16 钢筋混凝土预留孔的连接方法

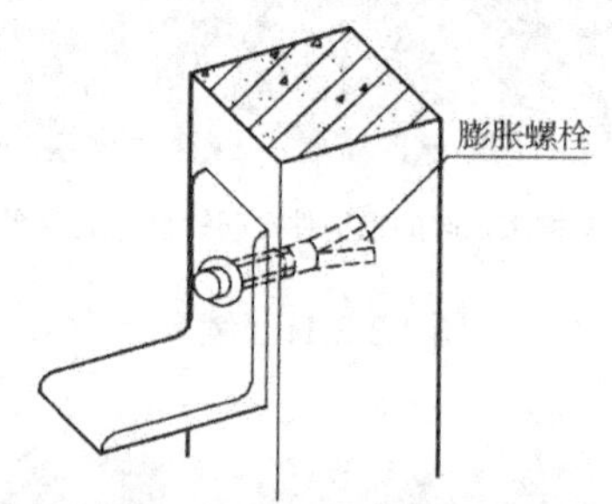

(a) 现场在钢筋混凝土中打入膨胀螺栓做法示意图

(b) 现场打入膨胀螺栓的做法实例

图 1.3.2.17 钢筋混凝中现场打入膨胀螺栓的连接方法

（四）玻璃常用的连接方法

玻璃相互之间可以用结构胶黏结，也可以通过金属构件连接；玻璃与其他材料构件之间主要是通过金属连接件连接。但因为玻璃是脆性材料，因此与金属等硬质材料的交接处必须有柔性的衬垫（图 1.3.2.18 和图 1.3.2.19）。

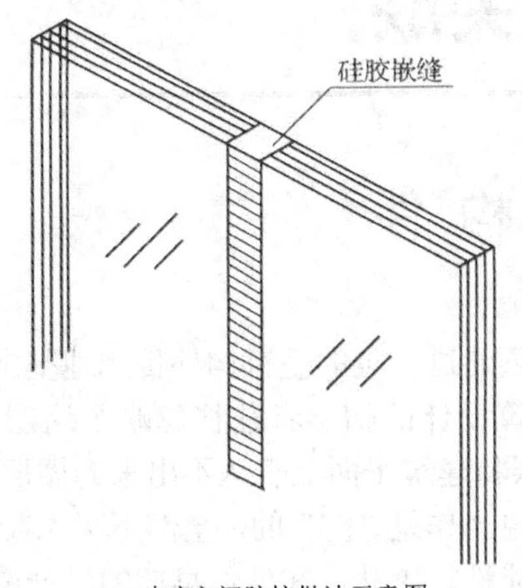

(a) 玻璃之间胶接做法示意图

(b) 玻璃之间胶接做法实例

图 1.3.2.18 玻璃之间用胶连接

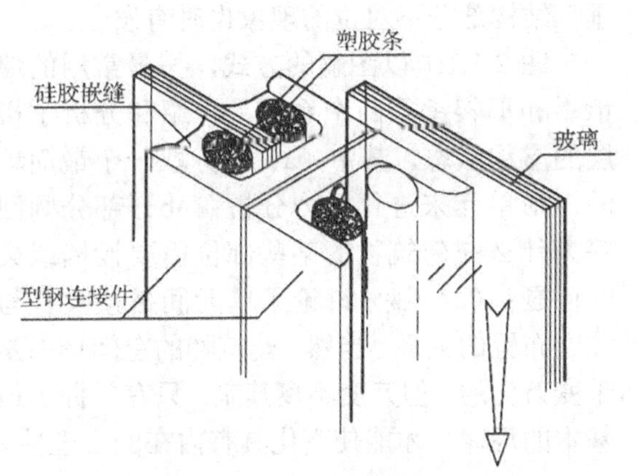

(a) 玻璃之间借助其他构件连接做法示意图

(b) 玻璃与硬质材料交接处必须有柔性衬垫

图 1.3.2.19 玻璃之间借助其他构件连接

本章复习提要

- 了解常用的建筑材料的性能特征及其适用范围
- 掌握常用的建筑材料的断面形式及其表达方法
- 掌握常用的建筑材料的规格及行业中的习惯称谓
- 举例说明用特殊工艺加工后的建筑材料是如何对天然材料的材性进行改良的

第二篇 常用构件在建筑物系统中的位置及相互关联

第一章 水平构件

第一节 楼板和梁

一、研究路径

1）楼板和梁构成了建筑物中人在楼面活动的支承平台。建筑平面图虽然不需画出楼层的水平结构构件，但其结构布置方式却直接影响到建筑物内部空间的形态、尺度和使用方式，因此在进行建筑平面设计时必须考虑到楼层的结构平面布置，选取合适的方式。

2）楼板和梁是承受使用荷载的第一层次的构件，其支承和被支承的情况决定了许多垂直构件的布置。

3）楼板和梁可以选用钢筋混凝土、钢、木等多种材料，但目前使用最多的是钢筋混凝土，取其抗弯和防火性能俱佳；其次为压型钢板与混凝土的复合楼板，取其施工快速方便。不过因为压型钢板是单向板，下部往往需要架设次梁，有可能会增加结构的高度，还需作防火的特殊处理，所以主要应用在钢结构建筑中。至于木构的楼层系统，由于防火及承载的原因，在我国的公共建筑和集合式住宅中已很少使用，仅在一些小住宅中还有所使用。因此，本章节主要对前二者进行介绍。

二、楼层的支承系统

人在楼面上活动的荷载和楼层的自重，都必须通过一定的垂直构件传到地基上去。许多建筑设计的初学者往往忽略了这层支承关系，误将建筑平面上表达不出来的楼层的结构部分也当作是“空”的，全然不考虑荷载传递的可能性。因此，在他们早期的设计图纸上，显得对围合空间的各个界面之间的位置关系把握不定，似乎缺少设计的依据，上、下楼层垂直结构部分不对位的现象也时有发生。

图 2.1.1.1 以图解的方式，按最常用的墙承重和框架承重两个系统，介绍和分析了楼层的支承状态，其中（a）部分取一个最简单的矩形单元来进行受力分析；（b）部分则回答为什么在建筑物的某些部位需要设墙或梁的问题；（c）部分讨论了单元间搭接咬合与柱网布置的关系。当然，建筑物的空间形态是千变万化的，但万变不离其宗，只有掌握了最基本的规律，才能使变化具有内在的合理性。

三、钢筋混凝土楼板和梁

钢筋混凝土楼板和梁按施工方式分为现浇整体式、预制装配式和装配整体式三类。

（一）现浇整体式楼板

现浇整体式指在现场支模放置钢筋后，整体浇注混凝土，使梁、板或梁、板、柱（墙）连成一体。其结构整体性好，支座可以承担弯矩，对抗震有利，而且构件断面较小，自重轻，对建筑内部空间净高的影响也较小。

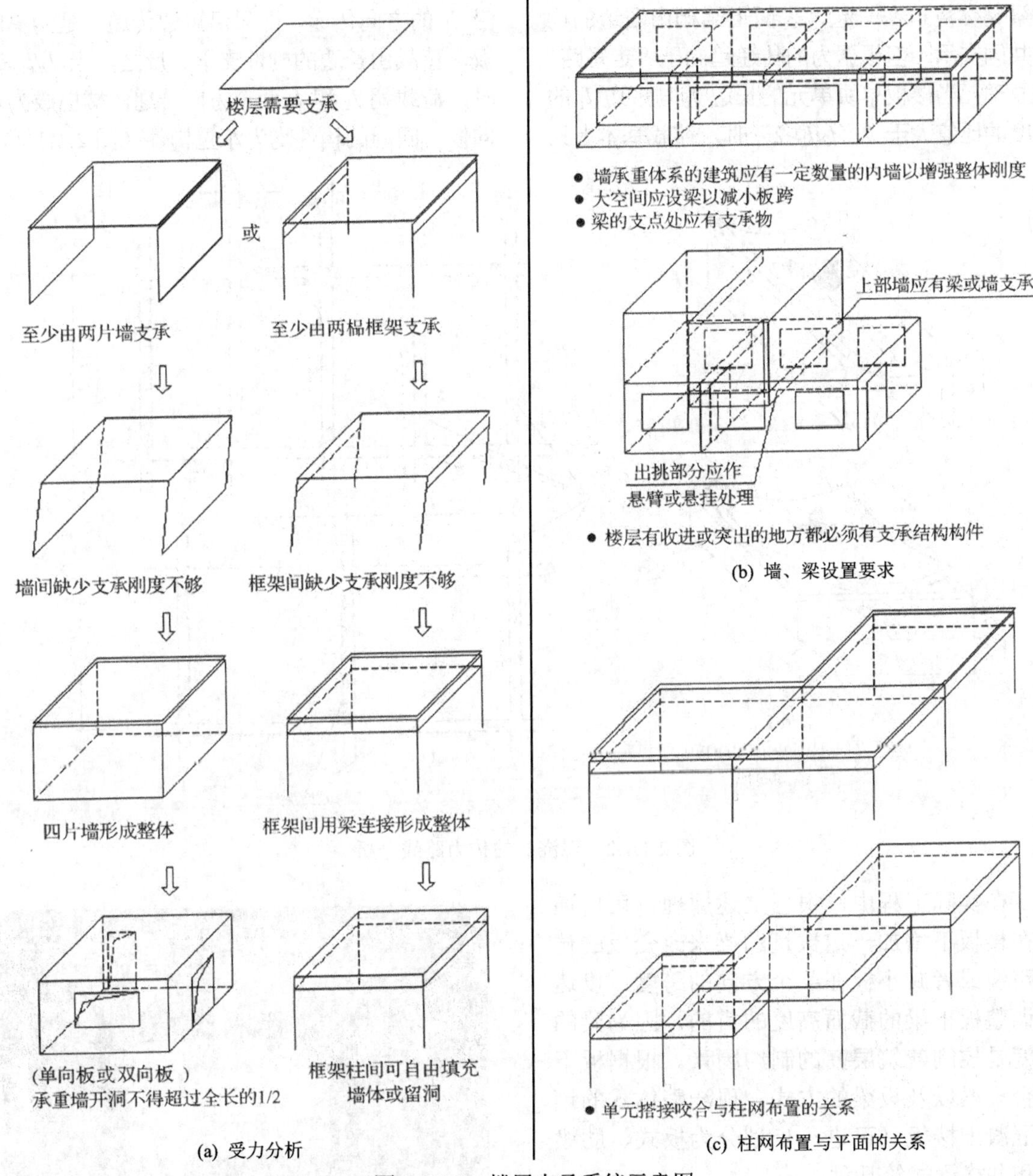

图 2.1.1.1　楼层支承系统示意图

现浇整体式的钢筋混凝土常用于对水平刚度要求较高的建筑物中，例如高层建筑以及处于抗震设防烈度较高的地区的建筑物中。此外，某些建筑平面不规则或有管道等穿越的建筑部位，例如实验室、卫生间、厨房等，也会使用现浇工艺。因为现浇钢筋混凝土在现场支模和布筋，一方面可以满足平面特殊形状的要求，另一方面又可以方便地根据设计的需要在楼板的任何部位留孔，同时还因为没有板缝而减少了楼面发生渗漏的机会。其缺点是在现场湿作业，施工周期长、费模板，而且还容易受到气候条件的限制。

从对其下方的承重构件设置的要求来看，现浇整体式的钢筋混凝土楼板虽然总是与梁整体浇筑在一起，表面上结构由四边的构件共同支承，但根据力的传递趋向于“走短路”的原理，当楼板单块单元的长边 l_2 与短边 l_1 的长度的比值大于 2（$l_2/l_1>2$）时，荷载基本上只沿 l_1 的方向传递，即只沿短边传递，是为单向板，荷载由长边的构件支承。反之，当 $l_2/l_1\leqslant 2$ 时，荷载朝 l_1 和 l_2 两个方向传递，楼板成为双向板，四周的构件均为承重构件（图 2.1.1.2）。

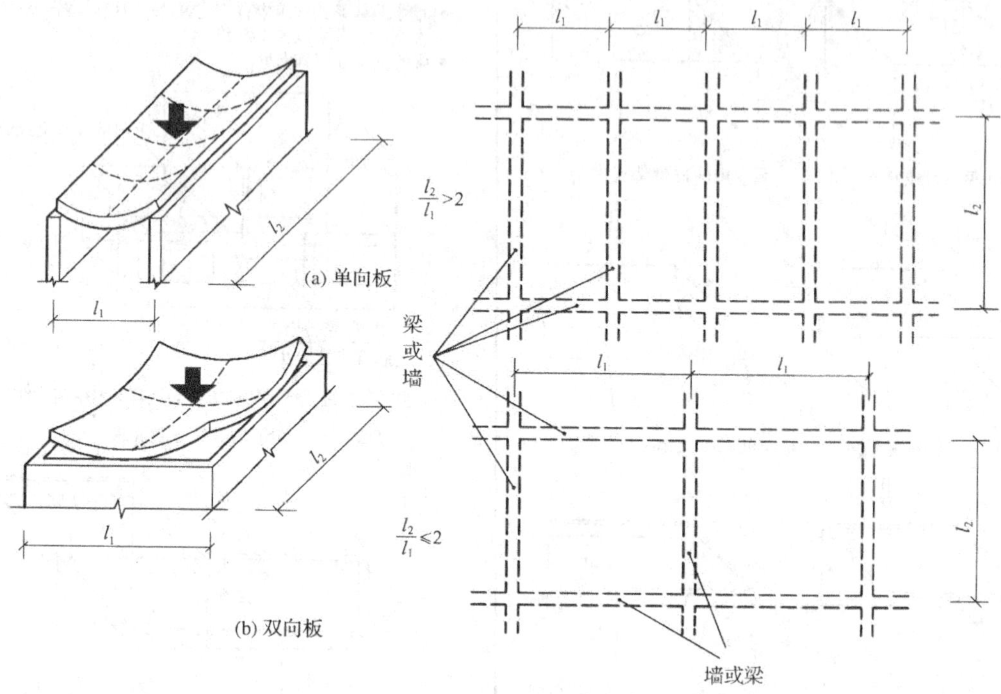

图 2.1.1.2　现浇板的传力路线分析

在实际工程中，根据上述原理，可以通过在楼板下增加一定数量的梁来改变板的传力路线或者减小板在某个方向的跨度，以达到调整板下梁的截面高度的目的，因为梁的高度是控制建筑层高的制约因素。根据板下是否设梁以及设梁的方式，现浇整体式的钢筋混凝土楼板又可进一步划分为板式、肋梁式和井格梁式等几种。

1. 板式楼板

平板，跨间不设梁。多用于小开间的墙承重体系或厨房、卫生间等有诸如开孔、防水等特殊要求处（图 2.1.1.3）。

图 2.1.1.3　现浇板式楼板实例

其最小高跨比，单向板简支时为 1/35，连续板为 1/40；双向板简支时为 1/45，连续板为 1/50。

在无梁楼盖系统中，楼板也是平板，直接由柱子支承，连接部分可以设柱帽，也可不设。无梁楼板的柱网应尽量成方格布置，楼面的活荷载≥5kN/m^2、跨度在 6m 左右时较为经济。板厚一般≥150mm，且不小于板跨的1/35。

2. 肋梁式楼板

在板下沿一个方向平行布置次梁，使成“肋”状。这样可以减小板的跨度，或者减小与肋梁平行的主梁或边梁的高度，以适应开窗和走管道等方面的需要（图2.1.1.4）。肋梁的间距一般在1.7~2.5m，梁的高跨比为1/18~1/12，断面高宽比为2~3。板厚在民用建筑中一般为70~100mm，工业用的为80~180mm，如当屋面板，则可厚60~80mm。

图2.1.1.4　现浇肋梁式楼板实例

3. 井格梁式楼板

在板下沿两个方向垂直或斜交布置次梁，形成井格状（图2.1.1.5）。井格梁式楼板多在可以形成双向板、且板跨较大的情况下使用，布置后每个节间依然为双向板，但梁的高度可以减小。井格梁的高跨比一般不小于1/15，断面高宽比为2~4。板厚可按板式计算。根据使用的需要，例如安装采光天窗的要求等，井格梁的间距可以不等，而且局部可不设置楼板（图2.1.1.6）。

图2.1.1.5　现浇井格梁式楼板实例

图2.1.1.6　井格梁的间距可按需要调整

（二）预制装配式楼板

预制装配式楼板是在工厂或现场预制后安装的。其施工进度快，现场湿作业少，受气候条件的影响也较小，但整体性不如现浇的好，而且其荷载的使用情况及支承方式都必须按构件原来所设计的标准实行。

预制装配式楼板形式可分为预制实心平板、预制多孔板和预制槽板等几种。

1. 预制实心平板

预制实心平板又分小型、中型和大型几类。小型实心平板跨度一般在2.4m以内，板厚为板跨的1/30，为50~80mm。多用于走道、管道盖板或有肋梁的房间，如农村住宅等（图2.1.1.7）。

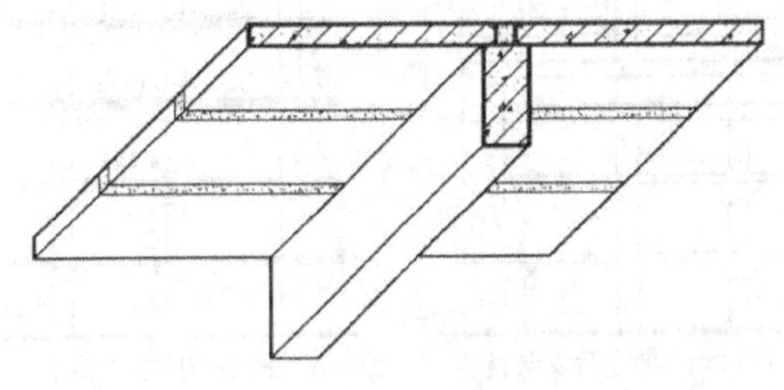

图2.1.1.7　小型预制实心平板

中型平板板跨可达 4.5~6m，多用于工业化的建筑体系如大板体系的楼板，唯需要大型运输和起吊设备（图 2.1.1.8）。

大型平板常见于升板体系。这也是一种无梁楼盖，在现场将每层楼板作为一块整板在地面逐一叠合现浇后，由安装在柱子上的提升系统同步提升就位（图 2.1.1.9）。这种楼板适用于均布荷载较大的建筑，如菜场、冷库等。

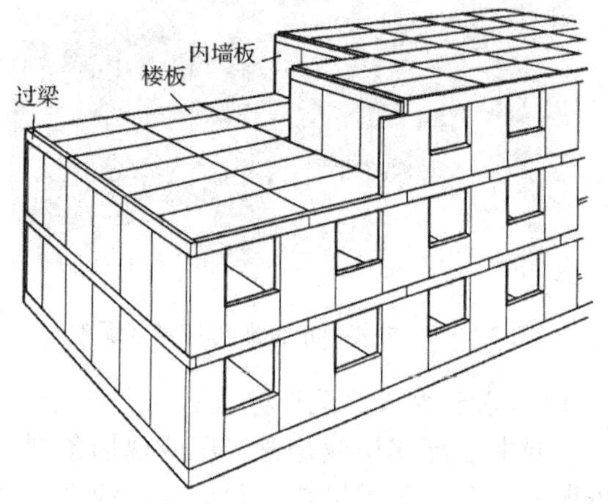

图 2.1.1.8　大板体系使用的中型预制实心平板

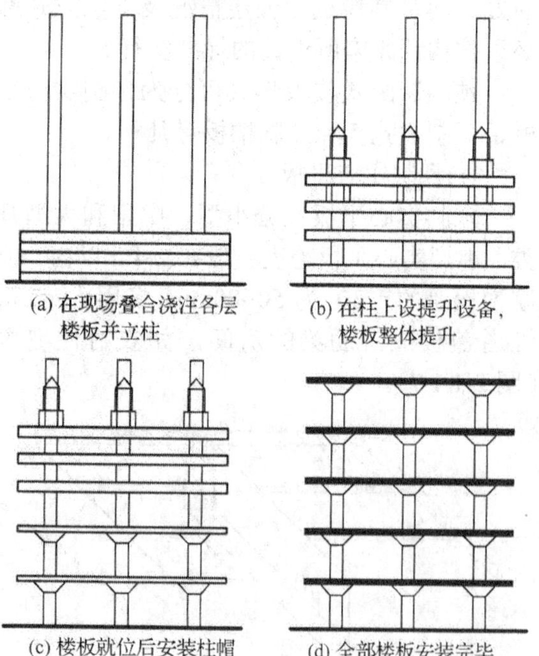

图 2.1.1.9　大型平板升板体系施工过程示意图

2. 预制多孔板

这是多层民用建筑，特别是住宅以往用得最多的楼板形式。为了减小板的自重，多孔板沿长度方向在中性面附近成圆孔状或椭圆孔状抽去部分材料（图 2.1.1.10）。其配筋一般只沿长方向配置冷拔钢丝作为受力筋，短方向无配筋，因此只能作单向板沿长方向两端搁置（图 2.1.1.11 和图 2.1.1.12），而且只能承受均布荷载，在板跨中不能有较大的集中荷载。由于预制装配的楼板整体抗震不如现浇板，而且当结构有不均匀沉降时，预制板侧边的拼缝较易开裂，现在预制多孔板的使用已受到限制。例如在上海地区现时的民用建筑中，预制多孔板一般只用作底层地面的结构层，用来架空地面，达到防潮的目的。

一般用于民用建筑中的预制多孔板的板

图 2.1.1.10　预制多孔板

图 2.1.1.11　预制多孔板只能两边搁置

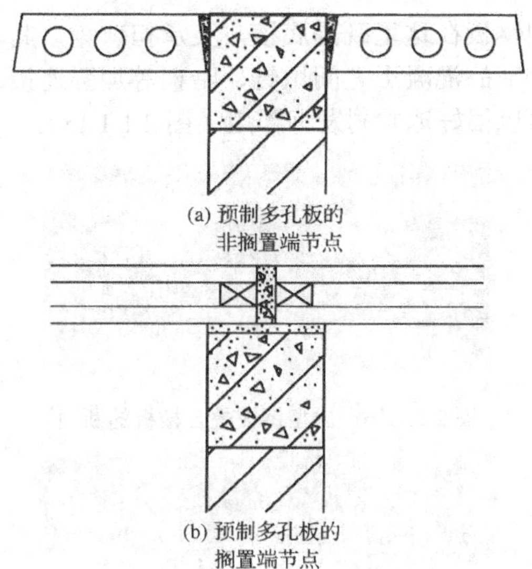

图 2.1.1.12　预制多孔板搁置及非搁置端节点

厚为 120mm，标准板的长度按模数制以 300 递增成系列。其中预应力多孔板的长度可以达到 4200～4500mm，而非预应力的一般在 3900mm 及以下；板宽有 900mm、400mm 和 500mm 等，视各地加工情况规格有所不同。

3. 预制槽形板

预制槽形板的板形为长方向两边带高的纵肋、短方向中间带小的横肋的平板。其中平板厚度约为 30mm，肋高为 120~300mm，板宽为 600~1200mm（图 2.1.1.13）。其承载能力大大优于预制多孔板，板跨可达 6~7.2m，多用于厂房建筑中。

图 2.1.1.13　预制槽板应用实例

预制槽板可正搁或反搁（图 2.1.1.14）。

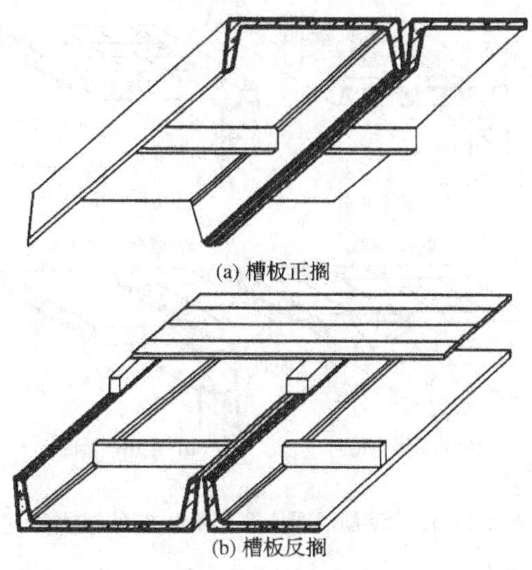

图 2.1.1.14　预制槽板的搁置方式

反搁的与正搁的板的配筋应有所区别。反搁时可利用肋间的空隙布置管道，或放置保温、隔声材料。

4. 钢筋混凝土预制板的搁置长度和板缝处理

钢筋混凝土预制板在支座上必须有一定的搁置长度，以避免地震发生时楼板坍塌。规范规定预制板在墙上的搁置长度不小于 100mm，在梁上的搁置长度不小于 80mm。搁置前应先在支座上坐浆，即以 20mm 厚的水泥砂浆找平。

为增强预制楼板间的联系，增加建筑的整体刚度，并防止建筑不均匀沉降时造成板缝开裂，在板缝处以及楼板与墙体的交接处常用钢筋加以锚固（图 2.1.1.15）。板缝的宽度应控制在 20mm 左右，控制板缝宽度的方法是通过调整所选择板的宽度及块数来优化组合。例如 4560 的范围内可用 8 块 500 宽的多孔板和 1 块 400 宽的多孔板来解决。如果有较宽的板缝实在难以调整，可以在墙边处现浇一条板带或用边梁伸出翼来补缺。楼板安装后板缝用细石混凝土灌实。

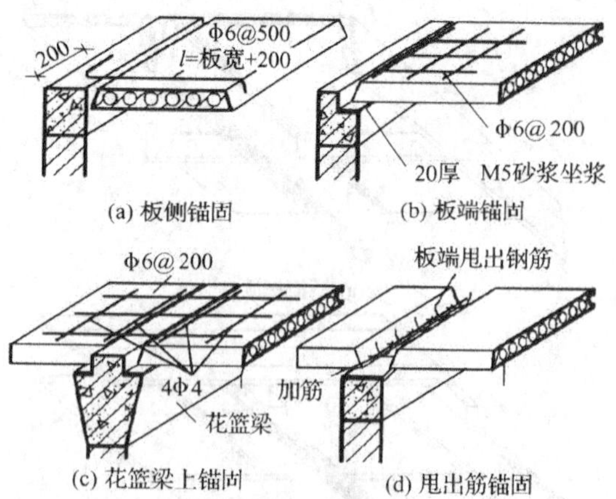

图 2.1.1.15 钢筋混凝土预制板板缝的锚固方式

（三）装配整体式楼板

装配整体式楼板是下部预制装配的衬板和上部现浇的混凝土或者钢筋混凝土的叠合，又称叠合楼板。工程中多以压型钢板为衬板架设在钢梁上，上部再整体浇注混凝土或钢筋混凝土（图 2.1.1.16 和图 2.1.1.17）。压型钢板在这里既是底模，又承担弯矩，其与上部的混凝土之间用钉、暗梢等加强连接，可以很好地共同发挥作用（图 2.1.1.18）。

图 2.1.1.16 压型钢板叠合楼板的断面

图 2.1.1.17 压型钢板叠合楼板应用于钢结构建筑中

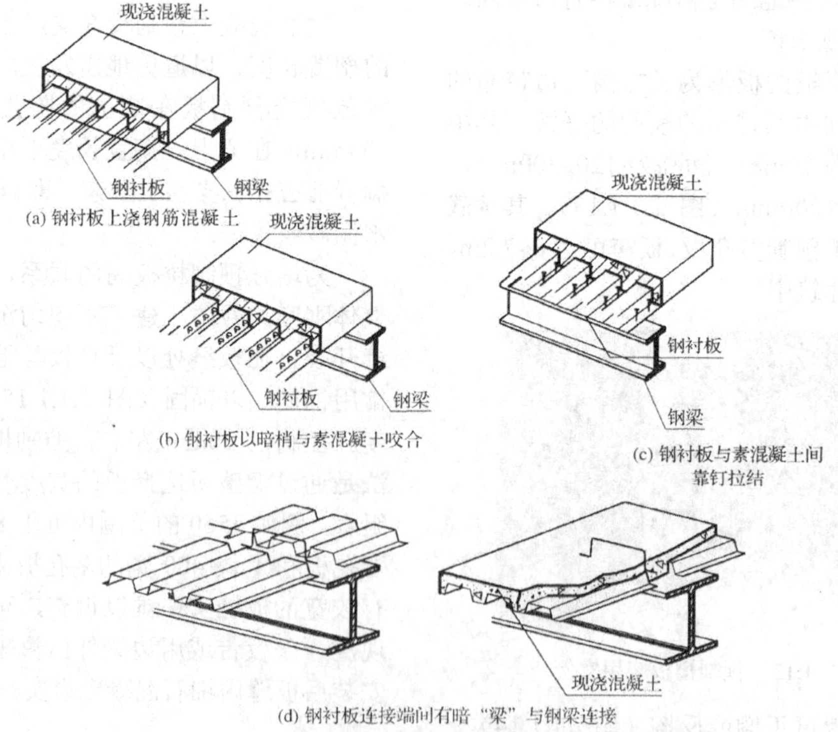

图 2.1.1.18 压型钢衬板与叠合混凝土之间的咬合方式

装配整体式楼板的整体刚度优于预制装配式的楼板；因为不需要拆除模板，其施工进度又比整体现浇式的楼板快。但因为通常使用的压型钢板是单向板，下面每隔一定距离就需要设置一道次梁，对钢结构而言，这容易增加结构层的高度。此外，以压型钢板为衬板的叠合楼板通常需要在板底进行防火处理。

（四）梁的截面

梁对建筑内部空间的净高的限定以及对空间的划分的影响最大。一般的钢筋混凝土的梁多采用矩形截面。楼板整体现浇者梁的高度从梁底算到板面；预制装配者梁的高度从梁底算到板底。在进行建筑设计时，往往需要对梁的截面的高度进行估算，以初步确定建筑的层高，其估算方法可参照表 2.1.1.1。为了争取室内的净高，采用预制装配的方式时可以把梁的截面做成花篮梁或十字梁的形式（图 2.1.1.19），但其仰视效果不如矩形梁，而且板的长度要较在矩形梁上时缩短。钢结构的建筑，梁除了采用工字钢或槽钢外，还可做成平面或空间桁架的形式。

表 2.1.1.1 梁的截面高度与其跨度之比

构件种类	简支	多跨连续	悬臂	备注
次梁	≥1/15	1/18~1/12	≥1/8	现浇整体肋形楼盖梁
主梁	≥1/12	1/14~1/8	≥1/6	
独立梁	≥1/12	≥1/15	≥1/16	独立的现浇或预制梁
框架梁	1/10～1/12			现浇整体式框架梁
	1/8～1/10			装配整体式或装配框架梁

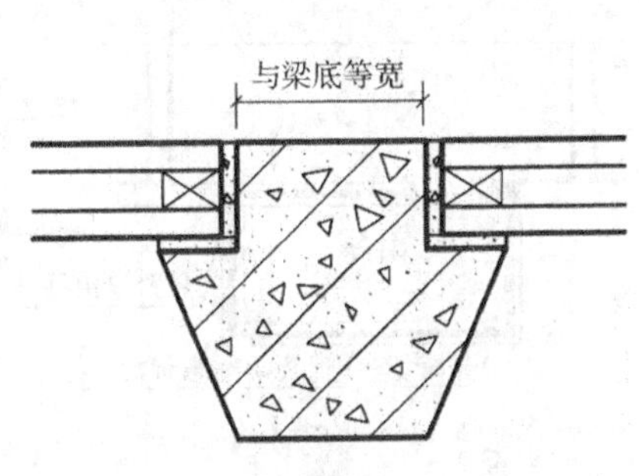

(a) 花篮梁截面形式示意图

(b) 预制装配式楼板下设十字梁的实例

图 2.1.1.19 花篮梁和十字梁

第二节 悬挑和悬挂构件

一、悬挑构件

楼层的有些特殊部位，如阳台、雨篷、遮阳等，往往挑出在主体结构之外，其与主体结构的连接方式最常见的是悬挑。悬挑构件的结构部分应当与主体结构间采用刚性连接，令节点处不转动，并能够承担负弯矩。悬挑方式主要有挑板和挑梁两种。后一种方式的出挑长度可较前者加长（图 2.1.2.1~图 2.1.2.9）。

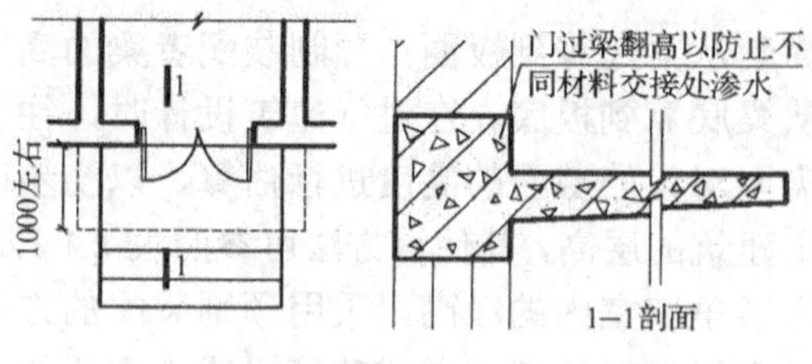

图 2.1.2.1　挑板雨篷自门过梁出挑

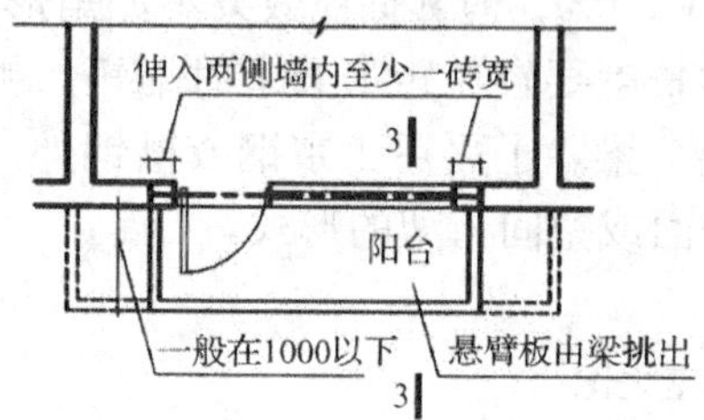

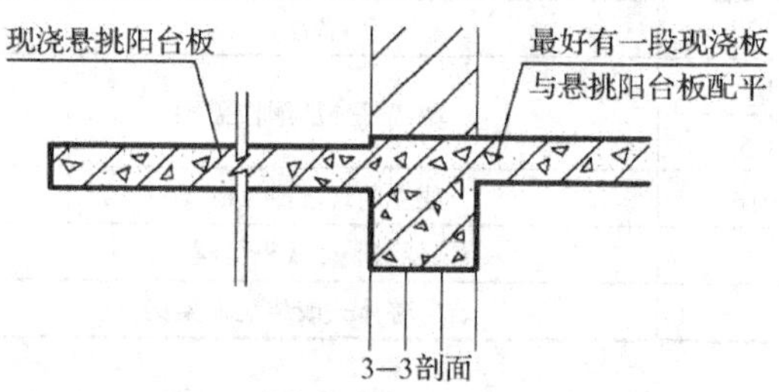

图 2.1.2.2　挑板阳台自圈梁出挑或由楼板平衡弯矩

图 2.1.2.3　挑板雨篷实例

图 2.1.2.4　挑板阳台实例

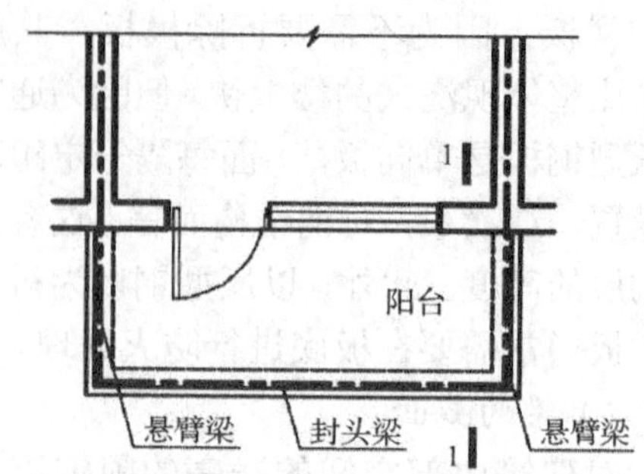

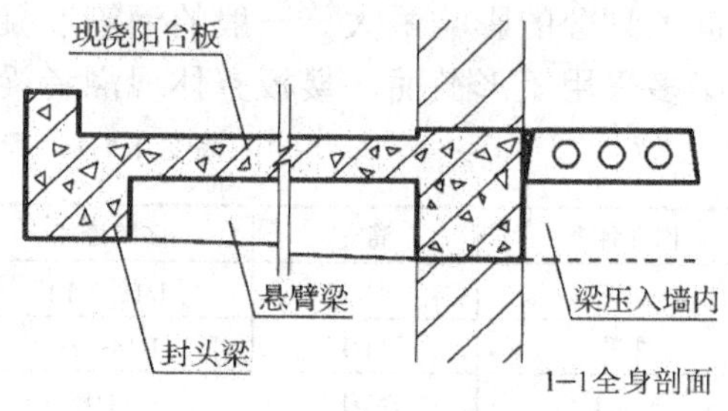

图 2.1.2.5　挑阳台由自墙内伸出的悬臂梁支承

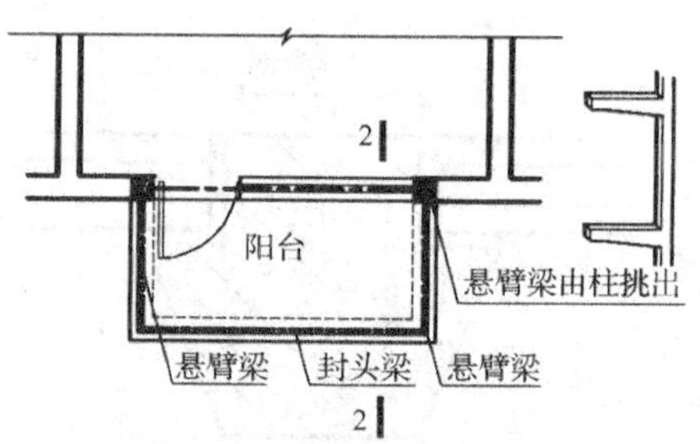

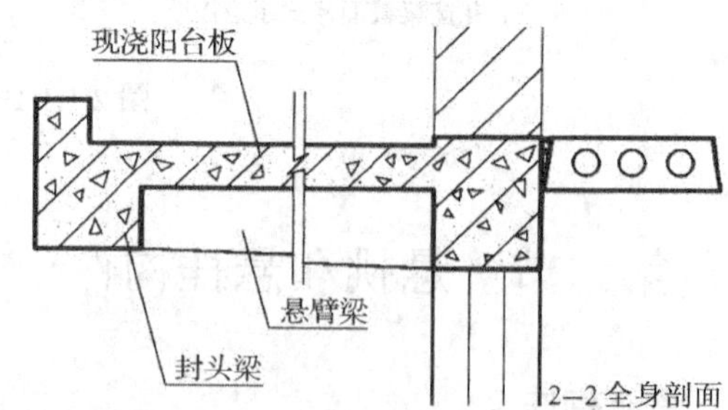

图 2.1.2.6　挑阳台的悬臂梁由立柱支承

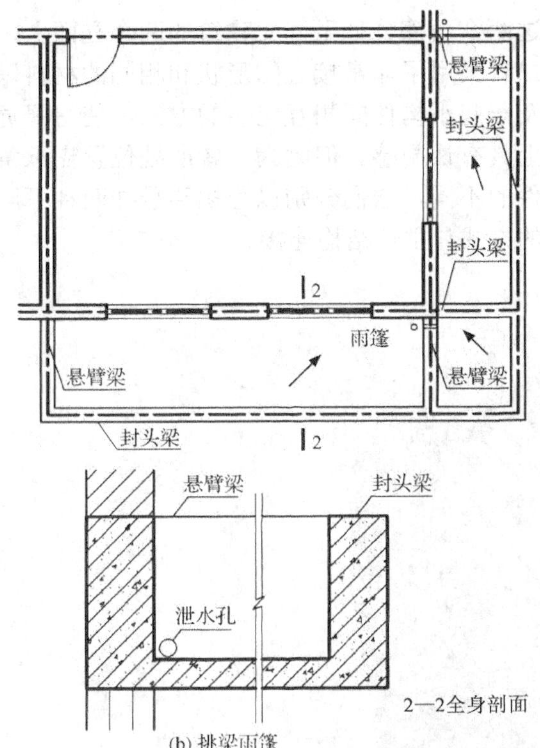

(b) 挑梁雨篷

图 2.1.2.7　雨篷的悬臂梁可以上翻，使板底平整

(a) 由上翻的悬臂梁支承的雨篷

(b) 该悬臂梁由立柱支承

图 2.1.2.9　由立柱支承悬臂梁的雨篷实例

图 2.1.2.8　由悬臂梁支承的挑阳台实例

二、悬挂构件

出挑在建筑物的主体部分之外的构件与主体结构之间的连接方式还可以是悬挂，它与悬挑方式在结构构成方面的主要区别是连接节点采用铰接的方式。如图 2.1.2.10 所示的雨篷和阳台，结构构件选用钢材，并且用钢拉杆悬挂在主体建筑上。拉杆的断面很小，充分发挥了钢材的材料性能。但是考虑到该二者在风荷载为负压的情况下有可能产生上翻的趋势，这时拉杆与主体结构以及与该二

者的构件之间如果是刚性连接的话，原先的拉杆就会成为压杆，材料的断面必须加大才不至于失稳；而如果连接节点采用铰接的方式的话，节点不传递弯矩，拉杆也就没有可能成为压杆。因此，悬挂构件与主体结构的连接方式一般都采用铰接。图 2.1.2.11 所示的是某建筑物的两个悬挑、悬挂雨篷的比较。这两个雨篷分处于同一建筑的两个立面上，二者采用了非常接近的形状和相同的材料以及一些小构件间相互连接的方法，使得视觉上具有认同感。但因为二者所处位置支承条件的不同，它们分别以悬挑和悬挂两种不同的方式与主体结构连接。

图 2.1.2.10　悬挂的雨篷及阳台

① 某建筑物一侧进口门廊处的悬挑雨篷

① 某建筑物另一侧进口处的悬挂雨篷

图 2.1.2.11　同一建筑物上的两个悬挑、悬挂雨篷的比较

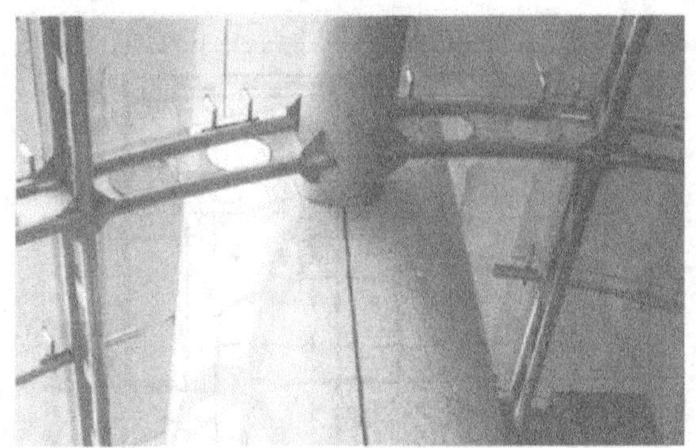

② 悬挑雨篷的悬臂杆件与横梁刚接

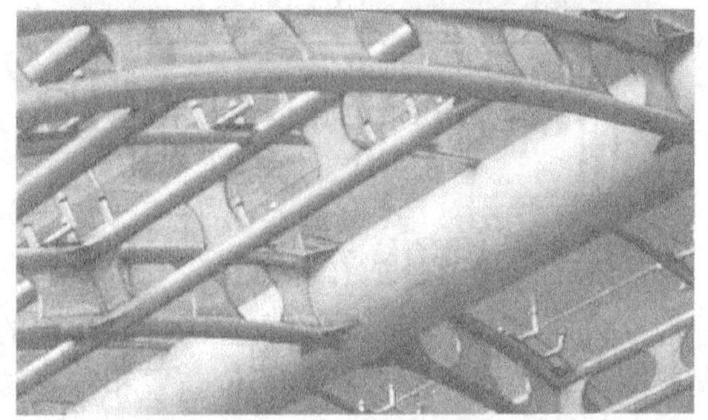

③ 悬挑雨篷小构件间的连接方式

(a) 某建筑物一侧的悬挑雨篷及其构造细部

② 悬挂雨篷与主体结构铰接，小构件连接方式与悬挑雨篷雷同

(b) 某建筑物另一侧的悬挂雨篷及其构造细部

图 2.1.2.11（续）

第三节　地 层 构 造

地层分实铺及架空两种。

架空地层结构多采用预制钢筋混凝土板，支承在承重墙或地梁上。如墙或地梁的间距太大，难以支承预制板时，可以加砌地垄墙来支承预制板。地层结构为架空板时要求室内外高差在 0.60m 左右，以便利用这段墙面留出通风孔来达到通风防潮的目的（图 2.1.3.1）。

实铺地层的一般做法是：将素土夯实后下不小于 60mm 厚的道砟或不小于 100mm 厚的三合土，上置不小于 70mm 的 C15 级素混凝土（图 2.1.3.2）。面层另由装修需要决定。如底层室内地面需行车，可在混凝土层中配入钢筋。

室内底层地面以下有管道通过的部位，必须做实铺地层。

图 2.1.3.1　在地垄墙上架设地层预制板

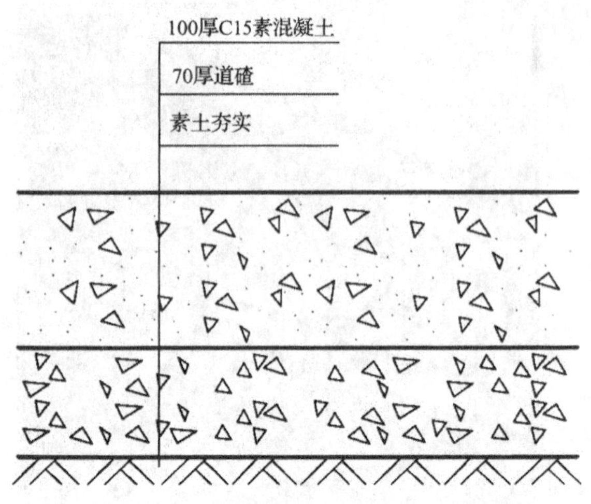

图 2.1.3.2 实铺地层构造

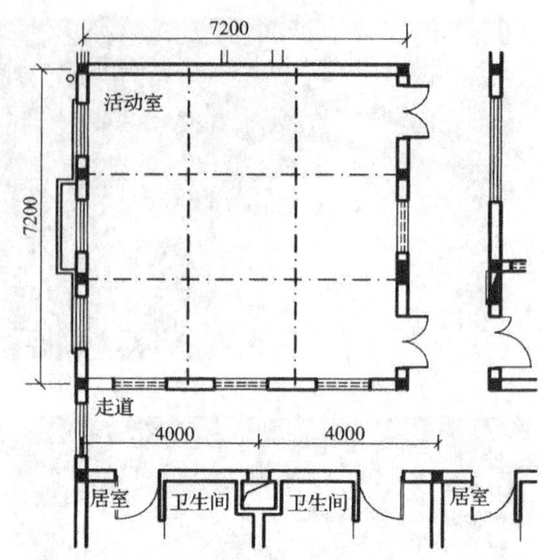

图 2.1.3.3 某混合结构养老院建筑局部平面图

实例分析

仅以下两个实例来综合本章的主要内容。

实例一：图 2.1.3.3 是某五层混合结构养老院建筑的局部平面图。该建筑每间居室都带有卫生间，需现浇的部位较多，且居室面宽 4m，不适合用预制的标准板，因此采用全现浇整体式的楼板系统。底层在居室部分用附加地垄墙的方法架设 3900mm 长的预制多孔板作地层结构。各层老人活动室部分的面积较大，为了不因这一个局部梁的截面过高而需要增加整个楼层的层高，设计时在活动室部分采用了井格梁的方式，使楼层层高被控制在 3m。建筑平面图上虽然没有表达井格梁的布置，但在设置活动室的门窗位置时对此予以充分的重视，不影响上方井格梁的支承。

实例二：图 2.1.3.4 是某八层现浇框架结构办公建筑的平面及结构布置图。该建筑的柱网尺寸由地下车库的停车位布置和行车转弯半径决定。三层以上平面局部出挑。由于该建筑所处位置的规划有限高的要求，层高只能做到 3.5m。按平面尺寸，各跨楼板均为双向板，这样纵、横方向的框架梁均是主梁，其断面高度都比较大，在 8000×9000 的那跨中，9000 跨度的梁不可避免地会有 900 左右的高度，梁下如果再因有集中空调的管道通过而做吊顶，所余净高将十分压抑，而且对立面开窗及采光都会带来影响。实际工程中沿建筑的纵向平行布置了次梁，使楼板变成单向板，这样减小了原来传到纵向主梁上的荷载，同时增加了横向主梁上的压重，有利于三层以上楼层作较大的出挑。经过调整，楼层的结构高度被控制在 700，使设计目标得到实现。

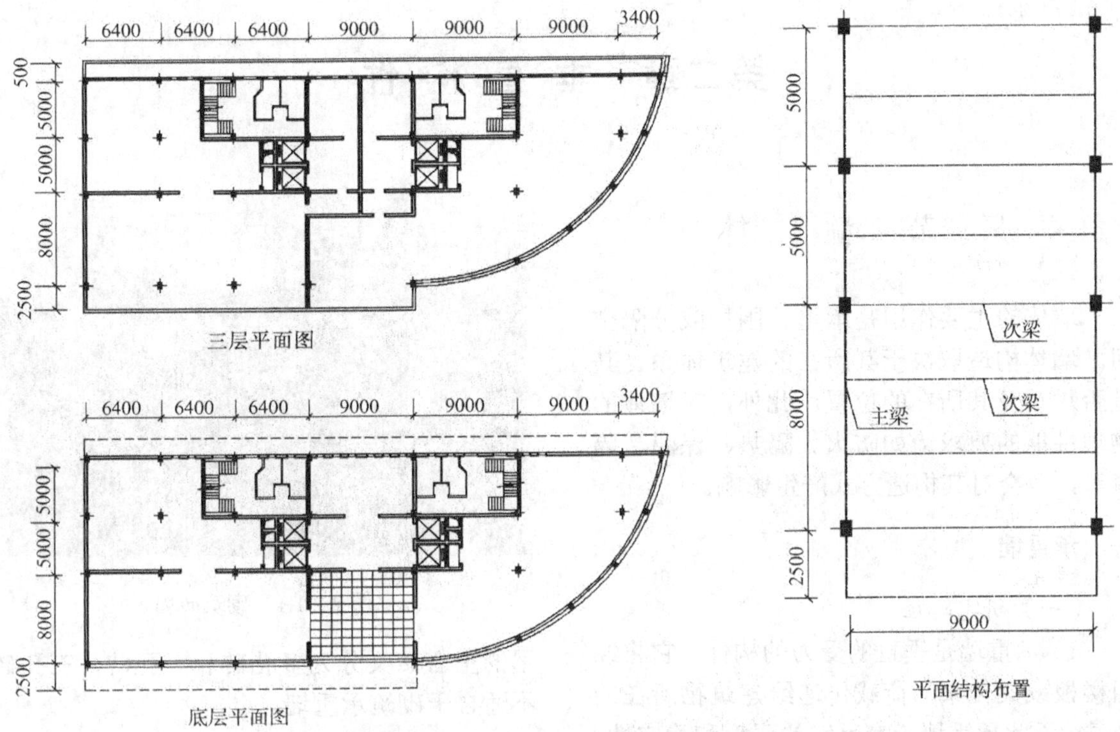

图 2.1.3.4　某八层现浇框架结构办公建筑的平面及结构布置图

本章复习提要

- 了解支座的设置对传力方式的影响以及在实际工程中如何据此做出必要的调整和选择
- 了解施工工艺对构件以及建筑物整体的影响

第二章　垂直构件

第一节　墙　　体

墙体的主要作用是承重、围护或分隔空间。墙体构造取决于其所在的建筑体系，其是否承重及其所在的位置。此外，对墙体的物理性能的要求诸如防火、隔热、保温、隔音等，也会对其构造方式产生影响。

一、承重墙

（一）研究路径

1）承重墙是垂直的受力的构件，它将经由楼板或梁传来的荷载传递给建筑物所在的地基，因此承重墙应有足够的强度和稳定性。低层和多层建筑是控制在一定高度以下、以考虑抗压强度为主的，可以采用刚性材料来砌筑墙体，例如砖、石、各类水泥砌块等。高层建筑因为必须考虑水平荷载的作用，所以承重墙多考虑采用钢筋混凝土墙板或配筋砌体（高度亦有限制）。

2）墙体应有足够的整体刚度，来对应变形的影响，如不均匀沉降和地震的影响等。

3）承重墙上开洞，应在一定的范围内，并对洞口采取相应的构造措施。

（二）砌体墙

1. 砖砌体墙

砖砌体墙多由烧结黏土砖和砂浆砌筑而成（图 2.2.1.1）。其施工方便灵活，防火性能好。但为了节省国土资源，减少对农田的破坏，黏土砖的使用已受到了限制，特别是实心的黏土砖。

（1）砖与砖墙的尺度

普通黏土砖分为实心和空心的两种，常用的空心砖又分为多孔砖和三孔砖，三孔砖不适合于砌筑承重墙。

图 2.2.1.1　砌筑砖墙

标准机制砖的规格（长×宽×高）为：240mm×115mm×53mm；

承重多孔砖的规格(长×宽×高)为：240mm×115mm×90mm、240mm×180mm×115mm 等。

砌筑砂浆的厚度一般在 8~12mm，通常按 10mm 计。砖缝又叫灰缝，连同灰缝的尺寸一起，在工程上将一皮（即一层）砌筑砖的标准尺寸定为 60mm；半砖为 120mm；一砖则需在砖本身的尺寸 240mm 上再加砖缝的宽度。表 2.2.1.1 为砌筑砖墙厚度的习惯叫法，砖与砖墙的尺度见图 2.2.1.2。

表 2.2.1.1　砌筑砖墙厚度习惯叫法

砖墙厚度	习惯叫法	实际尺寸/mm	砖墙厚度	习惯叫法	实际尺寸/mm
半砖墙	12 墙	115	一砖半墙	37 墙	365
3/4 砖墙	18 墙	178	二砖墙	49 墙	490
一砖墙	24 墙	240	二砖半墙	62 墙	615

砖砌墙体若要承重，厚度至少应为 18 墙。

在设计时，较短的墙段的宽度应尽量符

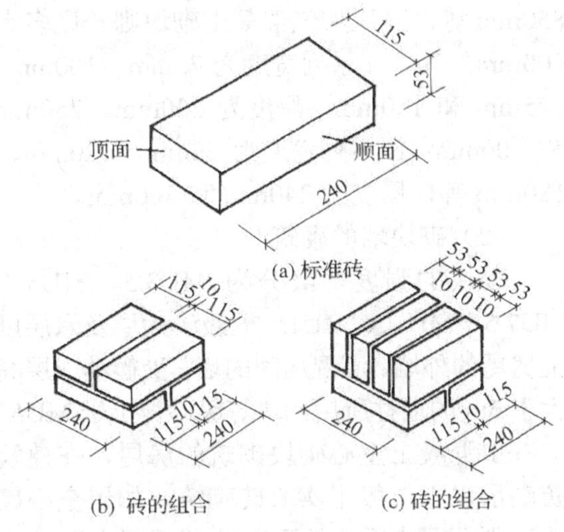

图 2.2.1.2　砖与砖墙的尺度

合砖块砌筑的模数，如 370、490、620、740、870 等，以满足现场剁砖的需要及方便砌筑时砖块间错缝搭接。

此外，相关规范对承重墙的最小尺寸也做了相应规定（表 2.2.1.2）。

表 2.2.1.2　房屋的局部尺寸限值（m）

序号	部位	烈度			
		6 度	7 度	8 度	9 度
1	承重窗间墙最小宽度	1.0	1.0	1.2	1.5
2	承重外墙尽端至门窗洞边的最小距离	1.0	1.0	1.5	2.0
3	非承重外墙尽端至门窗洞边的最小距离	1.0	1.0	1.0	1.0
4	内墙阳角至门窗洞口边最小距离	1.0	1.0	1.5	2.0
5	无锚固女儿墙（非出入口处）的最大高度	0.5	0.5	0.5	0.0

注：1. 序号 2、3、4，当另设构造柱、芯柱或横向配筋时，可适当放宽，按表中的 80%取值；
2. 墙高度从屋盖最高拉结点算起。

（2）砖墙的砌筑

由于砖墙的抗压强度主要取决于砖的抗压强度，因此规范规定六层及六层以上房屋的外墙、潮湿房间及受震动或层高大于 6m 的墙体所用的砖的标号不得低于 MU10。

又由于在砌体墙中，砌筑砂浆对砌块的黏结牢固程度起着重要的作用，因此规范还规定在上述条件下的墙体，其砂浆的标号不得低于 M2.5。

尽管从总体上说，水泥砂浆的强度要高于混合砂浆，但是在砖砌体中，通常只在需要防潮的地方或者对强度有特别要求的部位才用水泥砂浆砌筑。例如工程中常规定±0.00 以下或在防潮层位置以下才用水泥砂浆砌筑砖墙，而其他部位则用混合砂浆来砌筑。这是因为水泥砂浆是水硬性的材料，但其保水性却不够好，在砌筑过程中容易析出水分而被砖吸收，这样水泥砂浆就会变得比较松散，不容易按照正常结硬而达到应有的强度。在这方面，混合砂浆的强度虽不如水泥砂浆，但其和易性较好，在施工过程中有较好的黏聚性和保水性，因此容易正常结硬而达到强度等级。在砌体工程中，混合砂浆是±0.00 以上主要使用的砌筑砂浆。

由于在砖砌墙中，砂浆仍然是受力的薄弱环节，砌筑时应做到：横平竖直、错缝搭接、避免通缝、砂浆饱满。砌筑工程中将砖的侧边叫作“顺”，而将其顶端称为“丁”。我们的祖先为我们留下了丰富的砌砖的样式，以下几例为最通常的砌筑方式（图 2.2.1.3）。

2. 水泥砌块墙

以水泥加上各种骨料，用不同的工艺可制造出各种类型的水泥砌块，如加气混凝土中型砌块及混凝土空心小砌块等（图 2.2.1.4）。空心小砌块的形式非常之多。在空心小砌块的水平缝中布置钢筋网片并在孔洞中插入上下贯穿的钢筋后注入混凝土，可以制成配筋砌体。配筋砌体的受力考虑为砌块、砂浆和钢筋混凝土共同作用，其抗剪、抗弯的能力优于普通不配筋的砌体，因此能够用来建造 12~18 层的建筑。

（1）砌块的尺寸

水泥砌块各地加工的尺寸不统一。空心

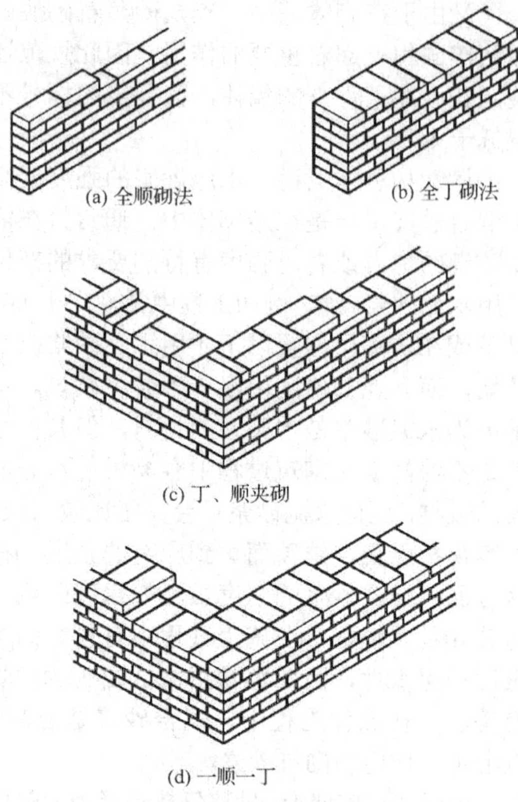

图 2.2.1.3　砖墙常用的砌筑方法

图 2.2.1.4　混凝土空心小砌块

小砌块的外形尺寸(厚×长×高)常见的有：190mm×190mm×390mm，辅助块为：90mm×190mm×190mm 和 190mm×190mm×90mm 等。粉煤灰硅酸盐中型砌块的常见尺寸（厚×长×高）为 240mm×380mm×880mm 和 240mm×430mm×850mm 等。蒸压加气混凝土砌块则长度多为 600mm，其中 a 系列宽度为 75mm、100mm、125mm 和 150mm，厚度为 200mm、250mm 和 300mm；b 系列宽度为 60mm、120mm、180mm 等，厚度为 240mm 和 300mm。

（2）砌块墙的砌筑

砌块的强度等级分为 MU3.5、MU5、MU7.5、MU10、MU15 五级。六层及六层以上房屋的外墙、潮湿房间的墙、受震动或层高大于 6m 的墙柱所用砌块等级不得小于 MU5。

用混凝土空心砌块砌筑的房屋，在建筑防潮层以下一般用实心砖砌筑，如用空心砌块，则孔洞应用不低于 C15 的混凝土灌实。

由于砌块体积较砖大，对灰缝要求更高。一般砌块用 M5 级砂浆砌筑，灰缝为 15~20mm。

为了在关键部位插钢筋灌注混凝土的需要，多孔的小型砌块一般错缝搭接后要求孔洞上下对齐。中型砌块则上下皮搭缝长度不得小于 150mm。

3. 砌体墙抗震措施

砌体墙由于用刚性材料及用砌筑方式构成，在地震力作用下如无措施来保证其整体刚度是很容易遭到破坏的。主要的抗震措施是在墙体中设置钢筋混凝土的构造柱和圈梁。

构造柱和圈梁都是墙的一部分，是与墙体同步施工的，而不是像框架结构中的梁与柱作为独立的承重构件先于墙体施工。构造柱和圈梁的配筋不需要经过结构计算，只需按照构造配筋。构造柱和圈梁的作用是在墙中形成一个连通的内骨架，起到加强建筑物的整体刚度的作用，达到抗震的目的。

（1）构造柱

构造柱的设置部位是在震害较重、连接构造比较薄弱和易于应力集中、产生变形的部位，如房屋的四角、内外墙交接处、楼梯间、电梯间、有错层的部位及某些较长的墙体的中部，如表 2.2.1.3 和表 2.2.1.4 所示。

表 2.2.1.3　一般多层黏土砖房构造柱的设置部位（摘自：黄汉存《建筑抗震设计技术措施》）

房屋层数				设置部位代号										
6 度	7 度	8 度	9 度	A	B	C	D	E	E′	F	G	H	I	J
4、5	3、4	2、3		+	+	+	+	+						
6、7	5、6	4	2	+	+	+	+		+	+		+		
8	7	5、6	3	+	+	+	+		+		+	+	+	+

表中代号：

A—外墙四角；

B—错层部位横墙与外纵墙交接处；

C—较大洞口的两侧；

D—大房间内外墙交接处；

E—7～9 度楼（电）梯见四角横墙与内外纵墙交接处（楼梯间外突时，包括外突的阳角和阴角）；

F—隔开间横墙（或轴线）与外纵墙交接处；

G—每开间横墙（或轴线）与外纵墙交接处；

H—内纵墙与山墙交接处；

I—内墙局部较小墙垛处；

J—9 度内纵墙与内横墙（或轴线）交接处，8 度时无洞口内横墙与内纵墙交接处。

注：1. 部位 E 在 6 度时 6~8 层宜构造柱。

2. 部位 C、I 的构造柱可仅在洞口和小墙垛所在的层内沿层高设置，两端应与上下圈梁连接。

3. 构造柱可作为一种局部加强措施，未列入表内的可按照有关要求设置。

4. 9 度单层非空旷砖房 A、B 部位宜设构造柱。

表 2.2.1.4　多孔砖房构造柱的设置部位（来源同表 2.2.1.3）

房屋层数				设置部位代号										
6 度	7 度	8 度	9 度	A	B	C	D	E	E′	F	G	H	I	J
4、5	3、4	2、3		+	+	+	+	+						
6、7	5、6	4	2	+	+	+	+		+	+		+		
8	7	5、6	3	+	+	+	+		+		+	+	+	+

表中代号：E′—6~9 度楼电梯间四角横墙与内外纵墙交接处；

其他代号同上表。

注：9 度单层非空旷砖房，A、B 部位宜设构造柱。

构造柱还应满足下列构造要求：

普通砖砌体房屋构造柱的最小截面为 240×180；配筋为纵筋 4ϕ12，箍筋 ϕ4～ϕ6，@250。箍筋在圈梁上下不小于 1/6 层高或 450mm 的范围内，加密至@100。

构造柱在施工时先砌墙，后浇构造柱。墙砌成马牙槎，先退后进。马牙槎沿高度方向尺寸不大于 300mm，中距 500mm（图 2.2.1.5）。

构造柱因其不单独承受荷载，故不单独设基础。当有基础圈梁时，其下端应与基础圈梁连接；且沿墙高每 500mm 应设 2ϕ6 拉结钢筋伸入每边墙内自柱边算起 1000mm（或至洞口）（图 2.2.1.6~图 2.2.1.8）。

混凝土空心小砌块的墙体在砌块孔洞中配筋形成构造柱，又叫芯柱（图 2.2.1.9 和图 2.2.1.10）。芯柱应伸入室外地面以下 500mm 或锚入基础圈梁。其最小截面不小于 130mm×130mm。中型砌块芯柱的最小截面不小于 150mm×150mm。芯柱的配筋对小型砌块而言，每孔 1ϕ12；对中型砌块而言，在 6 度、7 度抗震设防时每孔 1ϕ14 或 2ϕ10，8 度设防时每孔 14ϕ6 或 2ϕ12。芯柱的混凝土强度

等级为小型砌块 C15，中型砌块 C20。混凝土一般可随着墙体的上升分段浇筑，施工缝

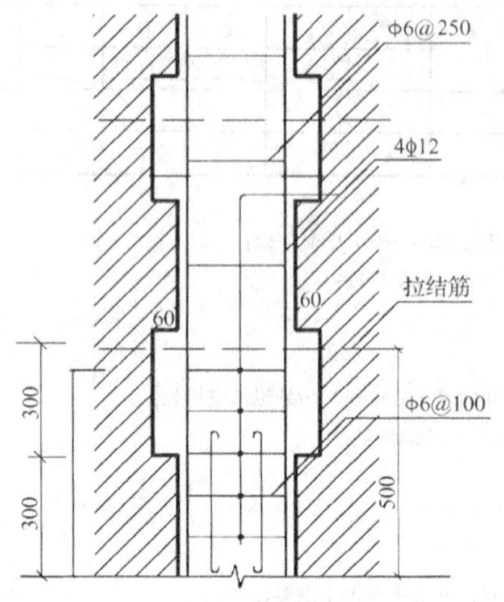

图 2.2.1.5 构造柱的配筋及马牙槎的尺寸

图 2.2.1.6 构造柱与基础梁连接并预留拉结筋

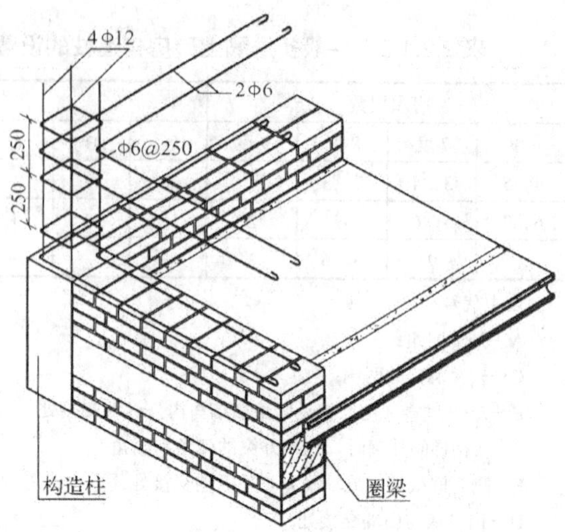

图 2.2.1.7 构造柱用拉结筋与墙体的连接示意图

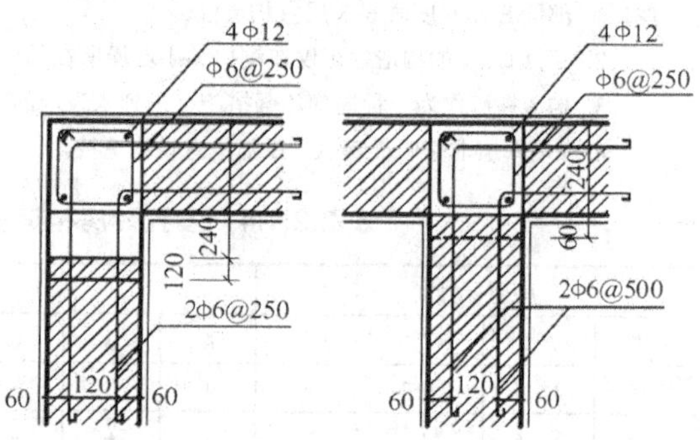

图 2.2.1.8 拉结筋的配筋

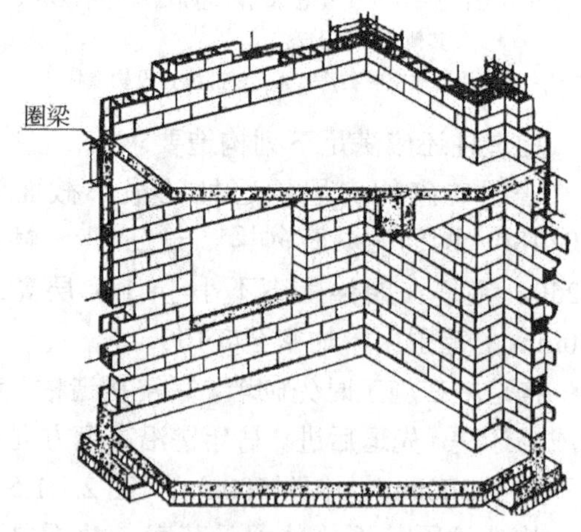

图 2.2.1.9 空心小砌块墙体的芯柱

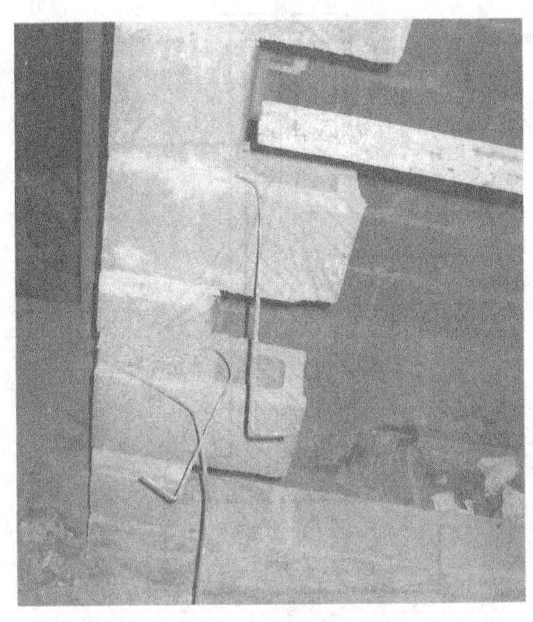

图 2.2.1.10　空心砌块墙做芯柱的实例

应设在规范规定的部位及范围内，而且必须在应当设置圈梁的部位与圈梁浇筑为整体。

构造柱必须每层与圈梁拉通。

（2）圈梁

圈梁是沿着建筑物的全部外墙及部分内墙设置的连续封闭的梁。

圈梁的设置部位在屋盖处及楼盖处。如果有控制建筑不均匀沉降的要求，可以增设基础圈梁。表 2.2.1.5 为黏土砖房圈梁的设置要求。

表 2.2.1.5　黏土砖房圈梁的设置要求

墙的类别	烈度		
	6 度、7 度	8 度	9 度
外墙和内纵墙	屋盖处及隔层楼盖处	屋盖处及每层楼盖处	屋盖处及每层楼盖处
内横墙	同上；屋盖处间距不大于 7m，楼盖处间距不大于 15m，构造柱对应部位	同上；屋盖处沿所有横墙，且间距不大于 7m，楼盖处间距不大于 7m，构造柱对应部位	同上；各层所有横墙

多孔砖房圈梁除满足上表要求外，6、7 度设防时外墙和内横墙均应每层楼盖都设置。

此外，圈梁应与构造柱配合设置，在设有构造柱的每道横墙和内外纵墙，应每层设置圈梁。

圈梁应满足下列构造要求：

一般楼盖圈梁高度不小于 120mm，配筋抗震烈度 6、7 度时为 4ϕ8，8 度时为 4ϕ10，9 度时为 4ϕ12。箍筋取ϕ4~6，按 6 度及 7 度~9 度，间距分别为 250mm、200mm 和 150mm。

圈梁如遇有洞口而不能在同一标高闭合时，应通过构造柱使钢筋互相连通，否则应做到上下之间互相搭接。搭接长度应不小于不同标高的上、下圈梁之间的高差的两倍，且每侧应伸过洞口边缘 1000mm 以上。

圈梁必须现浇，不能做成预制装配式的。图 2.2.1.11 所示的是构造柱和圈梁与墙体同步施工的过程。

4. 砌体墙细部构造

（1）墙脚防潮

墙脚下部伸入地表，会受到土中水的侵蚀，而且顺墙而下的雨水或檐口部分飞落的雨水也会反溅上来对墙脚部分造成侵害。工程中将墙身接近室外地面的部分称为勒脚，必须对这部分墙脚进行防潮处理（图 2.2.1.12）。

墙脚部分的防潮措施包括设置防潮层、注意勒脚的表层装修以及在室外地面贴近勒脚处设置明沟或散水等。

防潮层分为水平防潮层和垂直防潮层两种。普通建筑只要在靠近地层的结构层部位的墙脚处设置水平防潮层（工程上常设在 −0.060 的地方）（图 2.2.1.13）。如果墙体中本来有地圈梁，可将其提高到防潮层的位置，兼做水平防潮层。水平防潮层选材有防水卷材、防水砂浆和配筋细石混凝土（图 2.2.1.14）。

油毡在过去较长的时间内曾是水平防潮层最常使用的材料，但铺设油毡降低了上下砖砌体之间的黏结力，于抗震不利，而且油毡

(a) 砖墙在构造柱的位置砌成马牙槎，置入钢筋

(b) 砖墙砌到圈梁底标高为现浇圈梁支模

(c) 构造柱和圈梁整体浇筑形成内骨架

图 2.2.1.11　构造柱和圈梁与墙体同步施工的过程

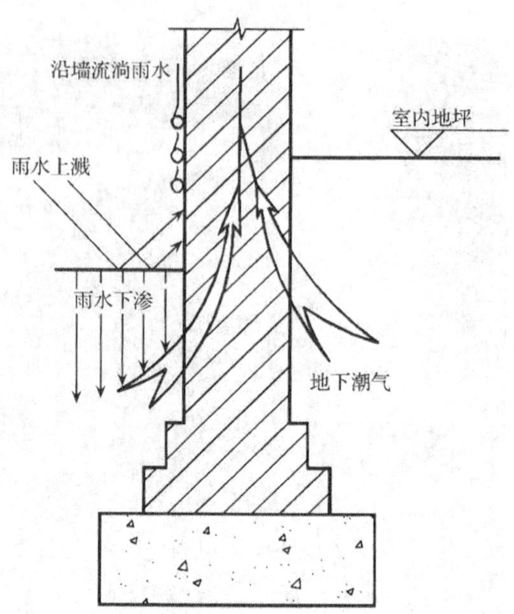

图 2.2.1.12　墙脚处易受到水和潮气侵蚀的情况

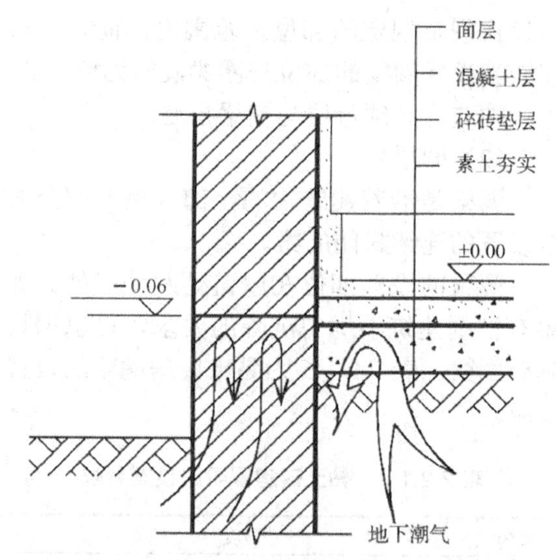

图 2.2.1.13　水平防潮层的设置位置

寿命较短，又难以更换，因此目前不将其用于下端按固定端考虑的砖砌和有抗震要求的建筑，即便无此要求者，也应尽量少用。现时比较理想的是选用配筋细石混凝土。

当某些建筑的室内地坪存在高差或者室内地坪低于室外地坪时，除了要在不同高差的底层室内地坪的结构层附近分别做水平防潮层外，还应在它们之间的墙靠自然土的一侧（即迎向潮气的一侧）加做垂直防潮层。具体做法是用 15 厚 1∶3 水泥砂浆找平，上涂冷底子油一道、热沥青二道或是涂建筑防水涂料，也可以用防水砂浆抹灰作为垂直防潮层（图 2.2.1.15）。

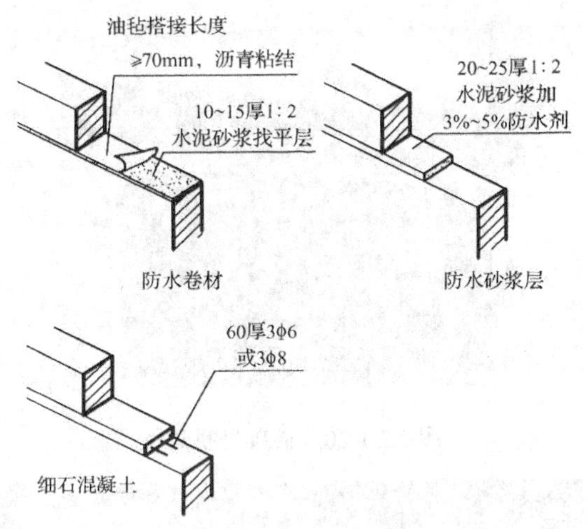

图 2.2.1.14　水平防潮层常用材料及做法

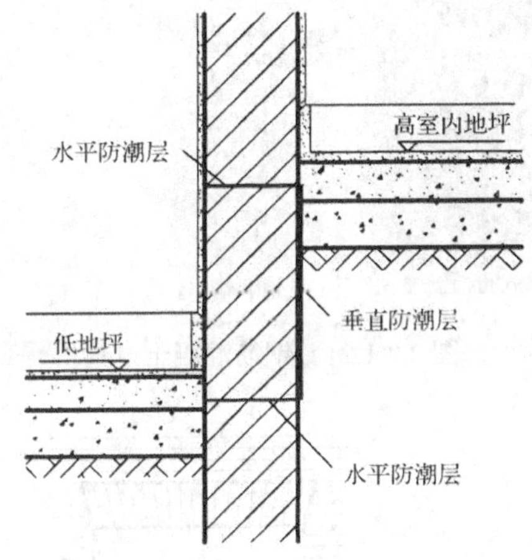

图 2.2.1.15　需要设置垂直防潮层的部位

对于室外勒脚部分的装修处理，主要是在选材和构造做法方面注意加强面层的防潮性能，例如做 25 厚 1∶2 水泥砂浆粉面，或粘贴石材做面层等。勒脚的高度一般自室外地坪至±0.000，或至底层室内踢脚线标高，再高还可做至底层的窗下沿处。

此外，在外墙墙脚周边做钢筋混凝土的明沟将雨水导向城市管网，或者将墙脚周边的室外地坪约600~1000宽的一段做成向外周倾斜的混凝土的斜坡（又称散水），可以尽快让雨水流走，不使其在墙脚处积聚，使墙基

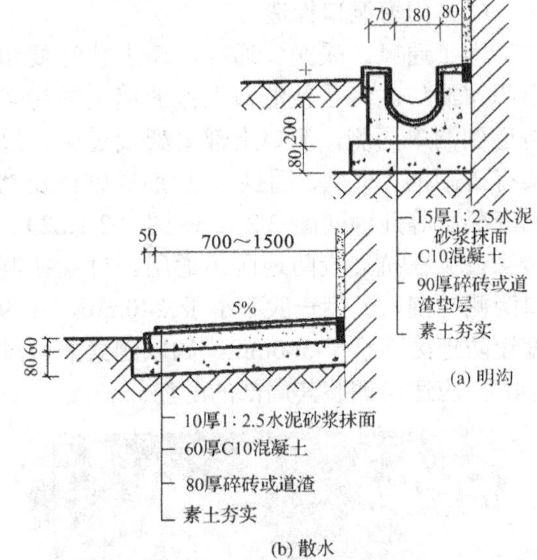

图 2.2.1.16　明沟、散水构造

受到侵蚀。为防止房屋沉降后与明沟或散水的结合处出现裂缝，应该在此部位事先留缝用密封膏嵌填（图 2.2.1.17 和图 2.2.1.18）。

图 2.2.1.17　钢筋混凝土明沟实例

图 2.2.1.18　钢筋混凝土散水实例

（2）门窗洞口构造

为了通风、采光、通行，墙上往往要留出门窗洞口。为了使洞口上方的墙上的荷载传递到洞口两侧，洞口上部要架设过梁。过梁有砖砌拱（平拱、圆拱）、加筋砖砌体及钢筋混凝土等几种（图 2.2.1.19~图 2.2.1.22）。砖拱过梁在抗震设防地区不适用。过梁在洞口两侧的搁入长度一般不小于 240mm，在 9 度设防地区不小于 360mm。如以圈梁兼做过梁的，应适当调整其局部的配筋。

图 2.2.1.20　砖砌平拱过梁

图 2.2.1.19　砖砌圆拱过梁

图 2.2.1.21　钢筋混凝土过梁

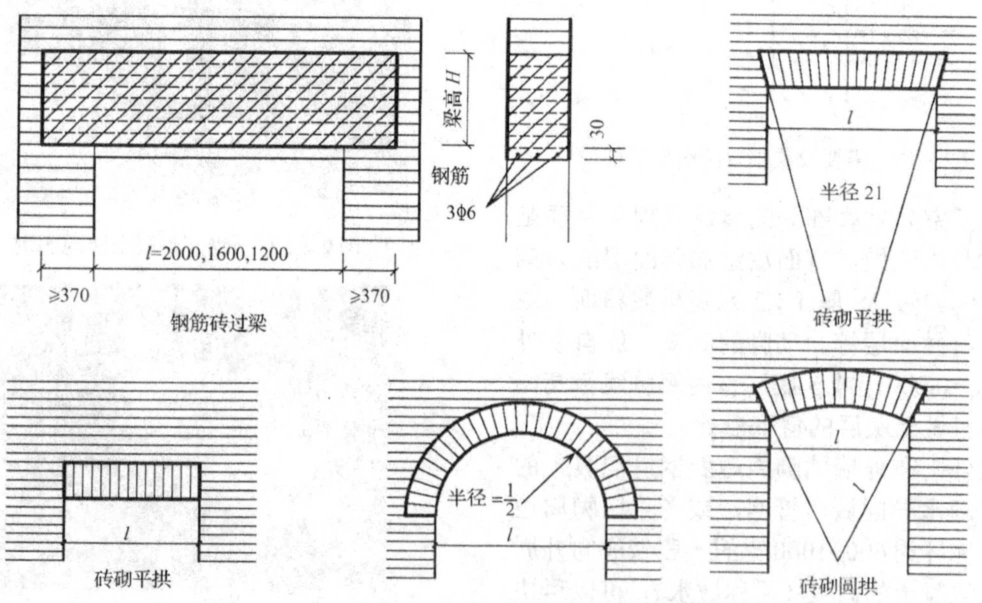

图 2.2.1.22　各种门窗过梁构成示意图

在门窗洞口的下部靠室外一侧有时加做窗台（图 2.2.1.23）。为不污染墙面，出挑的窗台下部粉刷应粉出滴水线。

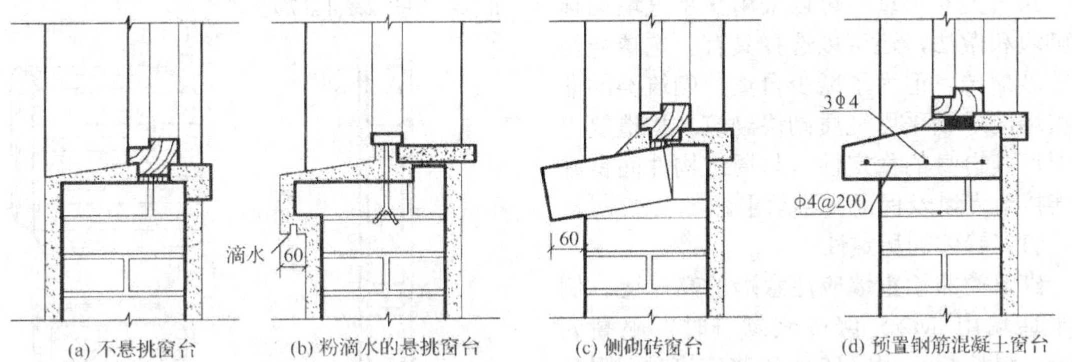

图 2.2.1.23 各种常用窗台的做法

（三）钢筋混凝土墙

钢筋混凝土墙按施工工艺要求，在现场现浇或在工厂预制、现场装配。其工业化的程度较高，能适应建筑物不同高度的要求，尤其是整体现浇的，整体刚度好，但施工工期较长。预制装配的墙板主要解决墙板相互之间的连接构造（图 2.2.1.24）和防水构造，其中防水构造部分将在以后的相关章节中陈述。

二、非承重墙

（一）研究路径

1）非承重墙包括各类只起围护或分隔空间作用的墙体，例如框架结构的填充墙、各类幕墙、隔墙、隔断等。在处理其安装及连接构造时，务必注意不能使之成为承重墙，同时其自重的支承应当合理。

2）按施工工艺，非承重墙可分为砌筑类、立筋类、立条板类和悬挂类。在实际工程中应综合其周边的安装条件及所需进一步进行的装修效果来加以选择。

3）非承重墙的防火、隔声等要求应按规范及设计要求处理。

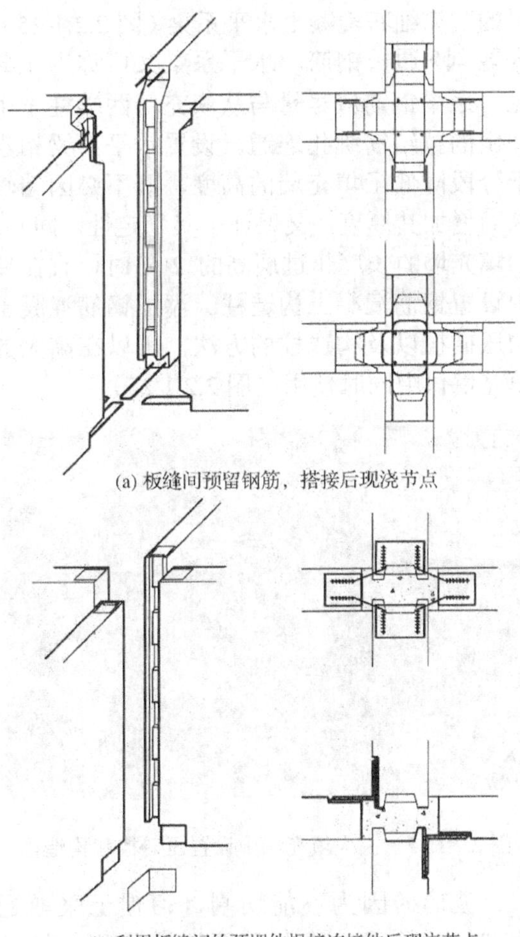

图 2.2.1.24 预制装配墙板间的连接工艺

（二）非承重墙构造

1. 砌筑类

砌筑类非承重墙可以采用与承重墙同样的砌块和做法，还可以选择具有一定透光性能的玻璃砖。但为了减少自重，砌筑类的非承重墙应尽量采用轻质砌块砌筑。构造要点是保证其自身的稳定性、与周边构件间良好的连接节点以及保证其不承重。

（1）墙体的稳定性

砌筑类非承重墙应注意墙的高厚比。例如半砖墙用 M2.5 级砂浆砌筑时，限高为 3.6m，限长 6m；用 M5 级砂浆砌筑时，限高为 4m，限长 6m。此外，当砌体填充墙的高度超过 4m 时，应该在墙的半高处浇筑约 60 厚的配筋细石混凝土水平系梁（图 2.2.1.25），内置 2ϕ6 通长钢筋。水平系梁又可称为压砖槛。系梁钢筋应尽量与从填充墙两端柱子中伸出的拉结筋绑扎连通。设置水平系梁相当于分段降低了填充墙的高度，既不必因墙较高而增加其厚度，又保证了其稳定性。同时，当填充墙的长度超过层高的 2 倍时，宜在墙中设置钢筋混凝土构造柱。添加钢筋混凝土的压砖槛以及构造柱的方法，可以在高大的填充墙体中同时使用（图 2.2.1.25）。

图 2.2.1.25　高大填充墙中设置压砖槛和构造柱

玻璃砖因为不能切割，习惯上采取通缝砌筑的方式。为了保证墙体的稳定性，过去通常会在砖缝的加胶水泥中放入钢筋（图 2.2.1.26），现在随着建筑材料的发展，玻璃砖块材之间多采用高分子材料的结构胶来胶结（图 2.2.1.27）。

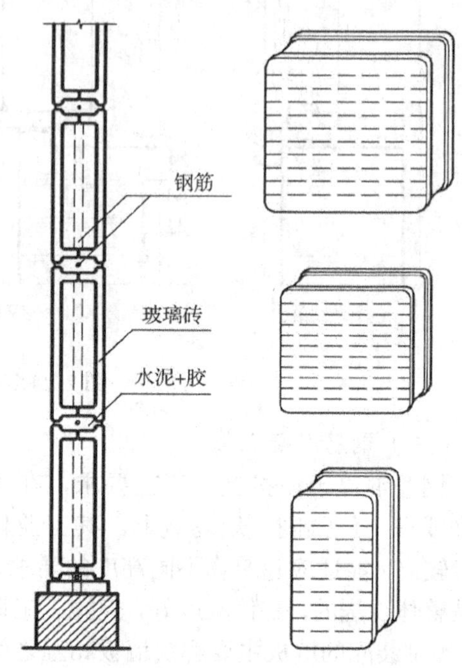

图 2.2.1.26　玻璃砖用砂浆砌筑并在缝内配筋

（2）与周边构件的连接

在混合结构建筑中，砌筑类非承重墙如与承重墙同时砌筑，应遵从墙体的砌筑原则；如为后加隔墙，宜将两侧墙体凿去部分砌块后嵌入隔墙块材搭接。在框架结构中或在钢筋混凝土墙体承重的建筑中，填充墙两边构件上每 500mm 高应留出 2ϕ4 拉结筋砌入填充墙内（图 2.2.1.28）。为了不使墙体承重，砌体填充墙最上面一皮砌块应当斜砌(图 2.2.1.29)。

2. 立筋类

立筋类隔墙的面板本身不具有必要的刚度，难以自立成墙，因此需要先制作一个骨架，再在其表面覆盖面板，包括胶合板、纸面石膏板、硅钙板、塑铝板、纤维水泥板等等。骨架材料可以是木材和金属等，统称为龙骨或者墙筋。龙骨又分为上槛、下槛、纵筋（竖筋）、横筋和斜撑（图 2.2.1.30）。为了防潮，立筋前经常在楼地面上先砌二、三皮砖或者浇筑高度为

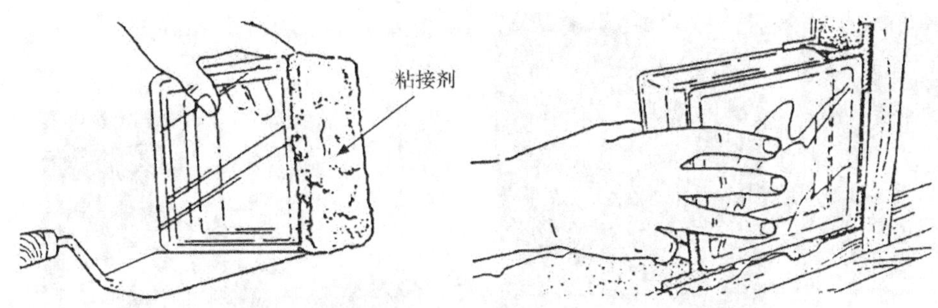

图 2.2.1.27　玻璃砖用结构胶黏结

图 2.2.1.28　现浇剪力墙中预留拉结筋

图 2.2.1.29　填充砌体墙最上面一皮砖斜砌

100mm 左右的细石混凝土作为垫层。

立筋类隔墙墙筋的固定方式直接牵涉到隔墙是否承重，其关键是纵筋不能够上下顶足，起到传递荷载的作用。解决方法一是先固定上、下槛，再通过上、下槛来连接纵筋，这样既可以使整个骨架具有稳定性，又不必依赖纵筋来作为支撑。解决方法二是先固定纵筋，但令纵筋与其下部楼地面之间的连接较为稳固，而与其上部水平构件之间的连接只需保证不移动但可以留有一定的间隙，这样纵筋同样不会成为承重构件。图 2.2.1.31 及图 2.2.1.32 为部分立筋隔墙墙筋安装的实例。图 2.2.1.33~图 2.2.1.36 为典型的立筋隔墙的安装构造详图。墙筋构件的间距视整体稳定性的需要及面板的分割要求而定。

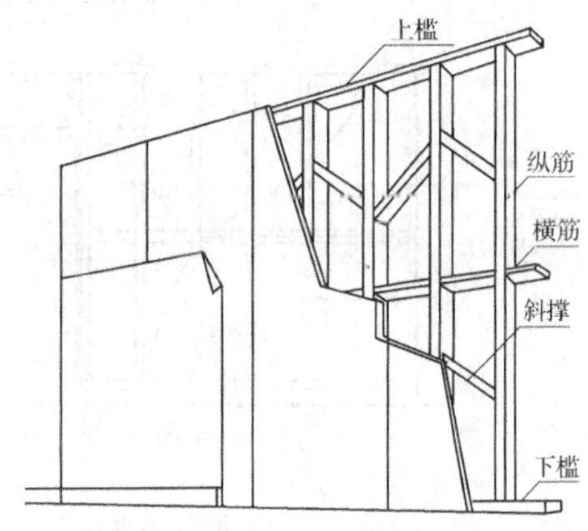

图 2.2.1.30　立筋类隔墙的构成

图 2.2.1.31　立筋隔墙的轻钢龙骨由上槛连接纵筋

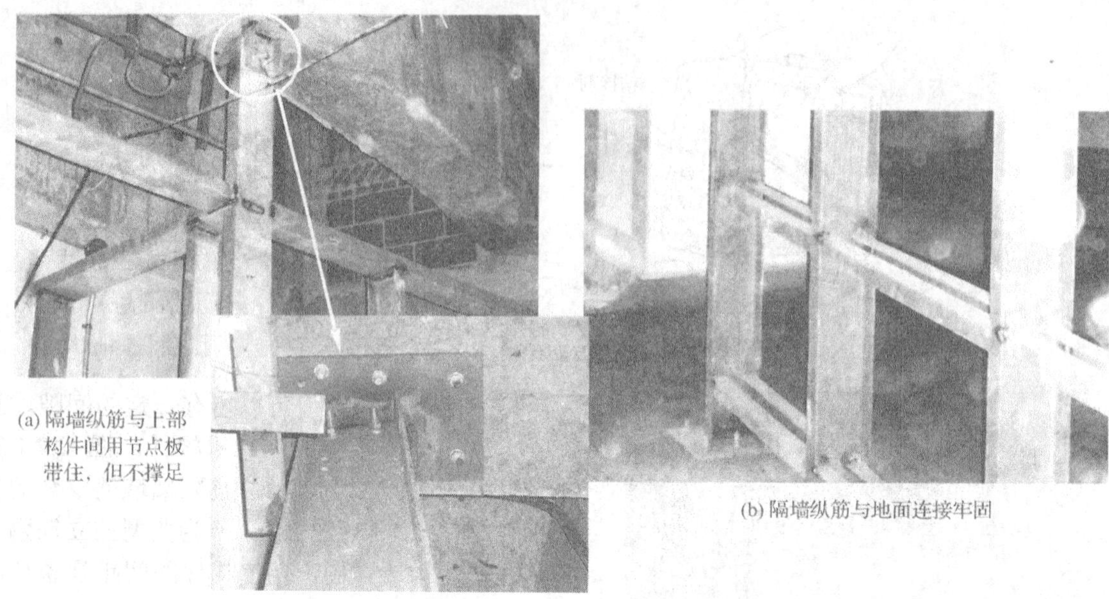

图 2.2.1.32　立筋隔墙的龙骨先立纵筋的做法

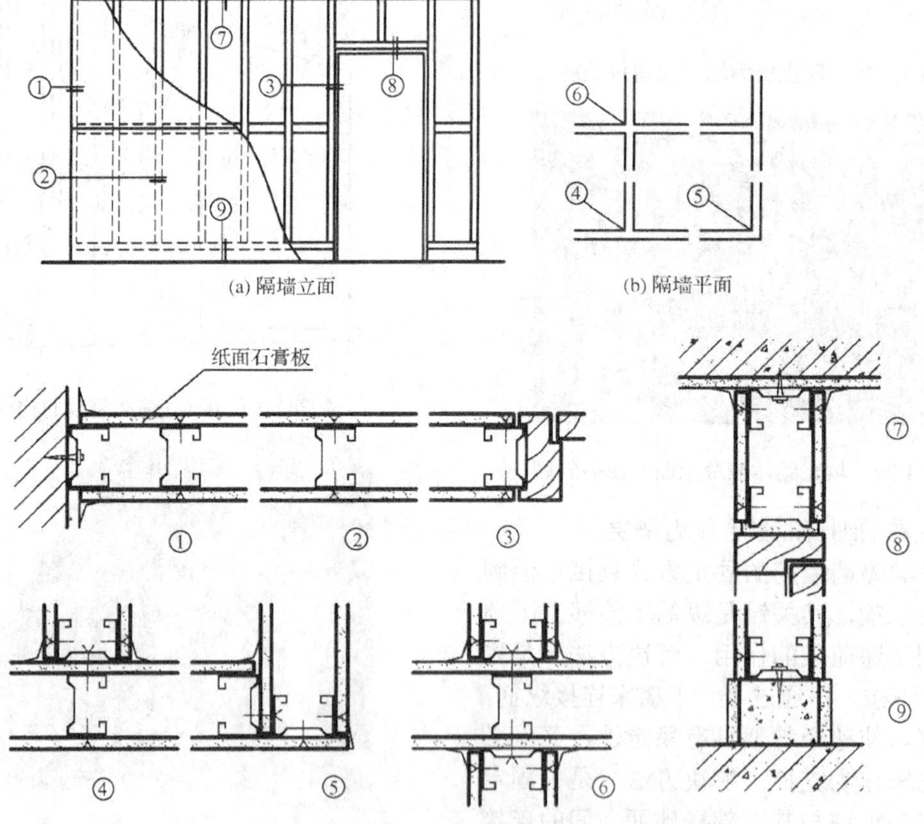

图 2.2.1.33　轻钢龙骨纸面石膏板隔墙

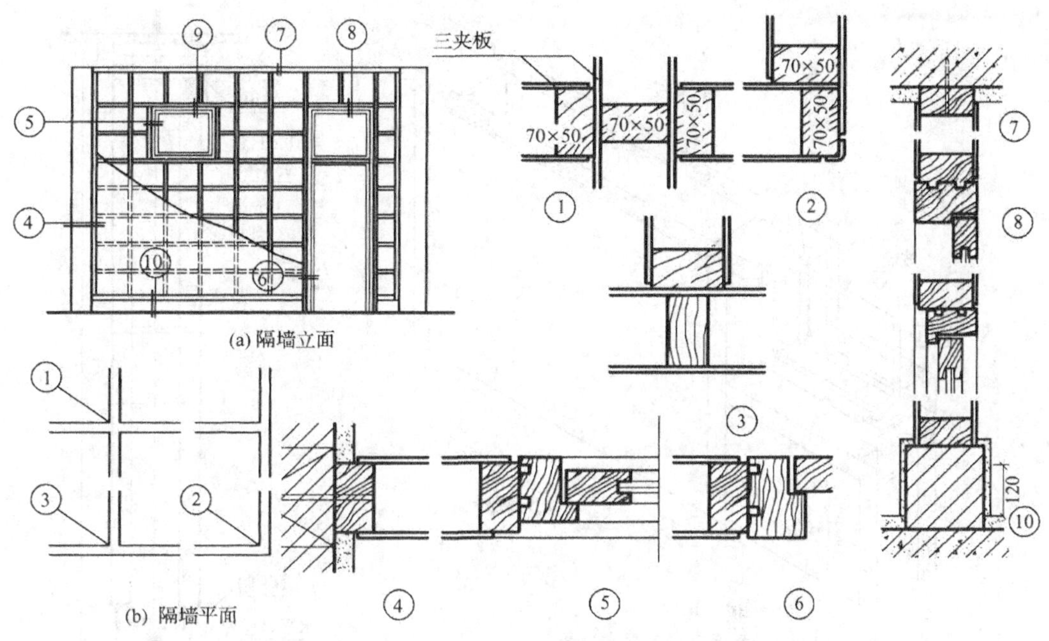

图 2.2.1.34　木龙骨装饰夹板隔墙

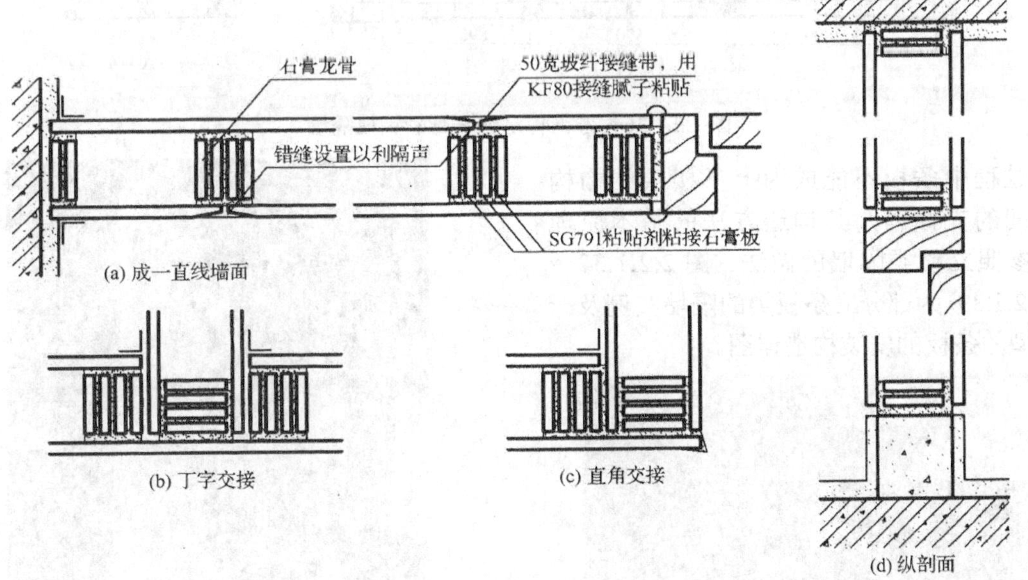

图 2.2.1.35　全石膏板隔墙

3. 立条板类

有许多人造的轻型条板，其具有一定的厚度和刚度，可以直接通过黏结或连接件安装固定成为隔墙，而不需要骨架支撑，这类隔墙叫作立条板类隔墙。这类条板包括石膏条板、加气水泥条板和一些复合条板如蜂窝板与彩钢板的复合板、发泡塑料与彩钢板的复合板等。立条板类隔墙不承重的关键也在于

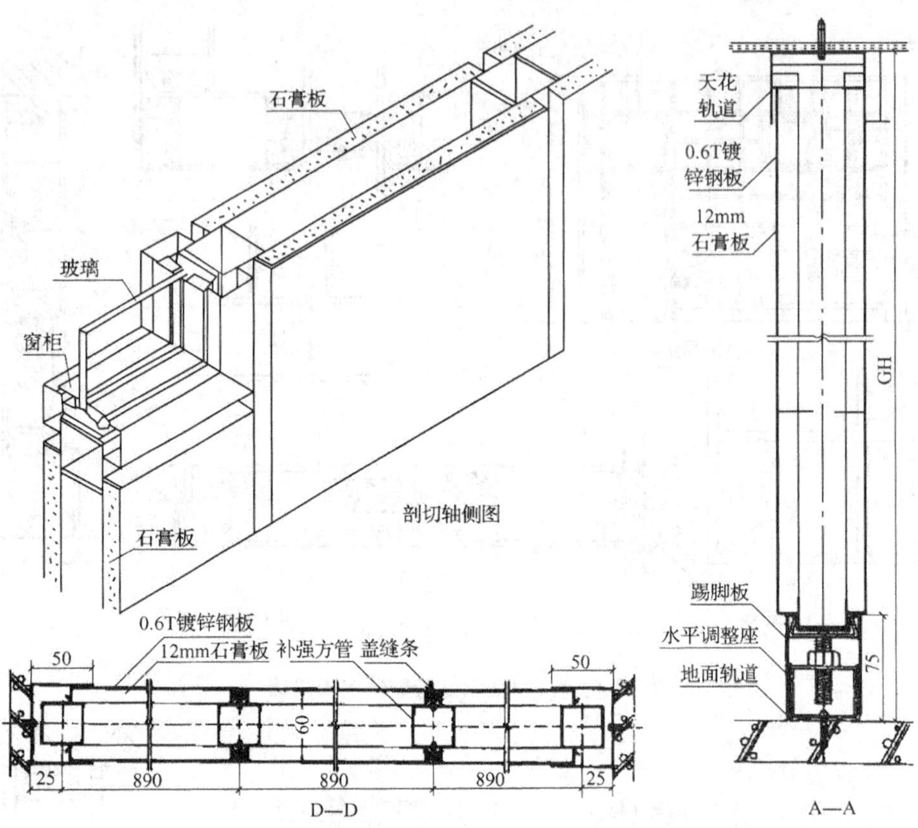

图 2.2.1.36　方钢管复合石膏彩钢板隔墙

安装过程中条板不能成为上下楼层结构构件之间的支撑物，其构造方法的基本原理可以参照立筋类隔墙的做法。图 2.2.1.37～图 2.2.1.39 为部分立条板类的隔墙实例及一些典型的条板的安装构造详图。

图 2.2.1.37　有水房间条板隔墙下部垫细石混凝土

图 2.2.1.38　轻质水泥复合条板上部及板间用专用黏结剂黏结，下部孔隙用细石混凝土灌缝

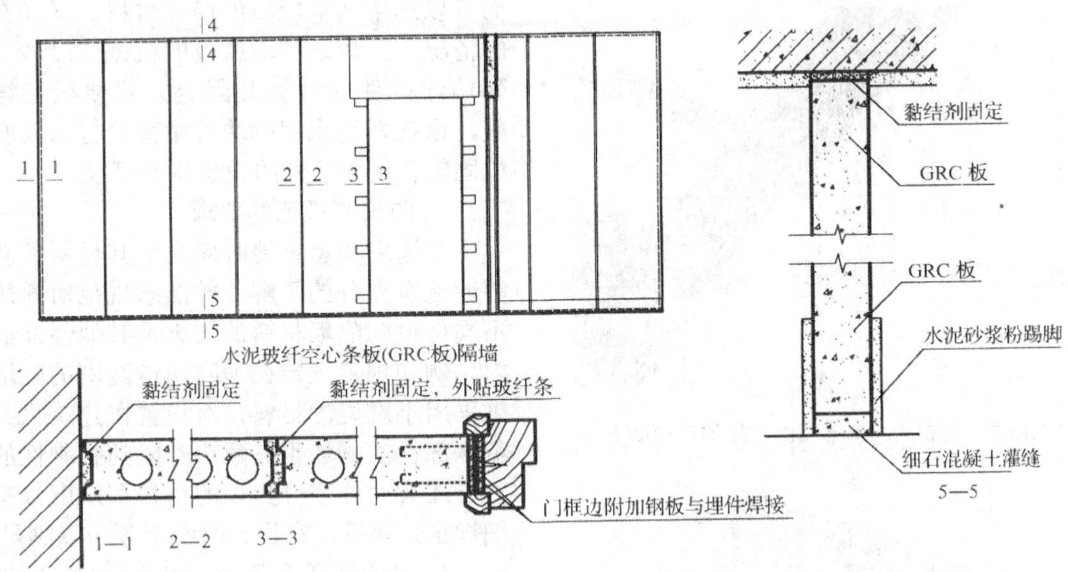

图 2.2.1.39　水泥玻纤空心条板典型的安装构造详图

4. 悬挂类

悬挂类包括各类悬挂于主体结构上的幕墙以及活动式的内隔断。

幕墙工艺比较复杂，应满足强度、刚度、温度和结构变形的要求，还要有较好的水密性和气密性，并符合防火规范，具备良好的热工性能。幕墙面板多使用安全玻璃、金属层板或石材等材料，可以单一使用，也可以混合使用。幕墙安装通常通过金属杆件连接系统或者拉索以及小型的连接件与主体结构相连接，连接方式可分为有框式、点式和全玻式等几种。幕墙一般由专业单位设计和施工，详细构造可查阅有关的幕墙工程技术规范和相关专业单位的产品说明书。图 2.2.1.40~图 2.2.1.42 介绍几种典型的玻璃幕墙的安装方式。

图 2.2.1.40　有框式玻璃幕墙由杆件系统支承

图 2.2.1.41　点式玻璃幕墙由“钢爪”固定

活动式的内隔断在上、下都可以安装轨道支架。如果希望地面平整连续，不为其下方的轨道所累，则可以单由上方的支架及轨道悬挂，但应同时兼顾活动隔断就位后的稳定问题。图 2.2.1.43 所示的成品活动隔断，其就位后扇与扇之间可以方便地互相临时联结，并且由内部的活动连杆形成向地面的临时固定。连杆上

图 2.2.1.42　全玻式玻璃幕墙由悬挂的玻璃肋支承

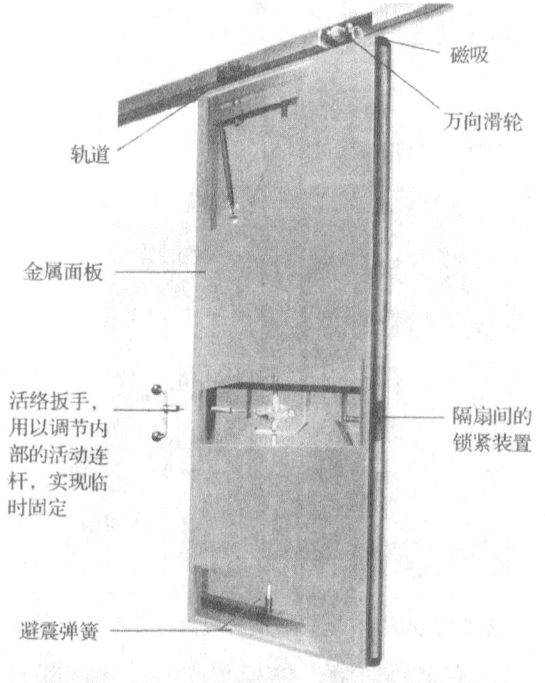

图 2.2.1.43　某成品活动隔断构成示意图

装有逾震弹簧，可保证其不传递荷载。

（三）非承重墙的选择

在设计非承重墙时，可从下列角度出发去选取其合适的类型及构造做法。

1. 结构与周边条件的允许范围

这主要指受力的可能性与连接的可能性，例如在多孔板的跨中不允许有较大的集中荷载，一般不选择砖砌体作为跨中的隔墙，而可以选用其他轻质的墙体材料。又如在有的情况下，周边的墙或板的机械强度较差，隔墙连接件的种类及固定方式便很值得推敲，像在发泡水泥砌块墙中直接打入膨胀螺栓固定金属连接件的设想就不可取。

2. 防火等规范的要求

在选用非承重墙时应先对其材料的防火等性能有充分的了解，并熟悉规范对建筑物不同部位的隔墙材料的防火及其他性能的要求。例如规范规定在消防通道两侧的隔墙必须采用不燃烧的材料，对设置在建筑物某些特殊部位的隔墙也有耐火时限的强制性的要求，还有对住宅分户墙的材料和厚度都有详细规定，等等，在设计时都必须予以满足。

3. 对所处环境及进一步装修的可能性的考虑

隔墙安装后大部分都需要进行进一步的面层装修，在选择隔墙的类型特别是面板材料时，应充分考虑其对装修效果要求的适应性。例如轻钢龙骨纸面石膏板隔墙可以很容易通过板缝处理及用腻子整体嵌平后涂涂料，达到普通砌体做粉刷的一体化效果，施工简便、快捷。但因为石膏板的防水性能较差，如是用在有水的房间，例如厨房、卫生间等场所，或者表层进一步的装修为粘贴面砖，需要湿作业的话，石膏板显然就不是合适的选择。相比之下，可以改选玻纤增强水泥板，例如 TK 板等来做立筋隔墙的面板，或者用水泥基的条板来做隔墙。在学习过下面章节有关建筑饰面的内容以后，希望能对这点有进一步的了解。

第二节　基础与地基

基础是建筑物的垂直承重构件延伸至地基的部分，而地基则是支撑整个建筑物的那部分天然土。

一、地基状况对建筑物基础的影响

地基的状况指土层的分布和特性、持力

层的位置和地耐力以及地下水位的高低、冬季是否会冻胀等。

（一）持力层和地耐力

持力层是直接放置基础底面的地层。其每平方米所能承受的最大压力称为地耐力。工程上选用承载力高、变形小、分布均匀的地层作为持力层。确定持力层的位置就可以确定建筑物基础的埋深。同时，在建筑物上部的荷载确定的情况下，地基的地耐力也影响到基础底面的宽度及其选用的材料和构造形式。

（二）土层的分布和特性

土的基本构成是固体颗粒、水及空气。其具体的物质特性和相互配比及关联决定土层的物理性质。工程上要求地基土的沉降及变形应被控制在适合的范围内，因此，了解地基土的特性至关紧要。此外，地基土层的分布情况也会造成对基础的某些特殊处理，例如基地局部要是有暗浜通过，可能造成建筑物的不均匀沉降等。

（三）地下水位的高低

地下水的水文资料通常包括常年地下水位及最低、最高地下水位。地下水位不但影响地基开挖后基础的施工条件，而且还可能对建筑物产生浮力或是因含有侵蚀性物质而对建筑物基础产生腐蚀作用。基础最好能埋在最高地下水位以上，不可能时则应将基础底面埋在最低地下水位以下 200mm 的地方，并对基础材料采取必要的措施来避免其受侵蚀。对某些具有地下室的建筑物，只要地下水位有可能高于地下室在面标高，就需作防水处理，否则可以只做防潮处理。

（四）冰冻线的影响

水结冰的特点是冻胀。在寒冷地区，某些含水较多的以及处在高地下水位区域的粉砂、粉土和黏性土会产生冻胀及融隐现象。其冰冻的深度称为冰冻线。建筑物基础应避开其上冻的影响。一般情况下，基础的埋深（室外设计地面至基础底面的距离）不小于 500mm。在冬季地表结冰的情况下，基础埋深考虑应埋在冰冻线下 200mm（图 2.2.2.1）。

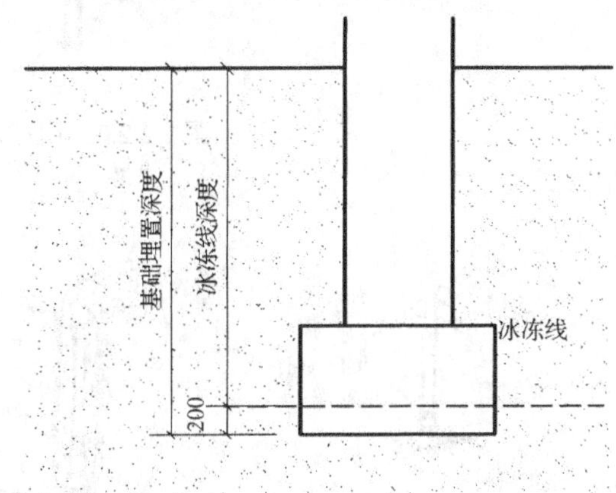

图 2.2.2.1 基础埋深在冰冻线下 200mm

二、天然地基的改良

天然地基的状况如果不能完全满足支承建筑物的需求，则应对其进行人工处理，或称人工地基。其基本方法有以下几种。

（一）换土

对上部荷载较小，基础埋深较浅的地基，可将表面软土挖去，换上砂、碎石或强度较高的土作为持力层。

（二）致密

地基密实是保证承载力、减少建筑沉降量的重要条件。对某些松软地基用有效手段致密是提高其承载力的重要措施。

1. 机械法致密

机械方法致密包括机械压实、重锤夯实、强夯夯实和机械振实，适用于填土、砂土和某些黏性土。

2. 挤压法致密

挤压法致密指向软弱或松散土中打或压入钢管，或者用水冲成孔，然后注入砂、石或土（俗称砂桩、碎石桩或灰土桩），将土层挤压密实，适用于砂土、粉砂和某些黏性土（图 2.2.2.2～图 2.2.2.3）。

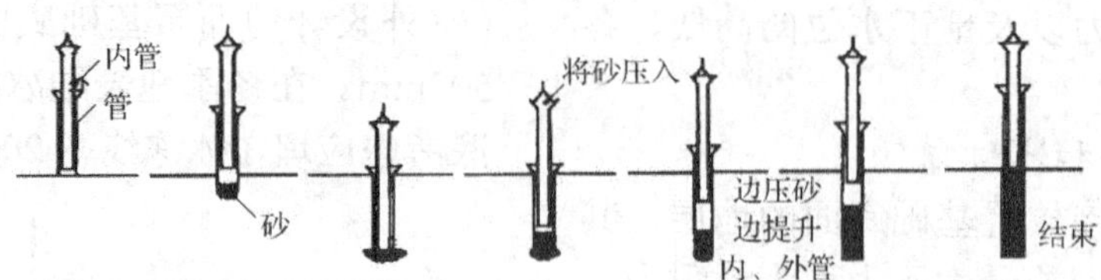

图 2.2.2.2　用打入钢管法注砂使地基致密

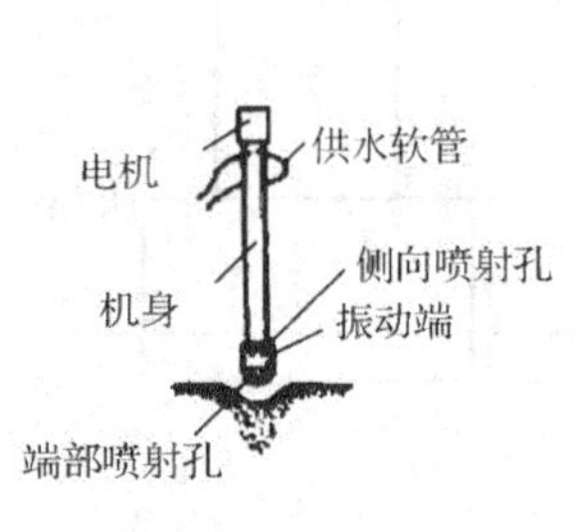

(a) 贯入：
随着端部喷射孔喷水，借助自重和振动向下贯入

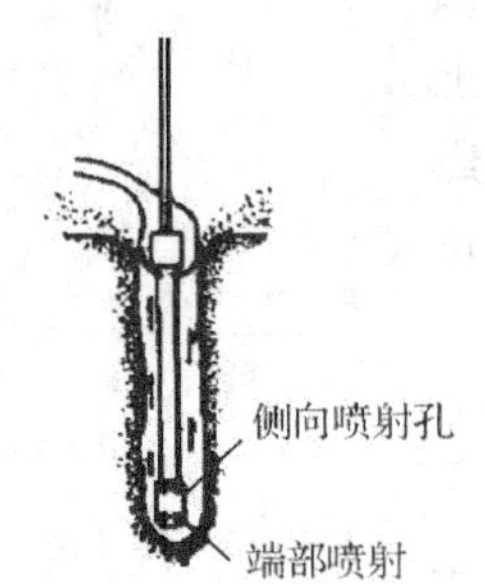

(b) 贯入指定位置：
通过侧向喷水，使周围土的含水量达到饱和，再进行振动，对于砂质地基，通过冲击将砂压入并夯实

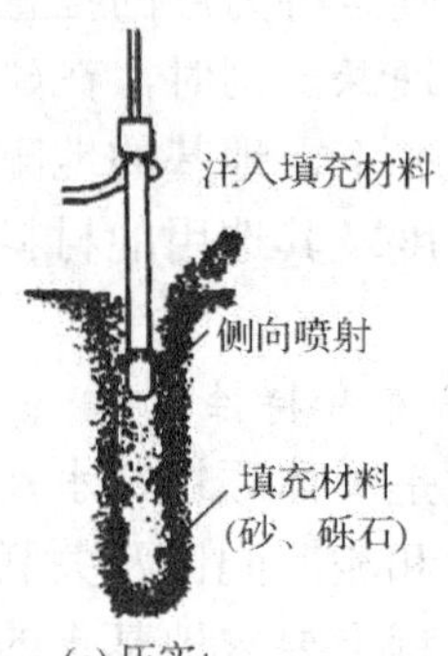

(c) 压实：
填充材料每注入约50cm，将机头提起反复振动

(d) 填平压实

图 2.2.2.3　用水冲孔注砂使地基致密

3. 排水法致密

排水法致密是指预先对地基加载（例如堆载等），使土层孔隙中的水排出，达到紧密的目的，适用于较厚的淤泥土等。

4. 化学加固

在土层中注入某些化学物质或胶结剂，例如水泥浆、生石灰、水玻璃等，可以使土粒胶结起来，达到加固的目的，但必须防止污染环境。

化学物质的注入方法有高压喷射、深层搅拌及粉喷搅拌。

三、基础的构造形式

（一）影响基础形式的因素

基础即是建筑物的垂直承重构件向地下的延伸部分，其构造形式及选用材料首先受到上部结构形式的影响，如砖混结构的墙下基础可以采用砖砌的条形基础，钢筋混凝土框架结构的柱下基础则会采用钢筋混凝土的独立基础等，上、下皆存在着一一对应的关系。除此之外，基础形式还与上部荷载、地基特性、施工条件及经济可能性等因素有关，如高层建筑的荷载较大，往往采用桩基以及箱形基础等。

（二）基础断面的常用形式

为了在地基地耐力的许可范围内将建筑物上部的荷载全部传给地基，也为了保证建筑物的稳定性，基础的断面在底部必须扩大。由于所用的材料不同，这种扩大的被允许范围是不同的。

1. 刚性基础的断面

由砖、石、素混凝土等刚性材料制作的基础称为刚性基础，其底部扩大方式依施工特点分别为阶梯（砖、石）和锥形（素混凝土）。因刚性基础抗剪及抗弯的性能较差，所以为了防止基础底部在受到地基的反作用力时边缘破坏失效，必须将其扩大的程度控制在一定的范围内，这个范围称为刚性角

（图 2.2.2.4）。刚性角是基础扩大线与地基法线的夹角。

2. 非刚性基础的断面

由钢筋混凝土这样的非刚性材料制作的基础称为非刚性基础。其断面为锥形，也可做成薄壳。因其抗弯、抗剪性能大大优于刚性基础，因而底部扩大不受刚性角限制（图 2.2.2.5）。

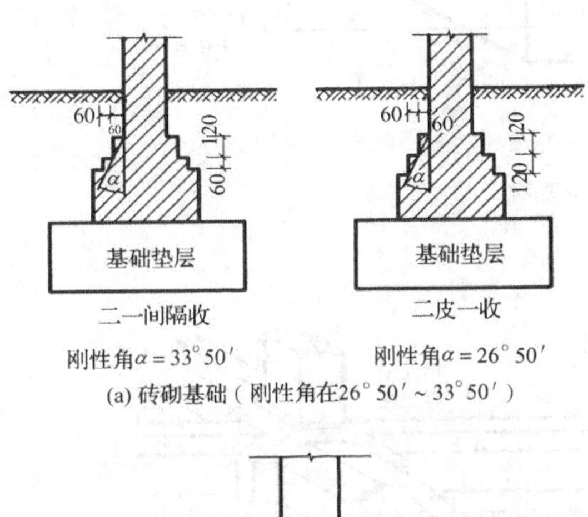

(a) 砖砌基础（刚性角在26° 50′ ~ 33° 50′）

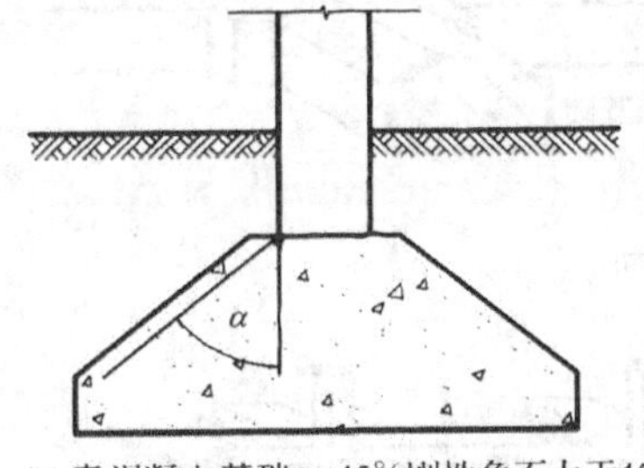

(b) 素混凝土基础α≤45°（刚性角不大于45°）

图 2.2.2.4　刚性基础断面及刚性角

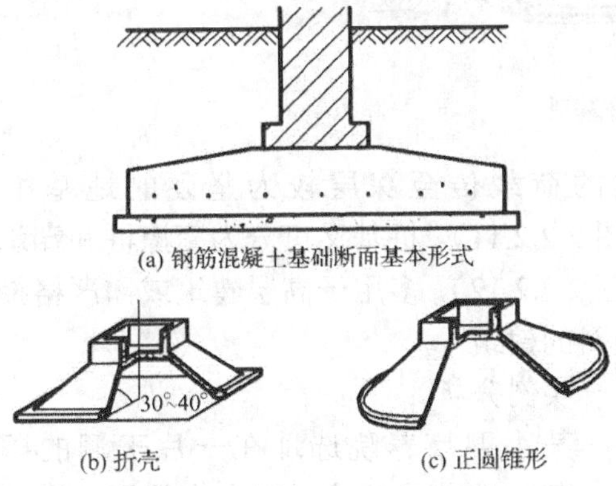

(a) 钢筋混凝土基础断面基本形式

(b) 折壳　(c) 正圆锥形

图 2.2.2.5　非刚性基础断面

（三）基础构造类型

1. 独立基础

用于柱下。除现浇外，尚可做成杯口，插入预制柱。为避免不均匀沉降，各独立基础间应在纵、横向用地梁拉结（图 2.2.2.6）。

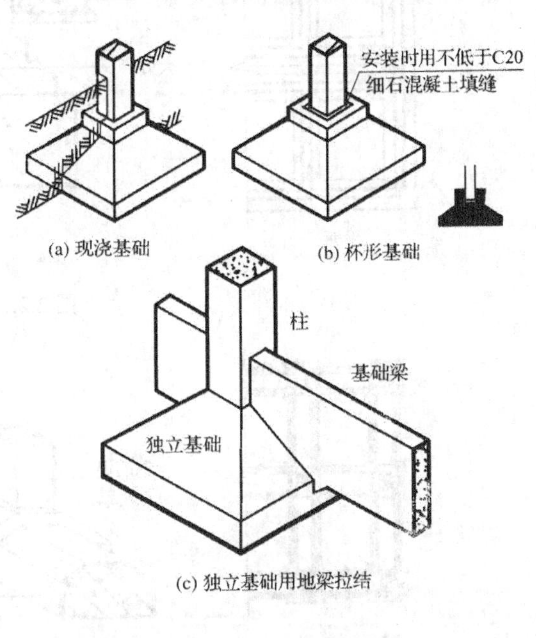

(a) 现浇基础　(b) 杯形基础

(c) 独立基础用地梁拉结

图 2.2.2.6　独立基础

2. 条形基础

分为墙下条基及柱下条基。墙下条基是承重体系墙体的基础，沿墙的全长设置，作为传力系统的一部分。柱下条基是在地基较弱，柱距较小或部分框架的情况下将柱下基础连在一起（或与墙基相连）以对抗不均匀沉降的措施（图 2.2.2.7）。

3. 井格基础

框架结构的柱下条基在纵横向都连接起来，就形成井格状的条基，也称井格基础，其更有利于提高基础的整体性（图 2.2.2.8）。

4. 片筏基础（满堂基础）

基础的底部需扩大至几乎连成片时，则索性将其做成一块整板，使上部结构好像支承在一片筏上。这片筏可以分为板式及梁板式，有时还可用做浅基础（图 2.2.2.9）。

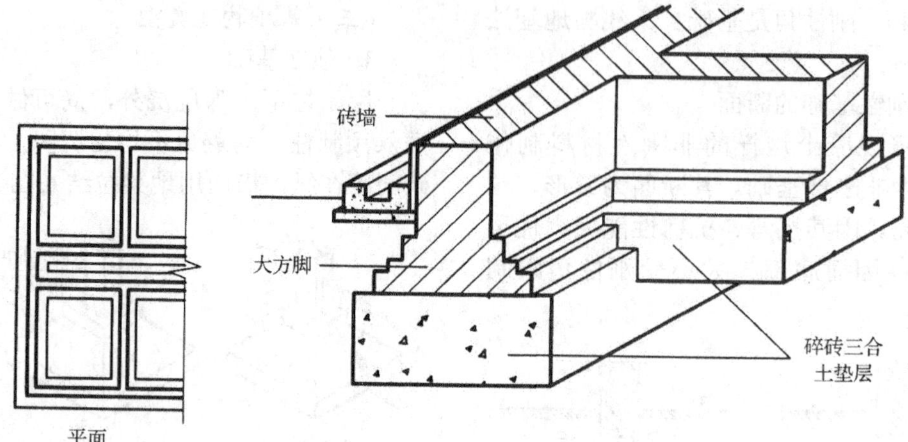

图 2.2.2.7　条形基础

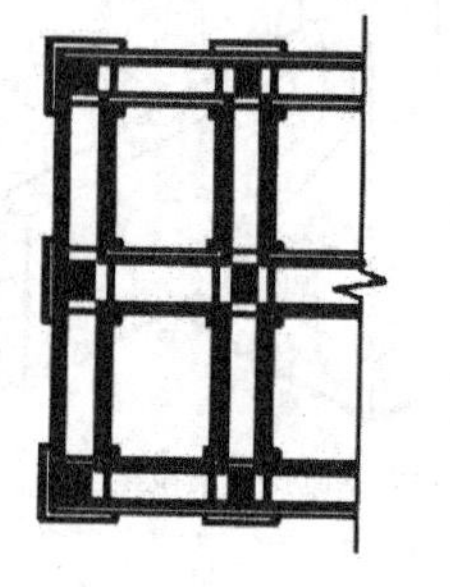
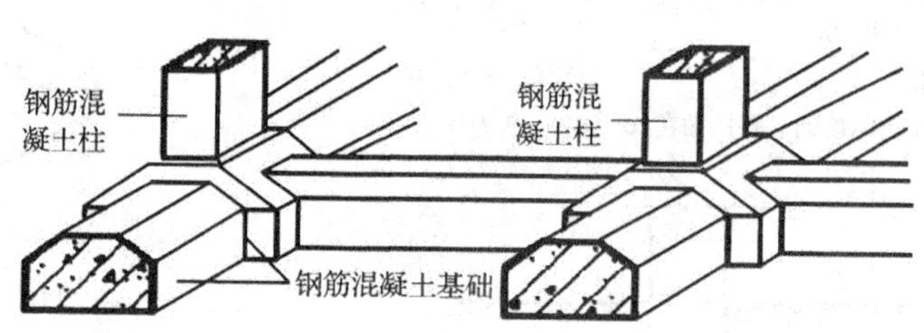

图 2.2.2.8　井格式基础

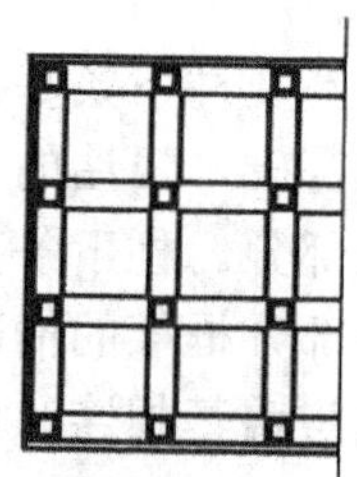
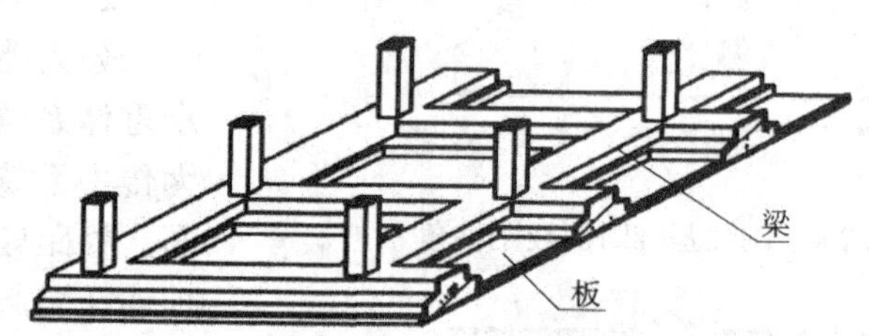

图 2.2.2.9　片筏基础

5. 箱形基础

多用于高层建筑或在软弱地基上建造的重型建筑物，或有地下室要求的建筑物。箱形基础由上下底板和四周及中间部分纵横墙形成箱形的整体。其空间刚度大，承载力强，对抗不均匀沉降也非常有利（图 2.2.2.10）。

6. 桩基础

通过桩和桩顶处的连接承台将上部较大的荷载传至深层较为坚硬的地基中去（图 2.2.2.11）。桩基又可分为摩擦桩和端承桩（图 2.2.2.12），多用于高层建筑或需严格控制倾斜的建筑。

实例分析

某小型疗养院选址在一片干涸的藕塘上，其基地地势低洼，表土为很厚的淤泥，但其西、北傍山，风景秀美。

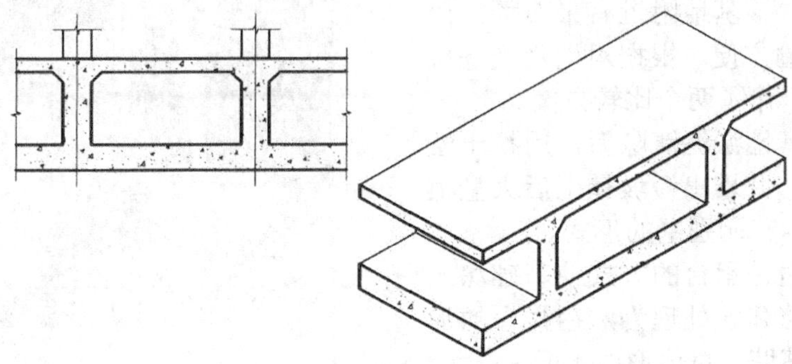

图 2.2.2.10　箱形基础

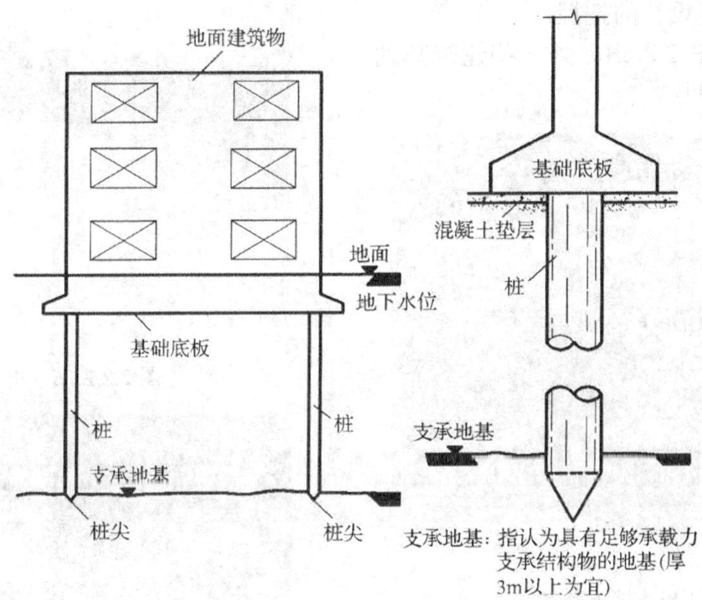

图 2.2.2.11　桩基础的支承情况

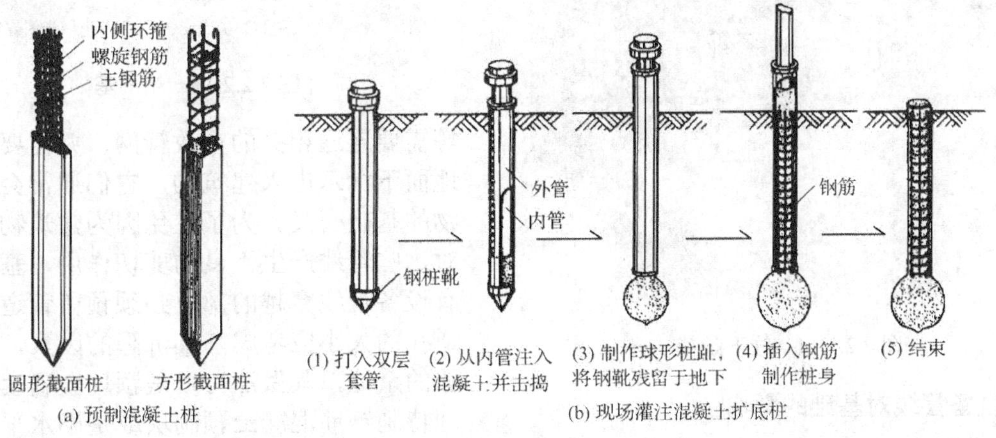

图 2.2.2.12　桩基础的形式

经实地踏勘，该基地附近有采石场，碎石价格低廉，运输方便。根据对地基及基础的不同处理方法，作了两个比较方案。

方案一：将基地淤泥清除后，用换土法下碎石改良地基，并堆出缓坡覆土后大量植草，将建筑设计为花园别墅的形式。

方案二：用短桩承台的方式使基础深入至地基持力层，将建筑处理为水榭楼台的形式，并恢复部分藕塘，总体形成水园。

这两个方案风格迥异、特色鲜明，关键在于对基础和地基设计的把握。

图 2.2.2.13~图 2.2.2.17 为一些建筑基础建造过程的实景照片。

图 2.2.2.13　墙下条基

图 2.2.2.14　柱下条基

四、设备管线对基础的影响

建筑中许多配套管线如水、电、煤气管道

图 2.2.2.15　片筏基础

图 2.2.2.16　桩基承台

图 2.2.2.17　箱形基础

等需要连通相关的市政管网，并需要在室外地面下标示出入建筑物，它们通常会和建筑物的基础交叉。为了避免因为建筑物的沉降对这些管线产生不良的剪切作用，基础在遇有设备管线穿越的部位必须预留管道孔。管道孔的大小应考虑基础沉降的因素，留有足够的余地，其做法可以是预埋金属套管、预埋特制钢筋混凝土预制块或是砌水平的管井（图 2.2.2.18）。

(a) 预埋管道套管

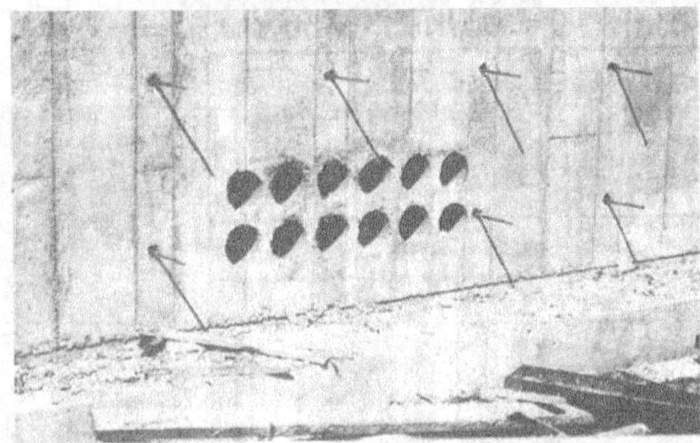
(b) 预留管道孔

(c) 成排管道穿越基础

(d) 水平管井的设置

图 2.2.2.18　管道穿越基础处的构造

第三节　门　　窗

一、研究路径

1）门窗不是承重构件，一般用作围护构件或分隔构件，其上部的构件的自重及所承受的荷载应采取构造措施由门窗两边的构件承担。

2）门窗的功能主要是采光、通风和通行，因而除了固定扇外，都需要开启和关闭。这除了带来连接上的构造问题外，还形成了缝隙。门窗的缝隙是透风、渗水和窜烟火的薄弱环节，是进行构造处理的重点所在。

3）门窗的经常开启和关闭还造成了震动以及变形，相关的节点需作特殊处理。

4）由于采光和开启的需要，门窗多由轻、薄、透明的材料制成，作为围护或分隔构件，门窗往往是隔热、保温和隔声的薄弱环节。

二、门窗的种类

门窗的分类可以按其开启方式分，例如平开、平移（推拉）、立转、固定、上悬、中悬、下悬、折叠、卷帘、旋转等等（图 2.2.3.1）；也可以按其制作材料分，例如木门窗、钢门窗、铝合金门窗、塑料门窗，等等；还可以按其形式和制造工艺分，例如实木拼板门、镶板门、夹板门、百页门窗、普通玻璃门窗、无框玻璃门窗，等等（图 2.2.3.2）。如果讨论对门窗的特殊需要，则除了普通门窗之外，还有防火门、隔声门、保温门、防盗门等。

三、门窗的构成

门窗通常是由门窗框、门窗扇和五金件组合而成的。门窗框是门窗固定的部分，而门窗扇是门窗可供开启的部分，五金件则是用来连接、控制、固定门窗的不同部分以及门窗和其洞口周边的建筑构件的。在门窗的各个部分中，门窗扇的构造最为复杂。

(a) 平开　(b) 平移(推拉)　(c) 立转
(d) 固定扇及上悬　(e) 中悬　(f) 下悬
(g) 折叠　(h) 卷帘　(i) 旋转

图 2.2.3.1　门窗的开启方式

(a) 实木拼板门

(b) 镶玻璃定向纤维木板门

(c) 带玻璃的镶板门

(d) 夹板门

(e) 镶玻璃夹板门

(f) 钢百叶门

(g) 普通玻璃门窗

(h) 无框玻璃门窗

图 2.2.3.2　不同形式的门窗

目前，对于构成门窗各部分的构件的名称叫法，主要还是沿用传统的木制门窗的称谓，具体如下：

门窗框部分——两边的垂直构件称之为边框，水平构件则从上到下依次分别称之为上槛、中槛和下槛（图 2.2.3.3）。门窗框上还有用来控制门窗扇关闭时的位置或开启角度的部分，称之为止口条。止口条可以是附加在框料上的构件，也可选择在加工门窗框时通过对整块框料加工形成所需要的断面（图 2.2.3.4）。

门窗扇部分——门窗扇的构成主要分为起支撑作用的骨架以及面板或者玻璃。其中门扇又分为骨架外露的拼板门、镶玻璃或镶板门以及将骨架包在内部的夹板门。对前者而言，两边属于骨架部分的垂直构件称之为边挺，水平构件则依次分别称为上冒头、中冒头和下冒头（图 2.2.3.3）。镶在骨架之间的面板称为门芯板（图 2.2.3.5）。对后者而言，就只是分为内骨架和面板两部分（图 2.2.3.6）。窗扇因为需要采光，绝大部分是骨架镶玻璃的，其各部分的名称一如镶玻璃门。但另有少数窗，例如百叶窗等，需要起到遮挡光线或视线但通风的作用，可将其芯板成角度分块插入骨架间，中间留有空隙[图 2.2.3.2（f）]。此外，得益于建筑材料的发展，现今门窗扇已可以按需要不用骨架支撑，甚至也不用通过门窗框来与墙体连接，而改为全部采用玻璃制作，这类门窗称为无框玻璃门窗[图 2.2.3.2（h）]。

门窗五金部分——门窗五金的种类很多，主要有铰链（又称合页）、滑杆、插销、执手、转轴、滑轮、锁、窗钩、开窗器、闭门器、定门器，等等（图 2.2.3.7～图 2.2.3.14）。

门窗的附加部分——有一些与门窗有关的附加部分在门窗的防水、防风等方面起着重要的作用，例如图 2.2.3.15 所示的用在门窗缝中的密封条；另有一些附加部分属于装修构件，不过与门窗的关系也很密切，例如窗

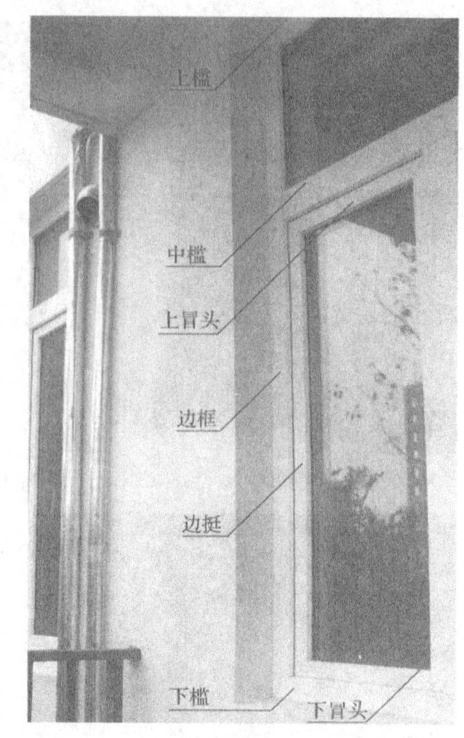

图 2.2.3.3　门窗框及门窗扇的构成及称谓

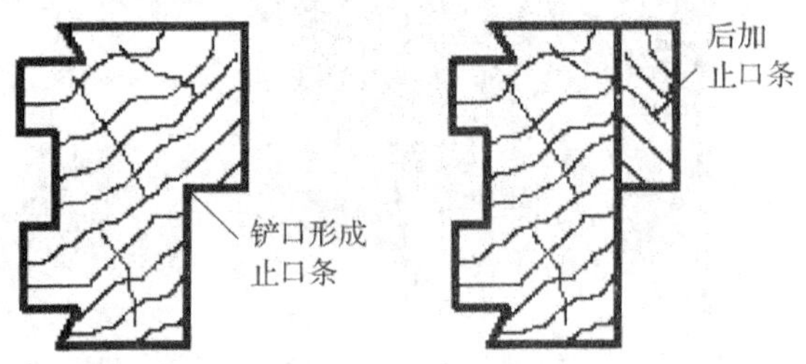

图 2.2.3.4　门窗框上止口条的生成方法

图 2.2.3.5　镶板门的门扇在骨架中嵌入门芯板

(a) 用蜂窝板做内骨架的木质夹板门

(b) 在现场焊接内骨架及外层面板的金属夹板门

(c) 为方便施工先安装内骨架再敷设外层面板的夹板门

图 2.2.3.6　夹板门由内骨架和面板构成

(a) 门窗扇因需盖缝常突出于门窗框之外

(b) 用滑杆代替铰链便于外突门窗扇开启

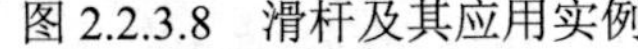
图 2.2.3.8　滑杆及其应用实例

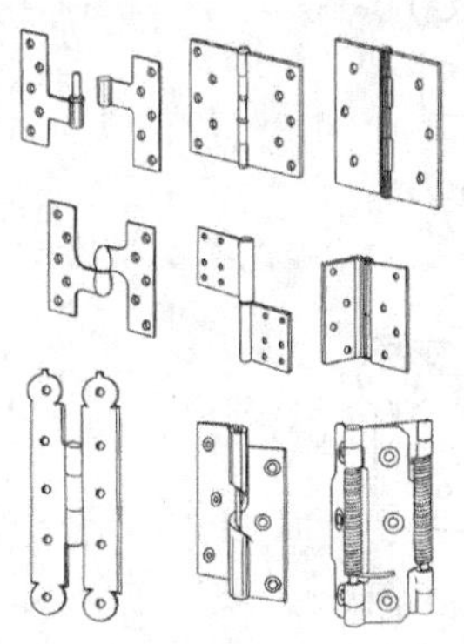

图 2.2.3.7　门窗铰链及其应用实例

图 2.2.3.9　带转轴的无框玻璃门门夹

图 2.2.3.11　闭门器

图 2.2.3.10　液压开窗器

图 2.2.3.12　门窗执手及锁

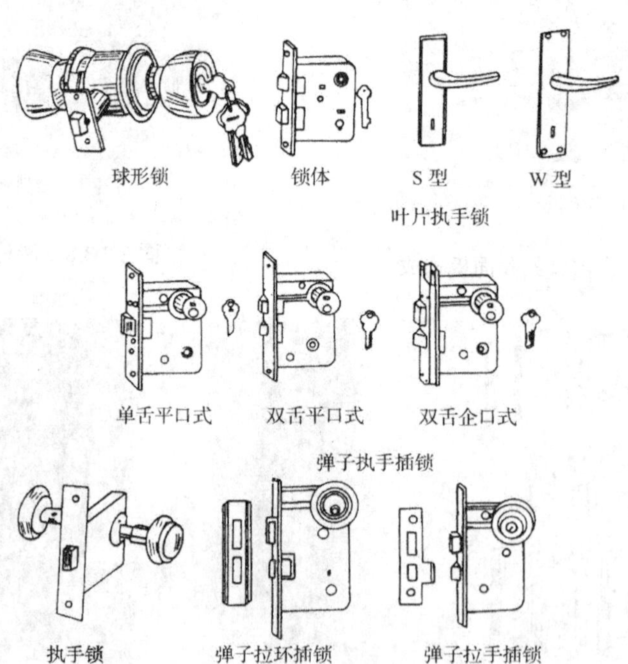

图 2.2.3.13　各种常用的门窗锁的形式

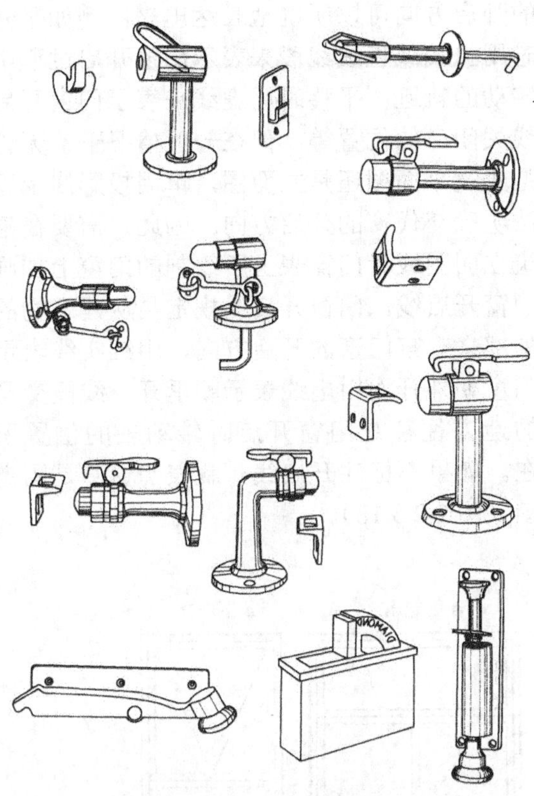

图 2.2.3.14　各种常用的定门器

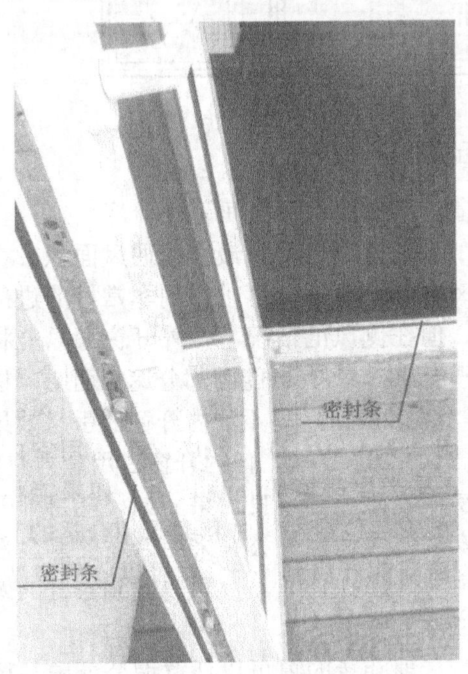

图 2.2.3.15　门窗缝中的密封条

台板、贴脸、门窗套等，它们除了有保护墙角使其不易受损及易于清洗等作用外，主要还是用来遮盖因门窗经常开启时的振动而造成的粉刷裂缝（图 2.2.3.16）。

从材料的角度来看，门窗大多由数种材料制成，它们互相之间的连接方式也各不相同。在选用不同材料制作的门窗时，首先应注意材料对所在环境的适应性，例如塑料门窗可以用在潮湿环境中或有腐蚀性气体存在的地方。其次，材料的强度和刚度方面的性能也是必须考虑的。例如塑料窗的刚度较差，通常会在其空腹的构件内部加入钢衬条，所以才有了塑钢窗的叫法（图 2.2.3.17）。但这些钢衬条在交接处还是难以有效地形成整体，而为了改善门窗的节能效应，又往往需要

图 2.2.3.16　门窗套及贴脸板

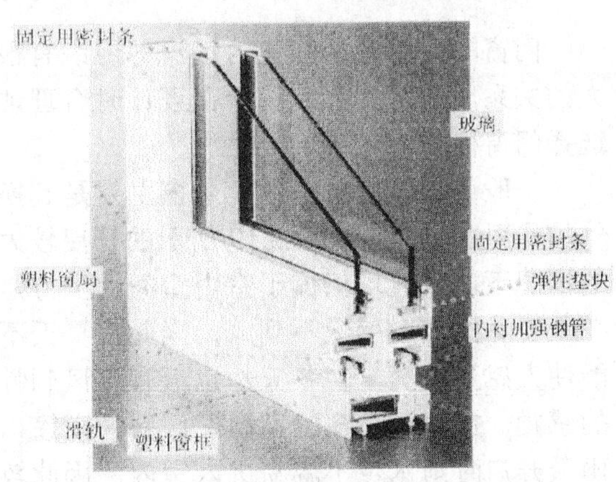

图 2.2.3.17　塑钢窗的内部构造

安装双层的中空玻璃，由此对门窗的刚度要求更高。这时用空腹的金属材料来代替工程塑料制作骨架，其整体刚度将优于塑料，能够有效地减少变形的发生。还有一点非常重要，那就是门窗构件的断面形式与许多相关的诸如防水、防火、保温、隔热、隔声等问题，都有内在的联系，因此，选用合适的材料以及合理的构造方式，是门窗设计过程中不可忽略的因素。

四、门窗的开启线

除了少数门窗，例如弹簧门、立轴转门等是可以双向开启的外，一般的门窗都是向单一固定方向开启的。在建筑平面图中，门的开启方向可以明确地表达出来，例如平开时用弧线或直线线段来表示门窗开启过程中转动的轨迹；平移时用虚线来表示门窗开启或关闭时的位置等。但在一般情况下，无论是建筑平面图还是立面图，单用投影线都无法明确交代窗的开启方向。为此，需要在建筑立面图或者门窗表上所绘制的门窗上加画门窗开启线。门窗开启线规定是从建筑物的外部来观察门窗的开启方向，用细实线表示门窗朝外开而用虚线表示朝里开，线段交叉的地方往往是门窗开启时转动轴的位置所在。如果不标注开启线，就表明窗扇是固定扇（图 2.2.3.18）。

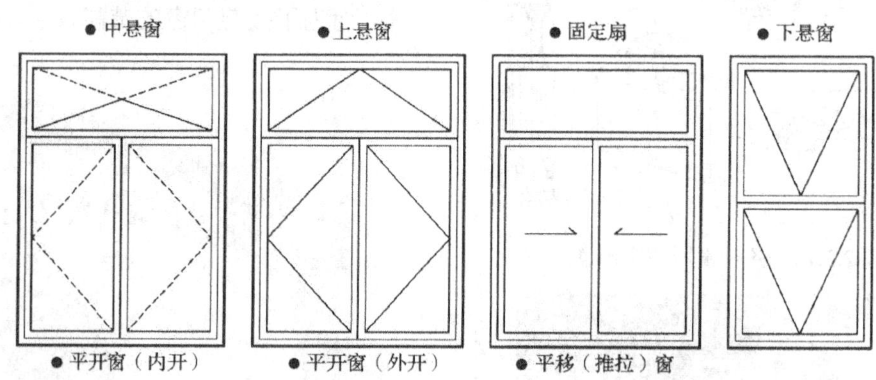

图 2.2.3.18　门窗开启线

五、门窗开启方式与组织室内气流的关系

门窗的开启方式与室内气流的组织有很大的关系。了解这点有助于在设计时合理地选择门窗种类。

一般说来，中悬窗和上悬窗主要是起换气的作用，即便如图 2.2.3.19 所示的开启较大的情况下，气流场仍偏于室内空间的上方，在人身体的高度感觉不到风，因此在夏天不能使人感到凉爽，在冬天却也没有寒风刺骨的感觉。加之这种窗的窗扇像倾斜的雨篷，雨天开启时雨水也不容易进入室内，因此较多使用在不需经常开启和关闭的场合如公共走道、楼梯间、卫生间等处所。

平开窗可以得到最大的通风面积，在迎向风向的情况下，可以得到非常好的进风效果。但在侧风的情况下，外开窗如只能将窗扇开至90°，就有可能因部分遮挡而影响进风[图 2.2.3.20（a）]，不如内开窗的引风效果好[图 2.2.3.20（b）]，但内开窗占用室内空间，还易产生碰撞等不良后果。如果能将外开窗的安装位置适当外移并采用合适的五金件使窗扇能开启到180°，就可以收到较好的效果[图 2.2.3.20（c）]。

立轴旋转的窗可以任意调节窗扇与风入射角的相对位置，并在窗扇的两侧都留有进

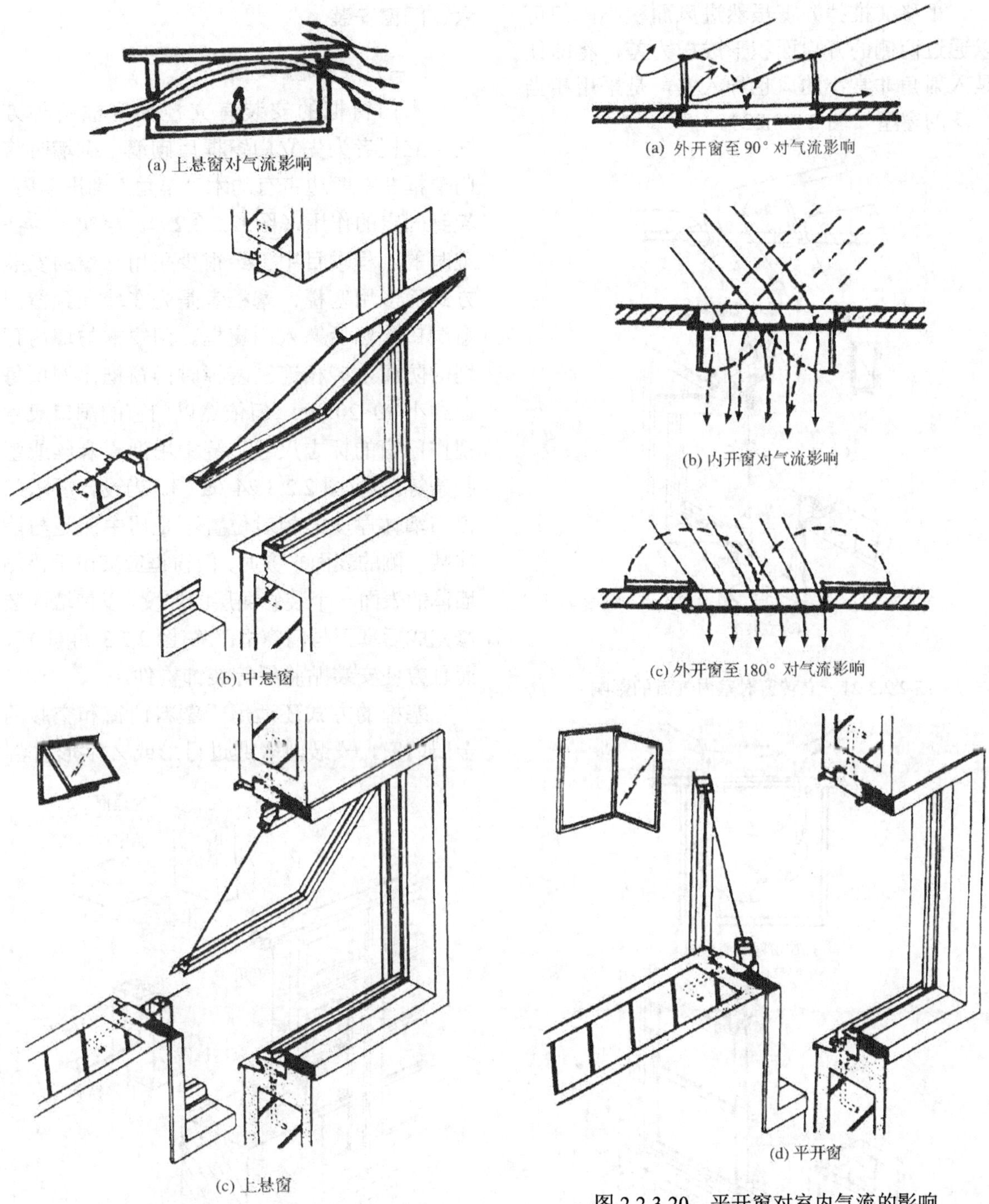

图 2.2.3.20 平开窗对室内气流的影响

图 2.2.3.19 中悬窗和上悬窗对室内气流的影响

风口，是导风的好窗型（图 2.2.3.21）。现在生产的塑料和金属门窗，其窗扇大多较窗框外突一个盖缝构造的厚度距离，因此一般都采用在窗扇的上、下冒头上安装滑杆的方式才能够使其平开，这样，开启后实际上也相当于立轴旋转的窗，通风效果较好。

平移（推拉）窗虽然进风面积小，但可以通过两侧的开启面积形成压力差，将即使是入射角非常小的风也导入室，是采用相当广泛的窗型（图 2.2.3.22）。

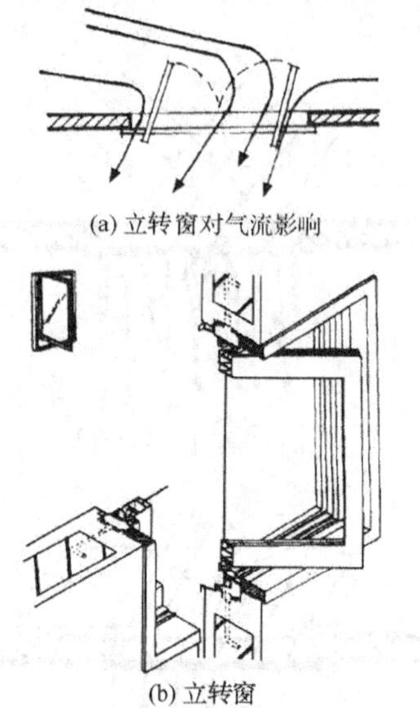

图 2.2.3.21　立转窗对室内气流的影响

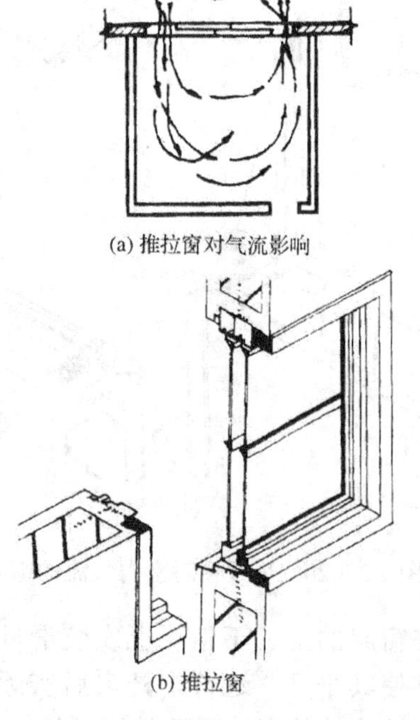

图 2.2.3.22　推拉窗对室内气流的影响

六、门窗安装

（一）门窗框的安装

木门窗框的安装有立樘和塞樘两种方式。立樘者为先立门窗框后砌墙，砌墙时将门窗框左右两边带有的木“羊角”砌进墙内，起到固定的作用（图 2.2.3.23）。事实上，在现时的工程项目中已经很少采用立樘的安装方式而多用塞樘。塞档者是先在墙上预留门窗洞口，然后塞入门窗框。门窗框与墙内预埋的防腐木砖相连。塞樘时门窗框比洞口每边约小 10~20mm，但依然以门窗的洞口尺寸视作门窗的标志尺寸。缝中用沥青麻丝或塑胶条等塞缝[图 2.2.3.24（a）]。当设计要求门窗与墙体厚度的相对位置不是居中而是与墙体某一侧的表面平齐时，门窗框应突出于该侧墙体的表面一个装修面层的厚度，以使墙面装修完成后真正与门窗框平齐[图 2.2.3.24（b）]，而且方便安装贴脸板等装饰构件。

塞樘的方式还适用于塑料门窗和空腹的金属门窗，安装时多通过弓形或 Z 字形的金

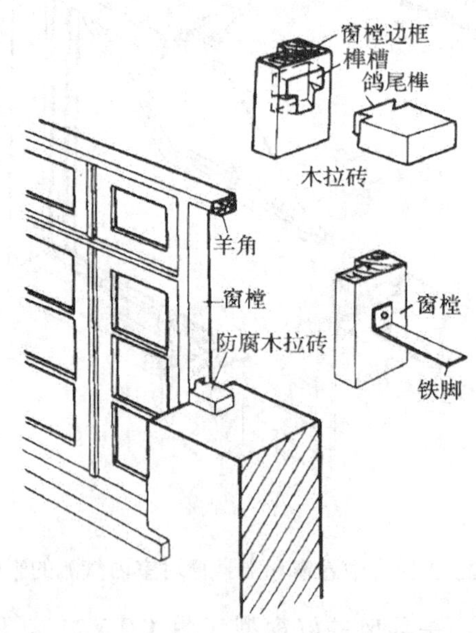

图 2.2.3.23　木门窗安装立樘做法

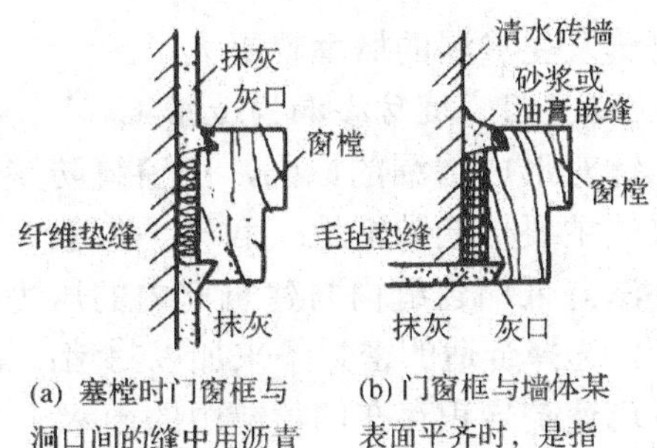

(a) 塞樘时门窗框与洞口间的缝中用沥青麻丝或塑胶条等塞缝　(b) 门窗框与墙体某表面平齐时，是指与粉刷后的表面平齐

图 2.2.3.24　木门窗安装塞樘做法

属连接件将门窗框固定在门窗洞口的墙体上（图 2.2.3.25 和图 2.2.3.26）。如果墙体装修以及对门窗与墙体某个表面之间的相对位置的设计要求使得这些连接件无法直接与墙体连接，则可以在门窗与洞口之间加入副窗框，令其起到连接的过渡作用（图 2.2.3.27）。门窗塞樘固定后，缝隙中必须用柔性的嵌缝条或者像发泡聚氨酯这样的柔性材料来嵌缝（图 2.2.3.28），特别是外门窗，不能够用水泥砂浆等刚性的材料来嵌缝，因为刚性材料在墙体变形的情况下容易开裂造成渗漏。嵌缝后安装缝的内外两侧还应打密封胶封实。

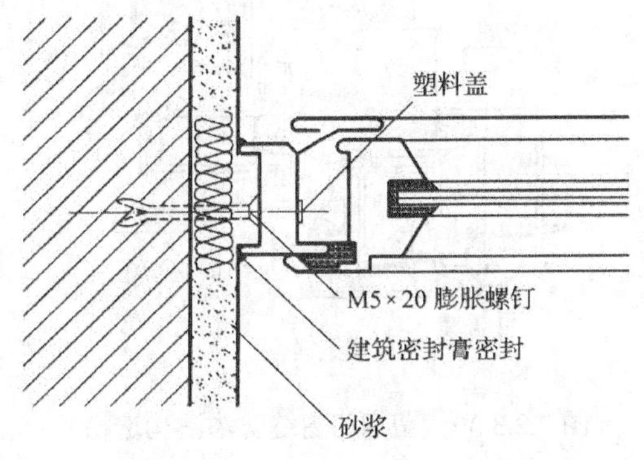

图 2.2.3.25　金属门窗安装示意图

（二）门窗扇的安装

门窗扇与门窗框之间通过铰链、滑杆、转轴等各种五金件相连，五金件的选取视门窗开启的方式而定。

图 2.2.3.26　金属门窗安装实例

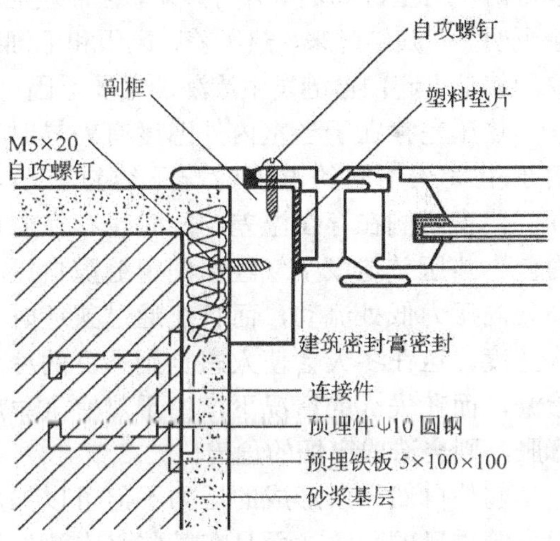

图 2.2.3.27　带副边框的金属门窗安装示意图

图 2.2.3.28　门窗与墙间缝隙用柔性材料嵌缝

七、门窗缝构造

绝大部分门窗需要开启，框与门窗扇之间以及门窗扇相互之间必然存在缝隙。门窗缝的构造是门窗设计的重点，主要涉及水密性、气密性等功能要求。

（一）门窗缝渗水、透风及窜烟原理分析

门窗作为围护及分隔构件，其内外两侧的环境往往是不相同的，尤其是外门窗，当关闭的时候，室内外的温度、湿度、气压等都会存在一定的差异。如果冬季室内采暖、夏季室内使用空调或是室外有风雨，这种差别就会更明显。归结起来，热压差、风压和毛细现象，就是引起门窗缝发生渗漏的主要原因。

热压差存在于当室内外温度有差异时。由于空气在不同的温度情况下容重有所不同，门窗两侧在存在温差的同时也存在着压力差。热压差造成空气经由门窗缝隙自压力高处向压力低处流动，而且在通过狭缝时加快速度。这在冬天会使人感觉到不良的冷风渗漏，而在失火的情况下，由于热空气急剧膨胀，则会造成窜烟的危害。

室外自然风所形成的压力不但可以加剧门窗缝透风的现象，而且在某些水土流失较为严重的地方还会带着砂土向室内渗透，造成室内环境的污染。特别是在雨天，风长雨势，雨水在风力的作用下往往会形成一定的角度并带有一定的压力向门窗打去，造成门窗缝积水或是渗漏。这对门窗缝的防水构造是一个严峻的考验。

毛细现象只发生在门窗外表面形成一层水膜的情况下，系由水的表面张力所致。直接打在门窗上的雨水以及从门窗上部的垂直构件上流下来的雨水如果汇合在一起，就会加重水膜生成的条件。另外，门窗缝越窄，毛细现象就越容易发生。毛细现象一旦形成，即便风压不大，雨水也照样可以从门窗狭窄的缝隙中爬入室内。如果当时风压大的话，门窗缝发生渗漏的概率就更大了。

（二）门窗缝防渗漏构造措施

针对形成渗漏的原因，门窗缝防渗漏所采取的主要构造措施是：第一，盖缝；第二，想办法降低门窗缝内与建筑室内的压力差；第三，选择合适的密封条来加以封堵；第四，尽量迅速疏导积存在门窗缝中的雨水。

图 2.2.3.29 所示的木门窗和图 2.2.3.30 所示的塑钢窗在窗缝处的构造详图，是很典型的例子，从中可以看到上述的门窗缝防渗漏的构造要点是如何具体应用的。

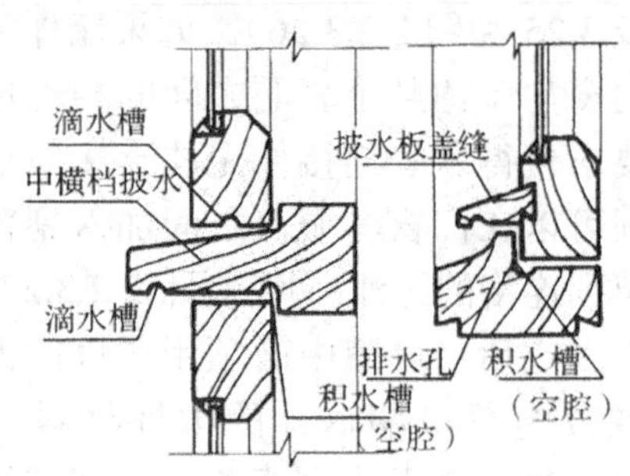

图 2.2.3.29　木门窗缝防渗漏构造措施

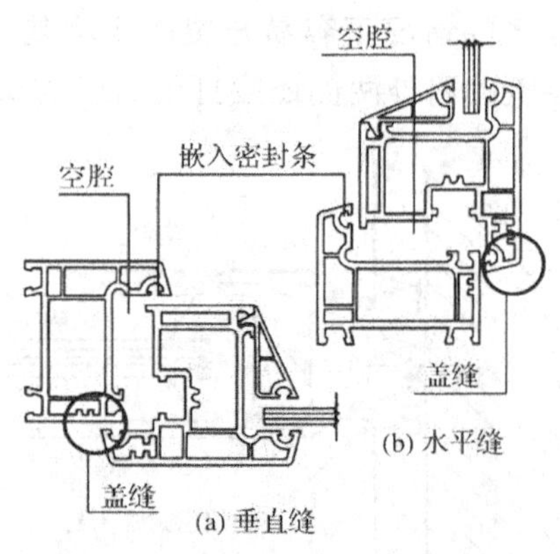

图 2.2.3.30　塑钢门窗缝防渗漏构造措施

1. 盖缝

盖缝主要是在垂直缝处做成企口的形式，如双扇平开的木门窗中间做成高低缝的形式；钢窗和塑钢窗的窗扇外突盖过窗框，等等。盖缝可以减少雨水被风压直接压入门窗缝的机会。

2. 等压法

等压法又称空腔原理，系通过采用合适的构件断面形式，使得在门窗缝内形成局部扩大的空腔，这样，风在通过狭缝进入空腔时会突然减速，压力可以因而降低甚至取得与室内等压的效果，雨水便不能再继续被带入室内了。与此同时，扩大的空腔也破坏了毛细现象继续生成的环境，是防渗漏一举两得的好方法。

木窗设置空腔一般需在窗框上铲出凹槽来。空腹钢窗、塑料窗等则可以在构件成型的过程中将断面制作成需要的形式，甚至围合出多道空腔来，使空腔原理的应用更加充分。

3. 密封条的设置

在门窗缝中镶嵌密封条，可以起到堵水的作用。密封条设置的最有效部位是在空腔的后部接近室内空间处，因为它使得空腔减压即便不能完全取得等压的效果时，雨水要进入室内也还会继续受阻。密封条的材料主要有各种人造橡胶。但在诸如平移门、窗和转门中，橡胶密封条有可能给门窗的开启或转动带来过大的摩擦力，在这种情况下，密封刷可以起到更好的作用（图 2.2.3.31）。

4. 疏导积水

门窗缝中一旦有水渗入，应尽快排出，才不至于漫出进入室内（图 2.2.3.32）。一般在门窗框的下槛处都设有排水孔，或者可以像木

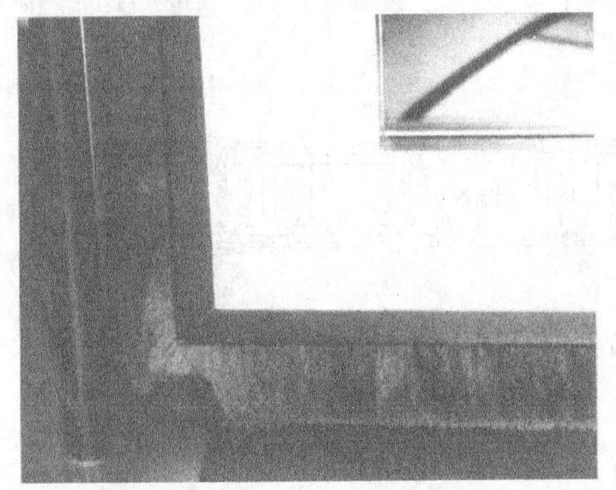

图 2.2.3.31　转门门扇周边设置密封刷

图 2.2.3.32　门窗框下槛处设有排水孔

窗那样，在窗框的下槛处做出向外倾斜的坡度，以利雨水排出。

上述的门窗缝的防渗漏的构造原理和做法，还可以广泛应用到预制装配的外墙板的板缝构造中。读者在遇到相关内容时，可以举一反三，加以理解和应用。

八、防火门构造

为了防火安全的需要，在建筑中的某些部位，例如疏散楼梯间、防火墙、管井符合规范规定的开口处，等等，需要设置防火门。一般的防火门分为木质和钢质两种。其防火等级按照耐火极限 1.2h、0.9h 和 0.6h 分为甲级、乙级和丙级。防火门的主要控制环节是材料的耐火性能及节点的密闭性能。

木质防火门的选材应严格控制变形的因素，吸水率控制在 12%以下。在门框与门扇搭接的止口条处，应该留有密封槽，用不燃的材料嵌填（图 2.2.3.33）。

钢质防火门的门框、门扇面板及其加固件采用冷轧薄钢板，门扇和门框内用不燃性材料填实（图 2.2.3.34）。安装在钢质防火门上的锁、铰链、插销等五金配件的熔融温度不低于 950℃。

防火门单扇门应设闭门器；双扇门间应有盖缝板，并装有闭门器和顺位器，以控制闭门的顺序。

此外，在一些建筑内部，由于设置防火分区的需要，还会设置防火卷帘，以便在紧急情况下隔断各防火分区。但根据需要，有的防火卷帘应带有可供通行的小门。这些门也应作防火门处理。防火卷帘的构成可参照图 2.2.3.35。

(a) 木质防火门按照耐火极限分为三级

(b) 木质防火门在门框止口条处前有密封条

图 2.2.3.33　木质防火门

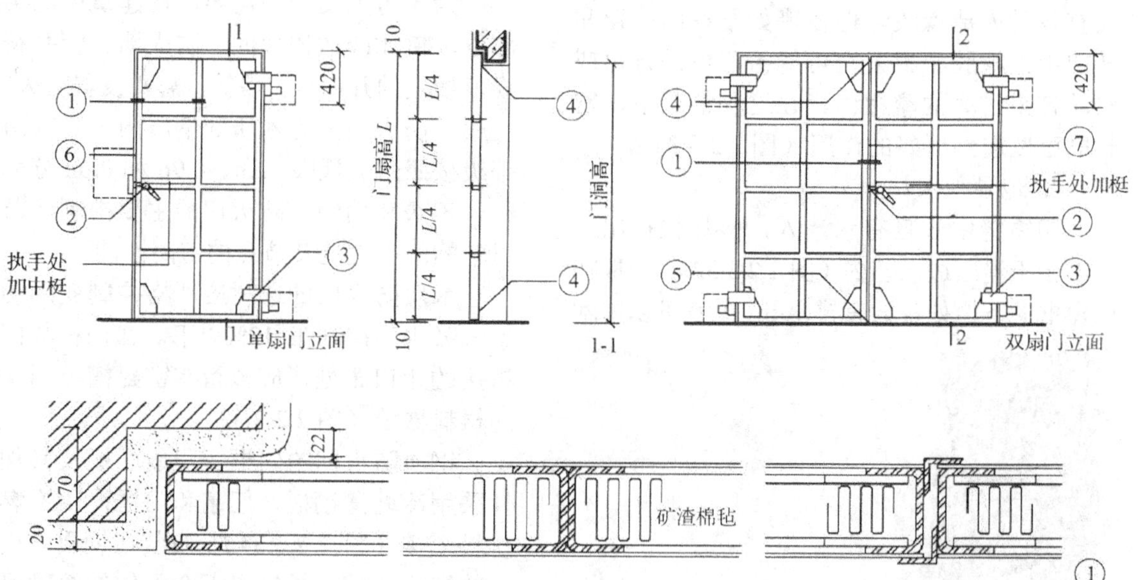

图 2.2.3.34　钢质防火门构造

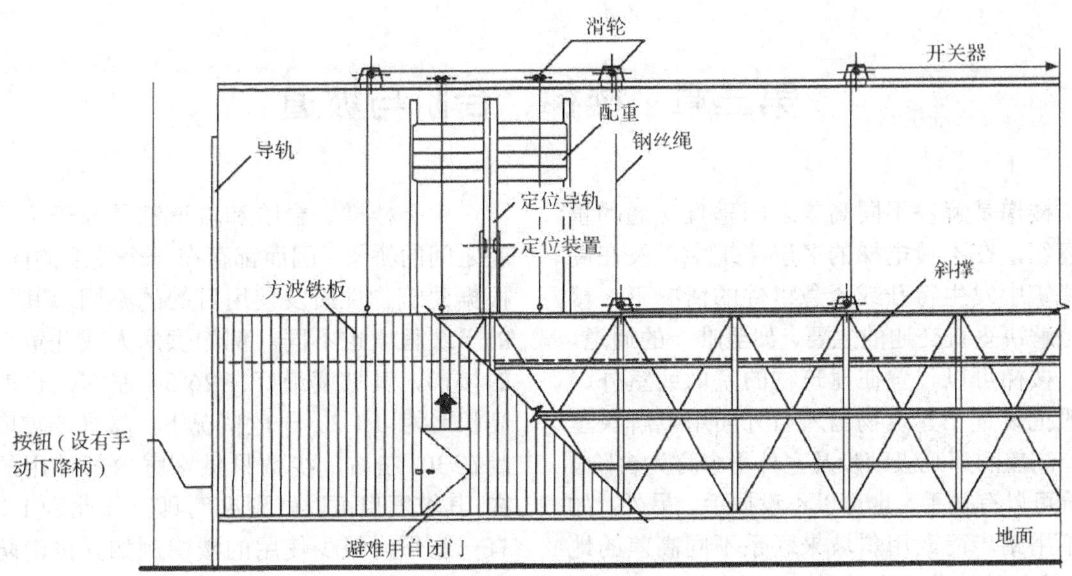

图 2.2.3.35　防火卷帘构成示意图

本章复习提要

- 了解承重及围护、分隔的作用是如何对垂直构件的布置产生影响的
- 了解墙承重系统与框架系统的垂直承重构件的布置与建筑平面布局的相互影响
- 掌握混合结构建筑墙体的抗震措施及防潮、开洞等细部处理
- 掌握非承重墙体的选材及安装工艺
- 了解基础的材料、构造方式与上部结构的关联
- 了解地基对基础的影响及其改良
- 了解门窗的分类及构成
- 了解门窗平、立面的表示方法及门窗开启线的标注方法
- 掌握门窗安装的构造细部
- 了解加强门窗缝气密性和水密性的构造原理和基本方法

第三章　楼梯、台阶与坡道

楼梯是解决不同高差之间垂直交通的重要枢纽，在不设电梯的多层建筑中以及在高层建筑中发生特殊或紧急事件的情况下，楼梯是解决垂直交通的主要、甚至唯一的通道。

楼梯可以设置在建筑物的室内或室外。一般把设置在建筑物出入口外面用以解决室内外高差的那几级踏步及室外平台称为台阶。台阶可以有扶手，也可以不设扶手。另外，如果不用踏步而改用斜坡来联系不同高差的地面，这斜坡就称之为坡道。坡道多用于无障碍设计，或者某些货物以及汽车的通道上，例如多层停车场等。当然也有将走廊和楼梯结合起来做成坡道的，例如哥根海姆美术馆的展品沿坡道布置，使参观者没有了"层"的感觉，也不用上下楼梯，造成一种连续的印象。

由于楼梯、台阶和坡道都是介于不同高差之间的桥梁，因而都存在一个坡度的问题。根据建筑物性质及使用目的的不同，其坡度的平缓程度也不同。例如供病人或儿童上下的楼梯，其坡度最好在26°34′左右，也就是高长比为 1∶2。一般情况下，楼梯的坡度控制在30°左右，少数只供家庭内部使用的楼梯，其坡度也可以做到45°，即高长比为1∶1。有一些平时很少使用的楼梯例如只供消防时登上屋面的钢爬梯或是供检修设备等用的扶梯，其坡度可以是从60°～90°不等。至于坡道，其坡度通常为1/5~1/6。其中专供残疾人轮椅通过的，坡度不超过 1/12；给汽车通过的，坡度不超过1/8。图2.3.0.1显示不同坡度的适用范围。

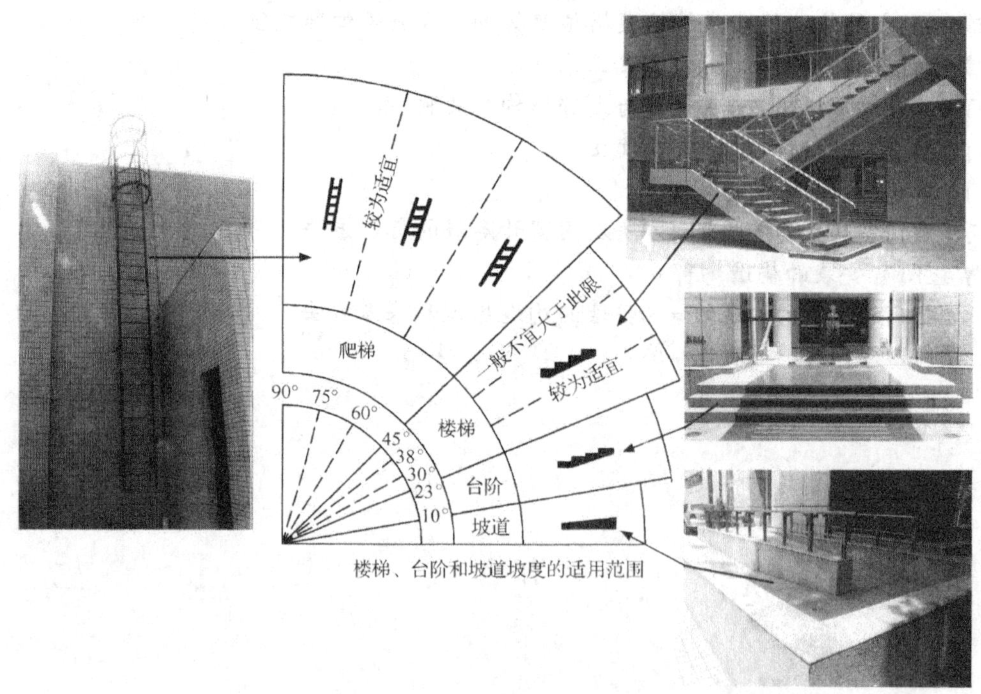

图2.3.0.1　楼梯、台阶、坡道及其坡度的适用范围

第一节 楼 梯

一、研究路径

1）楼梯的结构特征与楼板有许多相似之处，差异在于楼梯为成角度搁置。

2）楼梯既存在坡度，其上下的安全性能、行走的舒适程度等等，都必须符合一定的规范。

3）楼梯在交通方面的重要性，尤其是在发生紧急情况时的特殊性，决定了它还必须受到许多特殊的限制。

4）有些楼梯除了交通功能外，还是构成空间形态的重要因素，选取合适的结构形式，注重造型以及细部处理，是体现建筑师的功力所在。

二、楼梯的构成

楼梯主要是由梯段和平台两大部分组成的，考虑安全的原因，楼梯还应设置栏杆（栏板）及扶手。

楼梯的梯段是指楼梯有踏步的那一部分，楼梯的坡度就是由踏步形成的。踏步又分为踏面（供行走时踏脚的水平部分）和踢面（形成踏步高差的垂直部分）。在进行楼梯的设计时首先必须决定踏面和踢面的尺寸，这除了关系到楼梯的坡度外，还在很大程度上决定了整个楼梯的平面和空间的尺度。

楼梯的平台指连接两个梯段之间的水平部分。平台用来供楼梯转折、连通某个楼层或供使用者在攀登了一定的距离后略事休息。平台的标高有时与某个楼层相一致，有时介于两个楼层之间。与楼层标高相一致的平台称之为正平台，介于两个楼层之间的平台称之为半平台。

（一）楼梯的平面构成

楼梯的平面构成主要视垂直交通路线的组织而定，表现为梯段之间的转折关系，例如图 2.3.1.1 所示的直跑楼梯、对折楼梯、折角楼梯、剪刀楼梯、圆楼梯等等。图 2.3.1.2 给出了部分楼梯的实例。根据组织交通的需要，楼梯各层间的形式可以变化，例如图 2.3.1.3 所示的四折楼梯，在正平台处做成三折；又如图 2.3.1.4 所示的剪刀楼梯，在局部处理为折角楼梯，其实该楼梯处于某高层建筑与其裙房的交接处，在折角部分之上，因为裙房已结束，只剩下一半的剪刀楼梯，即对折楼梯，作为高层部分的垂直交通枢纽。

（二）楼梯的支承状况

从整体而言，楼梯的支承状况主要分简支、悬挑和悬挂三种。研究楼梯的支承状况，目的是在设计时给楼梯提供必要合理的支座。

1. 简支

简支时一般在梯段两端与平台交接处（即平台口）设有平台梁作为支座来支承梯段或同时支承平台的荷载，平台梁处于这个位置时梯段的跨度最小，也最经济。但是如果在这个位置平台梁难以找到合适的支座，或是在这里设置平台梁有可能影响到其下部的净高，就可以将梯段和平台作为一个有折角的构件统一处理而令平台梁位置他移。图 2.3.1.5 所示的是典型的平台梁设置在平台口处的例子。图 2.3.1.6 所示的楼梯平台梁根据需要移开了一段距离。图 2.3.1.7 所示的圆楼梯虽然梯段本身相当于一根扭梁，但其两端依然支承在平台梁上。

2. 悬挑

悬挑时楼梯的支座设在其一端或者一侧。图 2.3.1.8 所示的楼梯只在其一端有支座，对折楼梯的两跑分别受拉及受压，形成空间结构。图 2.3.1.9 所示的楼梯看上去与图 2.3.1.6 的楼梯很相像，但它却是以当中一片墙为支座，分别从一侧向两边悬挑梯段，如同悬挑一片倾斜的阳台板一样。图 2.3.1.10 的圆楼梯与图 2.3.1.9 的对折楼梯在结构上有

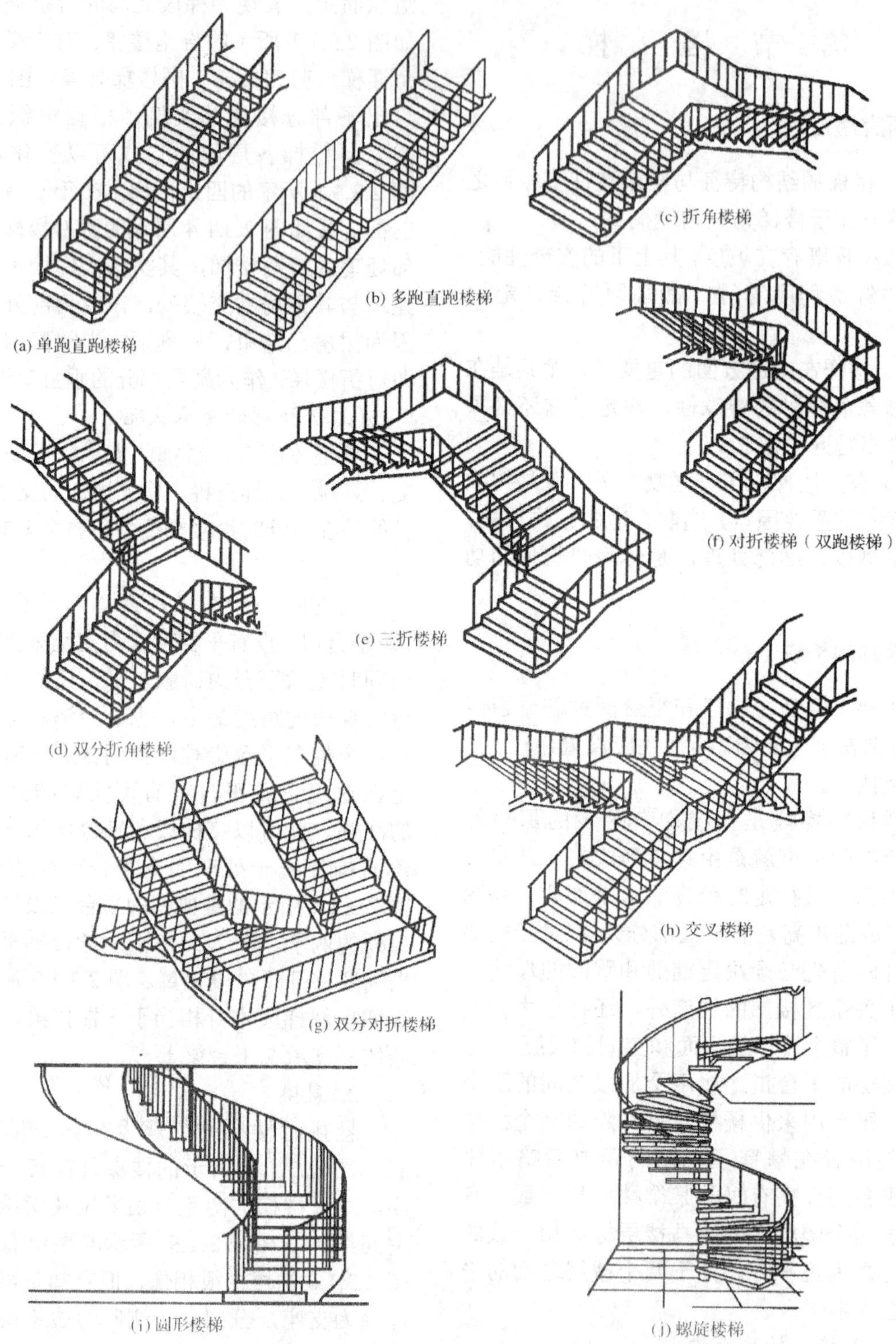

图 2.3.1.1　楼梯的组成形式

(a) 单跑直跑楼梯

(b) 多跑直跑楼梯

(c) 折角楼梯

(d) 双分折角楼梯

(e) 三折楼梯

(f) 对折楼梯（双跑楼梯）

图 2.3.1.2　楼梯梯段转折关系的构成实例

(g) 双分对折楼梯

(h) 交叉楼梯

(i) 圆形楼梯

(j) 螺旋楼梯

图 2.3.1.2（续）

图 2.3.1.3　四折楼梯在平台处改为三折

图 2.3.1.4　裙房处交叉楼梯在裙房以上改为对折

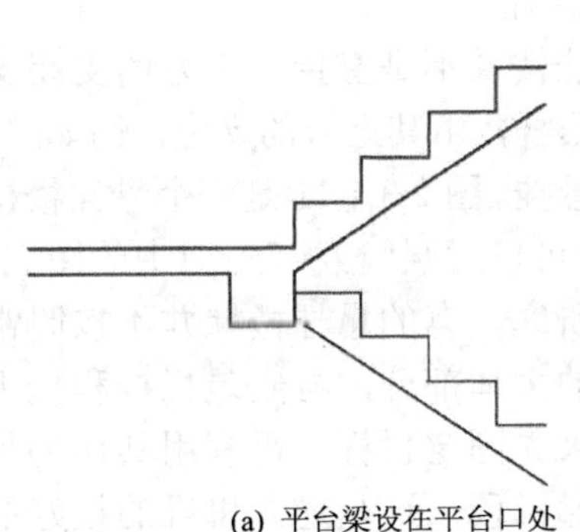

(a) 平台梁设在平台口处

(b) 平台梁设在楼梯口处的典型实例

图 2.3.1.5　平台梁设在楼梯口处的做法

图 2.3.1.6　平台梁的位置根据其支座的定位需要布置

图 2.3.1.7　圆楼梯梯段扭梁依然由两端平台梁支承

图 2.3.1.8　由一端的支座悬挑的楼梯的实例

图 2.3.1.9　由中间的支座向两侧悬挑梯段板的实例

异曲同工之妙，其楼段也是从中间的一个圆筒上悬挑出来的，只不过其支座做成了筒状而不是片状而已。如果单从平面上去研究，

图 2.3.1.10　由中间的支座向外周悬挑梯段板的实例

这个悬挑的圆楼梯倒与图 2.3.1.7 所示的圆楼梯非常接近，但其结构构成完全不相同，形成的空间效果也不同。此外，大多数的螺旋楼梯也都是如同图 2.3.1.2（j）所示的那样，是从中间的立柱上悬挑出来的。

3. 悬挂

悬挂楼梯不是直接由下方的支座支撑而是通过吊杆，由其上方的支座，例如结构梁、板等来悬挂。图 2.3.1.11 是一个悬挂楼梯的实例。读者可以对照“楼板”一节中的图 2.1.2.10 来进行研究。有的悬挂楼梯并不按照常规先做楼梯的主体部分，再安装栏杆和扶手，而是反过来先固定栏杆，再利用其作为吊杆来悬挂楼梯梯段。这是逆向思维的很好的实例（图 2.3.1.12）。

图 2.3.1.11　悬挂楼梯的实例

图 2.3.1.12　用栏杆作吊杆悬挂楼梯的实例

（三）梯段的构成

楼梯梯段的构成方式分板式和梁式两种。

板式楼梯将梯段板视作表面带有锯齿形踏步的板直接支承在支座上。图 2.3.1.5 中的（b）和图 2.3.1.6 所示的都是典型的板式楼梯。在简支的情况下，板式楼梯梯段板的受力变形情况以及钢筋混凝土梯段板的配筋情况如图 2.3.1.13 和图 2.3.1.14 所示。

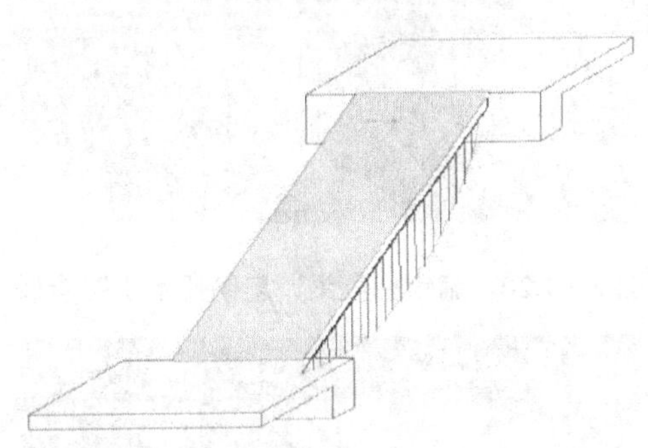

图 2.3.1.13　板式梯段的受力变形情况

梁式楼梯的梯段比板式的增加了一个受力的层次，即在梯段两端的支座间设置斜的梯段梁，再用以支承踏步板，就好像在主梁间设次梁，再用以支承楼板一样。图 2.3.1.2 中的（b）和图 2.3.1.7 所示的楼梯均为梁式楼梯。梁式楼梯梯段的受力分析及配筋情况如图 2.3.1.15 和图 2.3.1.16 所示。梁式楼梯的梯段梁可以设在梯段的两侧、一侧或中间，踏步板则成简支或悬臂（图 2.3.1.17）。根据梯段梁是否上翻，梁式楼梯还可做成明步和暗步两种（图 2.3.1.18），其中暗步的梯段梁可以上翻结合楼梯栏板处理，以提高梯段下面的净高。

图 2.3.1.14　钢筋混凝土板式梯段的配筋情况

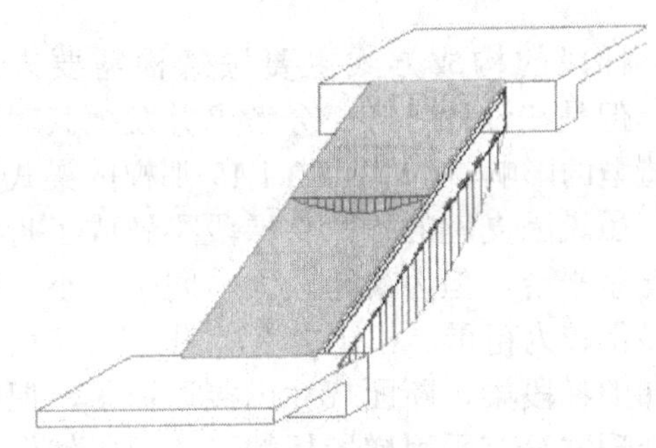

图 2.3.1.15　梁式梯段的受力变形情况

图 2.3.1.16　钢筋混凝土梁式梯段的配筋情况

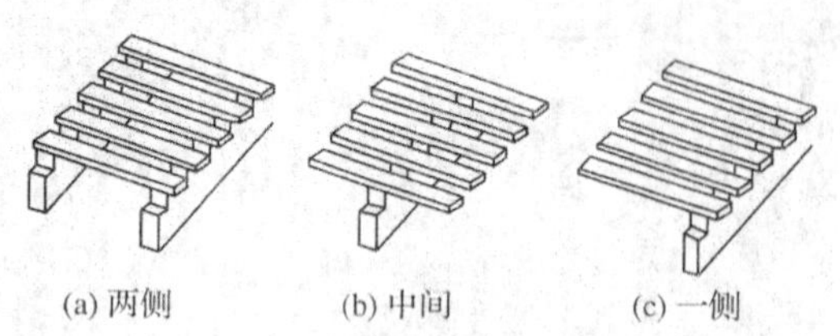

图 2.3.1.17　梁式楼梯梯段梁与踏步板的相对位置

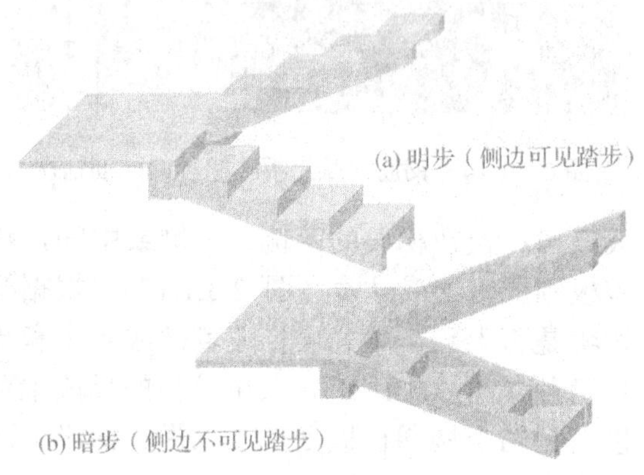

图 2.3.1.18　梁式楼梯梯段的明步和暗步

梯段的构成方式主要按结构需要来决定，但是在设计时应充分考虑并发挥其对空间造型的影响。例如图 2.3.1.19 那样的梁式楼梯，虽说因支座的缘故将梯段梁做成了折梁兼支承平台，但因梁跨较大，间距又小，结构显得较为粗重。相比之下，图 2.3.1.7 所示楼梯的梯段梁，断面尺寸已接近板了，但结构处理并没有采用梯段板的形式而仍然做成梁式楼梯，一方面做扁梁使其不影响梯段下的净高，以利通行；另一方面令两侧的踏步板稍事出挑，这样从视觉上比做成一整块梯段板更显轻盈，取得了良好的空间效果。

由于钢筋混凝土在防火性能方面具有优势，混合结构的建筑的楼梯以及以钢筋混凝土作为结构构件材料的建筑的楼梯亦多以钢筋混凝土为材料来制作。但是，随着钢结构建筑的增多以及钢构件防火技术的改进，钢楼梯的应用也越来越广泛。钢楼梯都是梁式楼梯，除踏步板可以选用钢、木、混凝土、石材等材料制作外，梯段梁等构件均以型钢加工后装配而成。其构件往往制作精良，结构设计各具匠心，连接节点构思巧妙，使楼梯不仅具有交通的功能，而且成为重要的装饰构件（图 2.3.1.20 和图 2.3.1.21）。

图 2.3.1.19　某梁式楼梯结构显得较为粗重

图 2.3.1.20　扁钢梯段梁、扁钢托木质踏步板

图 2.3.1.21　焊接方钢梯段梁、石材踏步板

三、楼梯的施工工艺

钢筋混凝土楼梯的施工工艺分为整体现浇和预制装配两类。装配式的钢筋混凝土楼梯又分为大型、中型构件装配和小型构件装配。

大、中型构件装配式的钢筋混凝土楼梯可以是板式或梁式楼梯。其工艺是将整个梯段在工场制作成一个构件或沿搁置方向将其划分为若干条，在现场吊装，就像装配式的楼板一样。唯其上、下行梯段需要在同一高度进入平台梁支座，不像现浇楼梯那样，可以在现场支模及安装钢筋，使得上、下行梯段有可能在不同标高处进入平台梁支座（图 2.3.1.22），因此采用装配式的梯段时，平面上往往在同一个平台两个上、下行的梯段与平台交接处错开一步或半步处理，或者将平台梁的位置做适当调整（图 2.3.1.23）。这样处理的结果有可能增加整个楼梯的平面尺度，也有可能减小了平台梁下的净空或是需要调整平台梁的支座位置。在设计时应引起足够的注意。

大、中型构件装配式的钢筋混凝土楼梯梯段在平台口处与支座的连接可以是与预埋件焊接或者与预埋插筋套接（图 2.3.1.24）。

小构件装配式的钢筋混凝土楼梯主要是将梯段分解为梯段梁和踏步板分别预制安装（图 2.3.1.25），或者是梯段梁随建筑物的整体

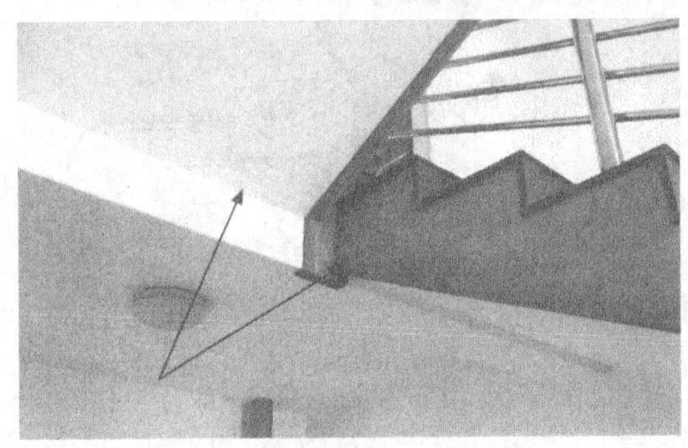

图 2.3.1.22 上、下行梯段要求在平台口处对齐时，现浇的梯段构件可以在不同的标高进入支座

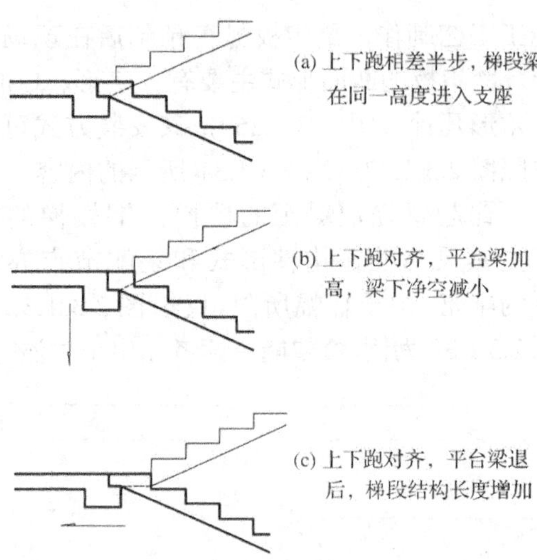

图 2.3.1.23 装配式梯段在平台口处的处理

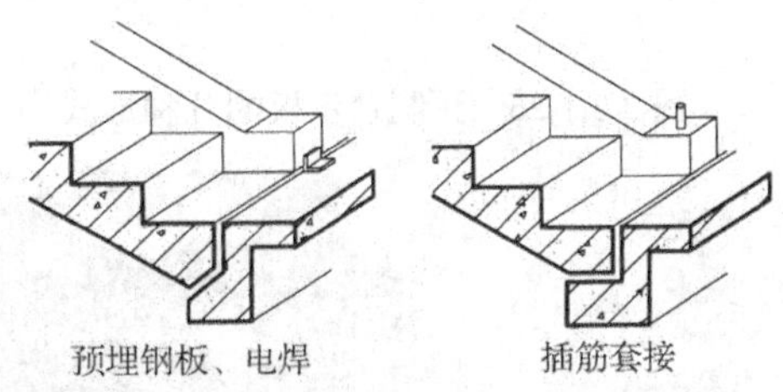

图 2.3.1.24 预制装配大、中型梯段构件在平台口处与支座的连接方式

图 2.3.1.25 装配式梯段梁及踏步板

施工工艺制作，踏步板另行预制后在现场安装。踏步板的断面形式主要有一字形、L 形、三角形几种（图 2.3.1.26），其安装方式可以参照图 2.3.1.27～图 2.3.1.31 所示的内容。

比起钢筋混凝土的楼梯，钢楼梯的施工更具灵活性，构件形式和装配节点亦均更为丰富，由于篇幅所限，仅以图 2.3.1.32～图 2.3.1.39 为例，希望能令读者品出个中滋味。

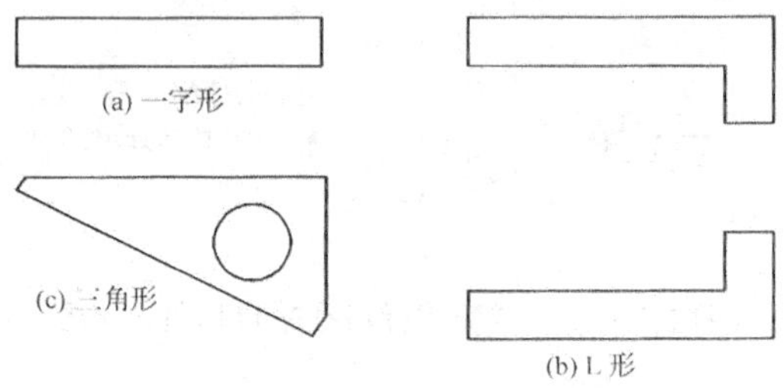

图 2.3.1.26　预制踏步板的几种形式

图 2.3.1.27　现浇梯段梁装配一字形预制踏步板

图 2.3.1.28　装配式三角形预制踏步板

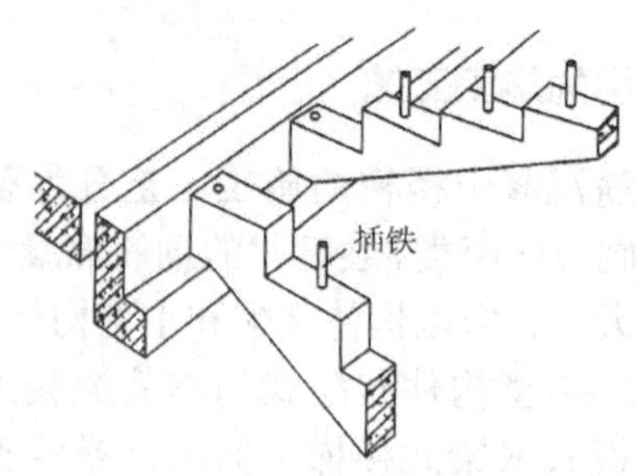

(a) 锯齿形斜梁、每个踏步穿孔、有插铁窝牢

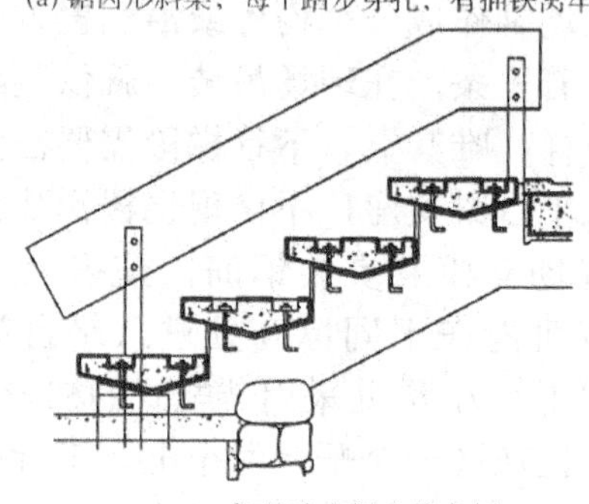

(b) 一字形踏步板安装实例

图 2.3.1.29　某一字形预制踏步板安装实例图解

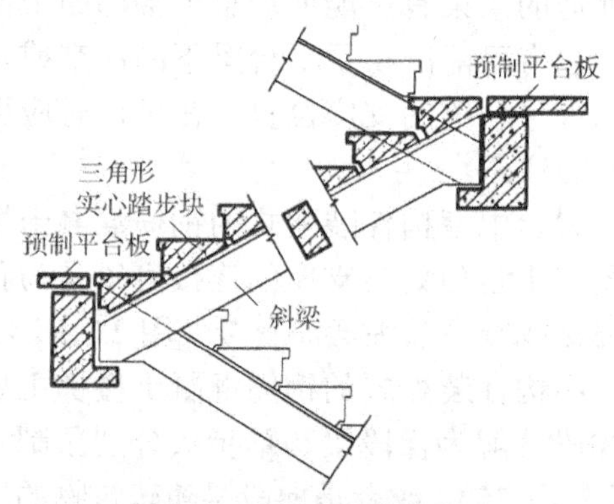

(a) 三角形踏步块与矩形斜梁组成

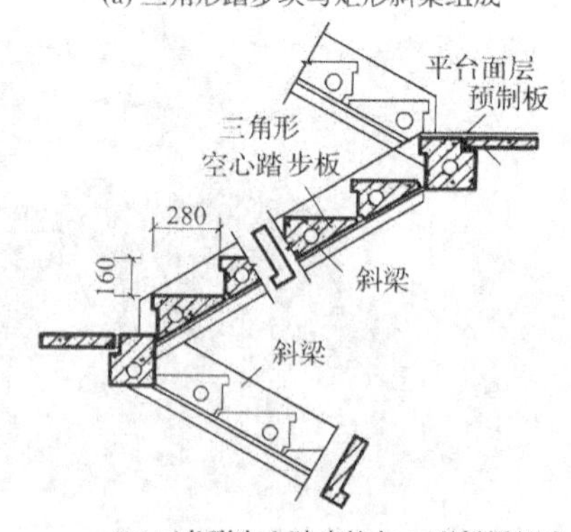

(b) 三角形空心踏步块与 L 形斜梁组成

图 2.3.1.30　某三角形预制踏步板安装实例图解

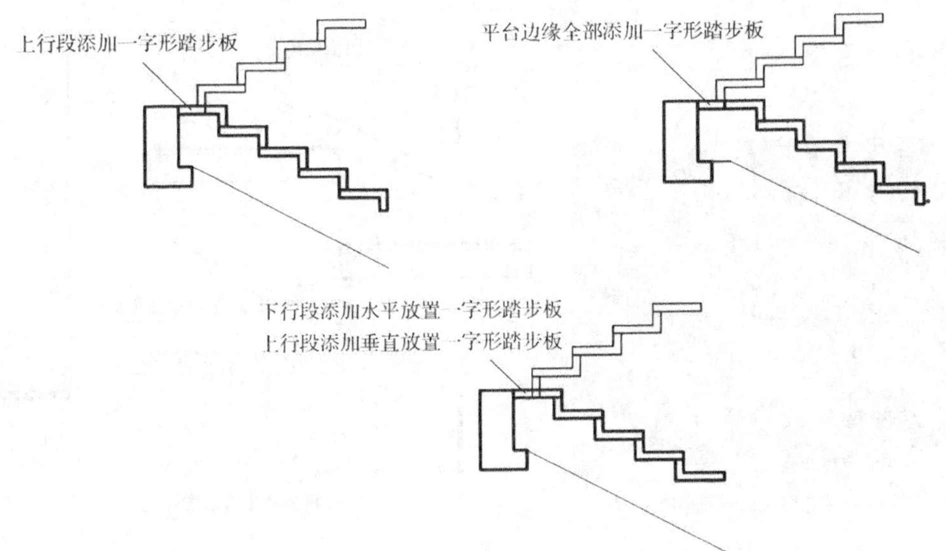

图 2.3.1.31　L 形与一字形踏步板组合使用

图 2.3.1.32　型钢梯段梁与主体结构埋件焊接

图 2.3.1.33　型钢梯段梁之间高强螺栓连接或焊接

图 2.3.1.34　型钢梯段梁与踏步钢托板焊接

(a) 某槽钢梯段梁、轧花钢板踏步楼梯

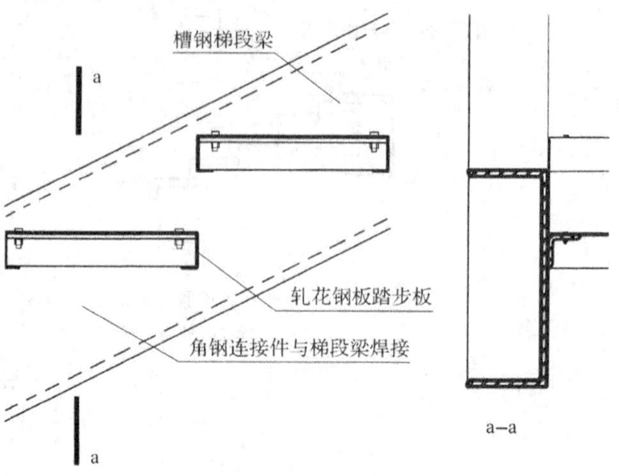

(b) 该楼梯踏步板装配详图

图 2.3.1.35　某全钢楼梯实例

(a) 某工字钢梯段梁、木踏步板楼梯

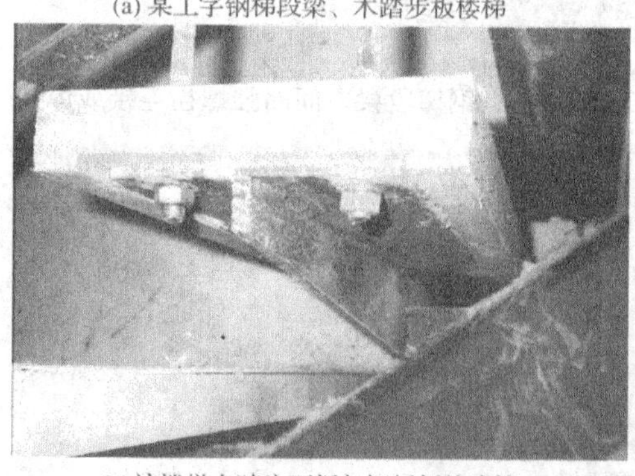

(b) 该楼梯木踏步面板与钢托板的连接

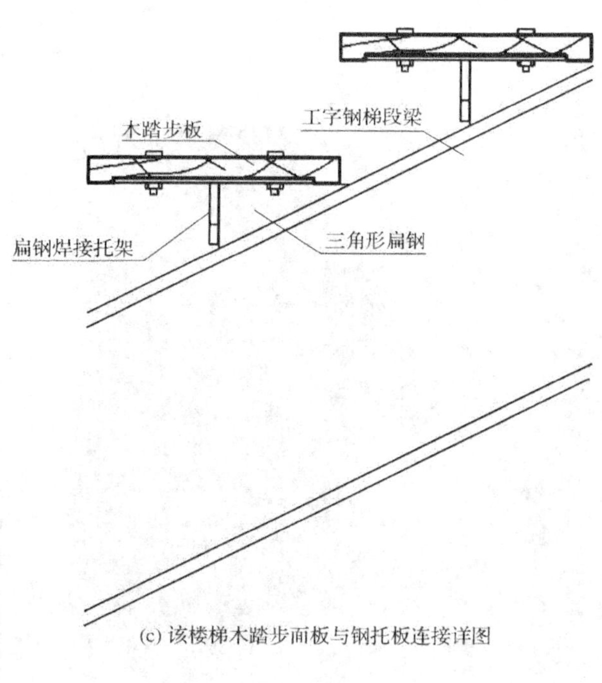

(c) 该楼梯木踏步面板与钢托板连接详图

图 2.3.1.36　某钢木楼梯实例

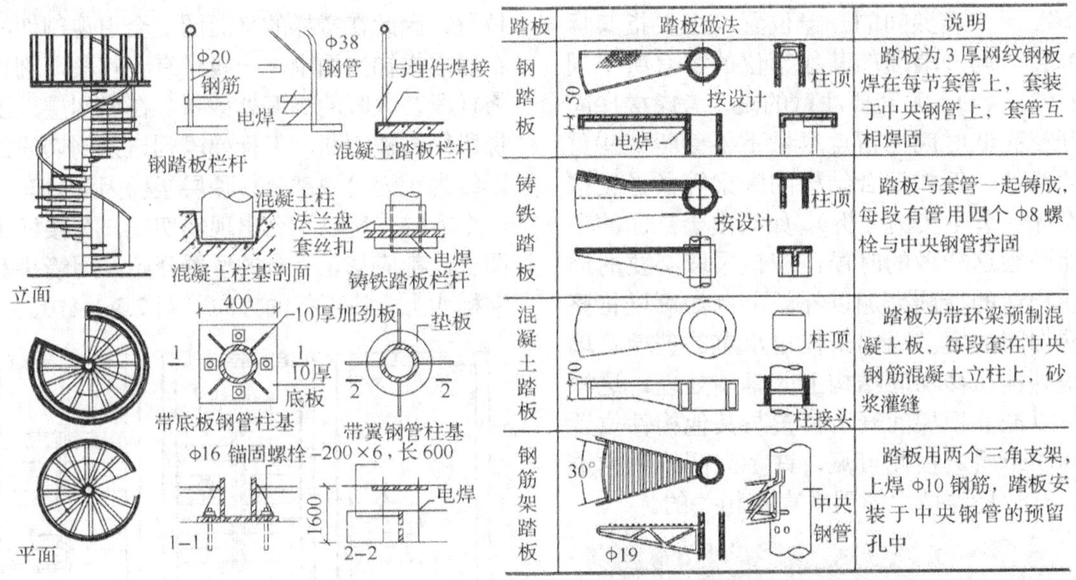

踏板	踏板做法	说明
钢踏板	50　按设计　柱顶　电焊	踏板为3厚网纹钢板焊在每节套管上，套装于中央钢管上，套管互相焊固
铸铁踏板	按设计　柱顶	踏板与套管一起铸成，每段有管用四个φ8螺栓与中央钢管拧固
混凝土踏板	70　柱顶　柱接头	踏板为带环梁预制混凝土板，每段套在中央钢筋混凝土立柱上，砂浆灌缝
钢筋架踏板	30°　φ19　中央钢管	踏板用两个三角支架，上焊φ10钢筋，踏板安装于中央钢管的预留孔中

图 2.3.1.37　中间立钢柱的螺旋楼梯做法举例

图 2.3.1.38　钢立柱套装预制钢筋混凝土踏步板

图 2.3.1.39　钢立柱焊接带钢架钢板网踏步板

四、楼梯对整个房屋构造的影响

楼梯对整个房屋构造的影响主要表现在两个方面。其一是影响房屋的整体刚度，其二是有可能影响到开窗的整体协调性。

在楼板这一章节中，我们已经了解到楼板是建筑物抵抗水平荷载的主要支撑，对于加强建筑物的整体刚度起着重要作用。但是楼板在楼梯处往往断开，整个楼梯间从下到上都是贯通的，成为建筑物整体刚度的薄弱环节。因此有必要在楼梯间加强构造处理来抵消这种削弱。例如在混合结构的建筑中，抗震要求在楼梯间的四角设构造柱。

另外，出自平面交通方便的需要，楼梯的正平台一般总是与主要的通道相连通，而其半平台则常常处在靠近外墙的位置。在这种情况下，楼梯间的开窗位置（主要指其标高）会与同一墙面的其他部位的窗有所不同（图 2.3.1.40）。尤其要注意的是，考虑楼梯间的开窗高低时应当留意尽量不要截断某些重要的构件，例如混合结构的圈梁等（详见楼梯设计一节中实例分析），如果出于立面的考虑而必须这样做的时候，应该采取必要的结构或构造的措施来加以补救，例如可以将整个楼梯间的窗游离出来作自承重的玻璃幕墙或是外挂在楼梯间结构上的幕墙处理，这样就可以掩盖楼梯间开窗位置与其他构件位置之间的矛盾。由此可见，许多立面构图的选择，有时是与技术的因素直接相关的。

图 2.3.1.40　楼梯半平台靠外墙对开窗的影响

五、楼梯设计

楼梯设计必须符合一系列的有关规范的规定，例如与建筑物性质、等级有关的建筑规范以及防火规范等。在进行设计前必须熟悉规范的要求。

（一）楼梯平面的表示法

楼梯在建筑平面上因其所处楼层的不同而有不同的表示法。但无论是底层楼梯、中间层楼梯还是顶层楼梯，都必须用箭头标明上下行的方向，注清上行或下行，而且必须从整平台开始标注。这里用双跑楼梯为例来说明其平面的表示法。

由于所谓平面图其实是平剖面图，其剖切位置默认为站在该层平面上的人眼的高度位置，因此在楼梯的平面图上会出现剖切线。在底层楼梯平面中，一般只有上行段，剖切线将梯段在人眼的高度处截断。在中间层，上行梯段同样被剖断，下行梯段到这条剖切线的投影线为止为可视部分。顶层楼梯因为只有下行一个方向，所以不会出现剖切线。在楼梯平面图上，都应从正平台的位置开始，用箭头及文字标明上行或下行的方向（图 2.3.1.41）。

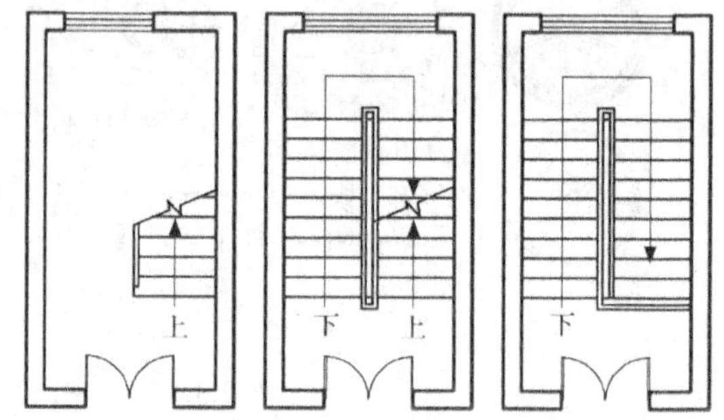

图 2.3.1.41　楼梯平面的表示法

（二）楼梯踏步的尺寸

楼梯踏步的尺寸决定了楼梯的坡度，反过来根据使用的要求选定了合适的楼梯坡度之后，踏步的踏面宽及踢面高之间也就被限制在一定的相关关系之中。除此之外，行走的舒适性也是决定选取踏步的绝对尺寸的重要因素。由于楼梯踏步的尺寸直接影响到整个楼梯所占据空间的大小，因此在进行设计的实际过程中，可以在一定的范围内取值及进行调整。

假设楼梯踏步的踏面宽及踢面高分别为 b 和 h，根据经验可以参考以下公式来取值：

$$b+2h=600\sim620$$

其中 h 不应大于 180，b、h 可以从表 2.3.1.1 中找到较为合适的数据。

表 2.3.1.1　常用适宜踏步尺寸（mm）

建筑类型	踢面高（h）	踏面宽（b）
住宅	156～175	250～300
学校、办公楼	140～160	280～340
剧院、会堂	120～150	300～350
医院（病人用）	150	300
幼儿园	120～150	260～300

（三）梯段和平台的尺寸

梯段的宽度指其净宽，即墙边到扶手中心线的距离，取决于同时通过的人流的股数及有否经常通过例如家具或担架等特殊的需要。一般计算时按 550+（0～150）为一股人流，供日常主要交通用的楼梯的梯段宽不应少于两股人流，同时还应兼顾使用的舒适程度以及楼梯在整个空间中尺度上的合适比例等因素。表 2.3.1.2 提供楼梯梯段宽度的参考值。

表 2.3.1.2　楼梯梯段宽度

计算依据：每股人流宽度为 550+（0～150）		
类别	梯段宽	备注
单人通过	>900	满足单人携物通过
双人通过	1100～1400	
三人通过	1650～2100	

梯段的长度取决于该段上的踏步数以及每一步的踏面宽。在平面图上通常用线来反映高差，因此一条线是一步。由于梯段与平台之间也存在一步的高差，因此如果某梯段有 n 步的话，该梯段的长度为踏面宽 $b\times(n-1)$。在一般情况下，公共建筑楼梯的一个梯段不应少于 3 步，也不应大于 18 步。

平台的深度不应该小于梯段的宽度。当梯段梯段较窄而楼梯作为主要楼梯的时候，平台的深度应该适当放宽，以利于带物转弯。另外，在有门开启的出口处和有结构构件突出处，楼梯平台也应适当放宽。例如在图 2.3.1.42（a）那样的情况下，考虑平台梁搁置的需要，平台口应该与立柱两端的边缘有一道梁宽的距离，但平台的宽度的计算应从柱边缘开始。又如在图 2.3.1.42（b）那样的情况下，出于安全方面的考虑，平台口应该退离转角大约一踏步的位置。

（四）楼梯净高控制

楼梯下面净空高度的控制为：楼梯平台处梁底下面的净高不得小于 2000，梯段上方的净高不得小于 2200（图 2.3.1.43）。

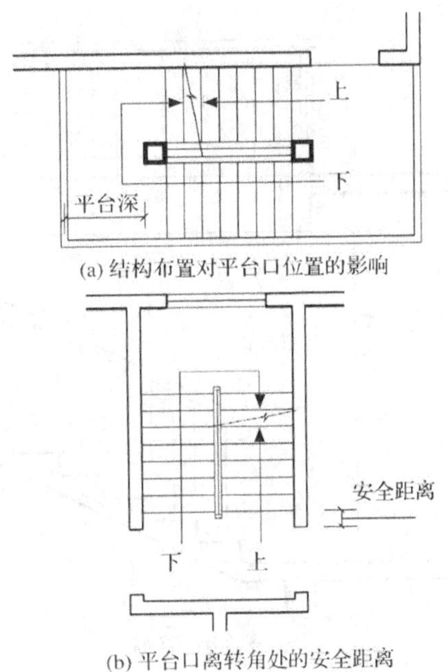

图 2.3.1.42　楼梯平台的深度

楼梯净高的控制不但关系到行走安全，而且在很多情况下还牵涉到楼梯下面空间的利用以及通行的可能性。

（五）楼梯设计的方法

1. 决定层间梯段段数及其平面转折关系

在建筑物的层高及平面布局已定的情况下，楼梯的平面转折关系由楼梯所在的位置及交通的流线决定。楼梯在层间的梯段数必须符合交通流线的需要，而且每个梯段所有的踏步数应该在规范所规定的范围内。

2. 按照规范要求通过试商决定层间的楼梯踏步数

根据所设计建筑物的性质，用规范所规定的楼梯踏步踢面高度的上限来对建筑层高进行试商，经调整可以得出层间的楼梯踏步数。将其分配到各个梯段中，就可以决定梯段的长短。

如果整个建筑物的各层层高有变化，则不同的梯段间踏步的踢面高度可略有不同，但差别不能太大，大约在几个毫米左右，否则会影响其安全使用。而且每一个梯段中各个踏步的高度应该一致。

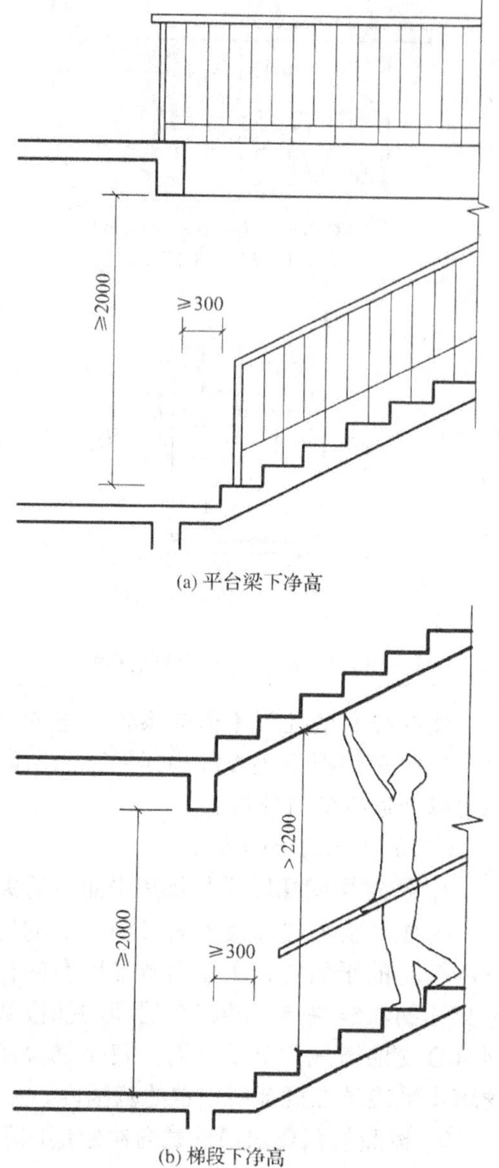

(a) 平台梁下净高

(b) 梯段下净高

图 2.3.1.43 楼梯净高控制

3. 决定整个楼梯间的平面尺寸

根据楼梯在紧急疏散时的防火要求，楼梯往往需要设置在符合防火规范规定的封闭楼梯间内。扣除墙厚以后，楼梯间的净宽度为梯段总宽度及中间的楼梯井宽度之和，楼梯间的长度为平台总宽度及最长的梯段的长度之和。其计算基础是符合规范规定的梯段的设计宽度以及层间的楼梯踏步数。

4. 用剖面来检验楼梯的平面设计

楼梯在设计时必须单独进行剖面设计来检验其通行的可能性，尤其是检验与主体结构交汇处有无构件安置方面的矛盾，以及其下面的净空高度是否符合规范要求。如果发现问题，应当及时修改。

下面用一个例子来介绍用两种组织交通的途径来对一栋普通多层住宅的楼梯进行设计时所可能碰到的问题及其解决方法。

实例分析

如图 2.3.1.44 的建筑局部平面所示，某多层住宅层高为 2.80m，建筑室内外高差为 0.60m，墙厚 200mm。选择使用对折楼梯，通过计算可以确定其踏步尺寸为 175mm×260mm，层间共两跑，每跑 8 步，梯段宽 1150mm（可以满足到扶手中心线为 1100mm）。从而得出标准层楼梯间轴线尺寸为 2500mm×4700mm。

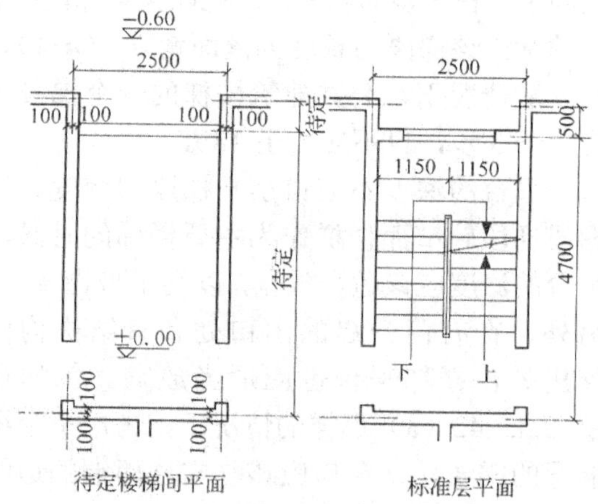

图 2.3.1.44 待设计的住宅楼梯间平面图

但是由于底层两户居民必须通过楼梯间进入户内，因此交通流线可以选择从室外用直跑楼梯直接通往二层，让出楼梯间一半的通道来给底层居民使用[图 2.3.1.45（a）]；或者选择所有的居民都先进入底层楼梯间，再分别上楼或者进入底层户内[图 2.3.1.45（b）]。

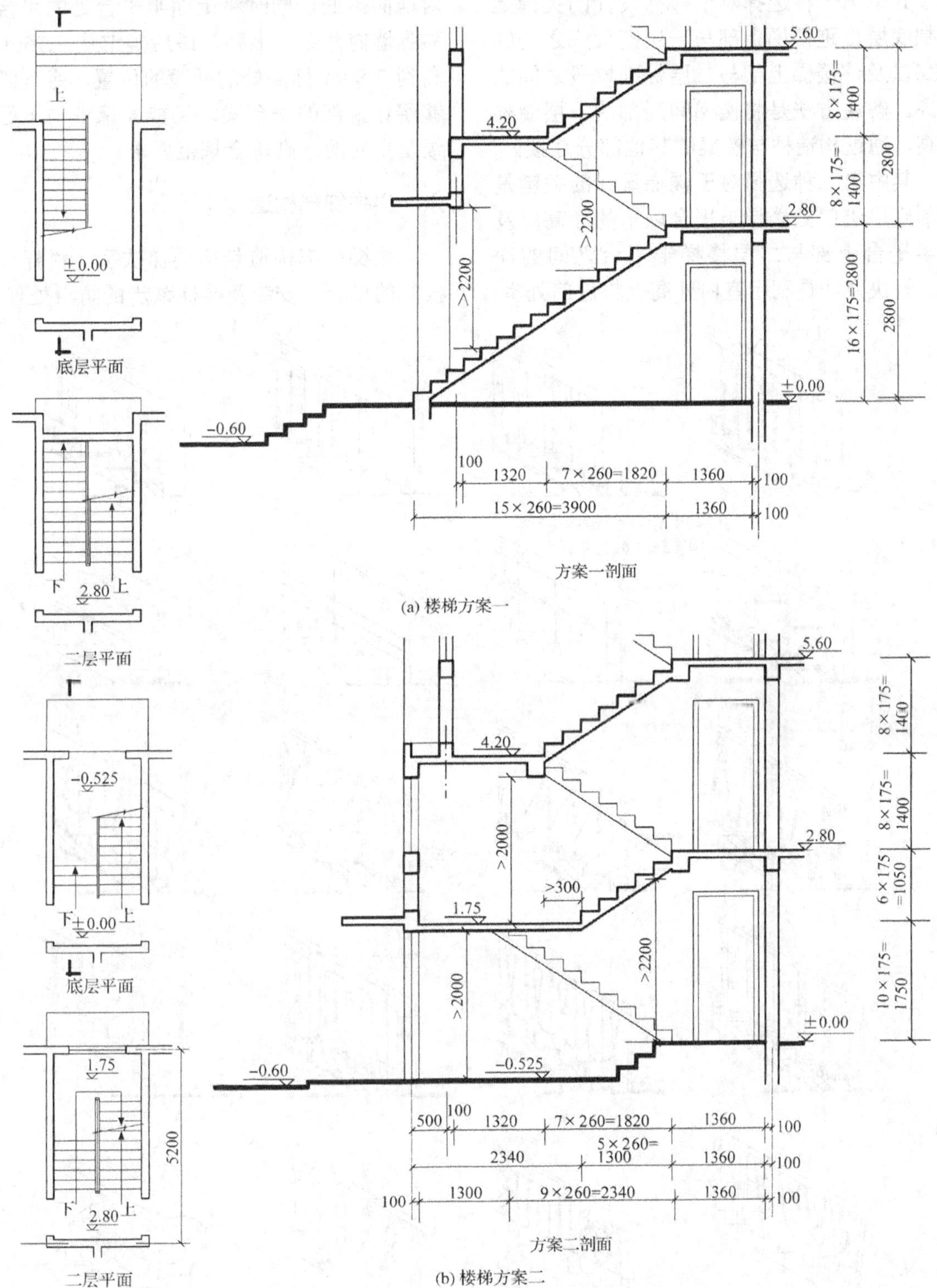

方案一剖面

(a) 楼梯方案一

方案二剖面

(b) 楼梯方案二

图 2.3.1.45　待设计的住宅楼梯交通组织的两种方案

其中第一种选择对于楼梯设计的关键是控制底层直跑楼梯上部与一层圈梁底之间的净高以及该楼梯上部与二层标准梯段之间的净高。解决方法是将楼梯间局部的一层圈梁升高，通过构造柱与圈梁的其他部分连接。

其中第二种选择对于楼梯设计的关键是控制底层进门处楼梯半平台以下的净高以及该半平台上部与二层楼梯半平台之间的净高。解决方法是利用室内外高差将进门处室内地面落低，同时将上面半平台处的平台梁移到墙内并令其上翻，最后确定从 1.75m 标高到 2.80m 标高处的梯段的位置，令其既能够避让上部的平台梁，又能够保证与下面几级踏步间的净高符合规范要求。

六、楼梯细部构造

楼梯细部构造包括楼梯扶手、栏杆（栏板）的设计、安装及楼梯踏步的防滑处理。

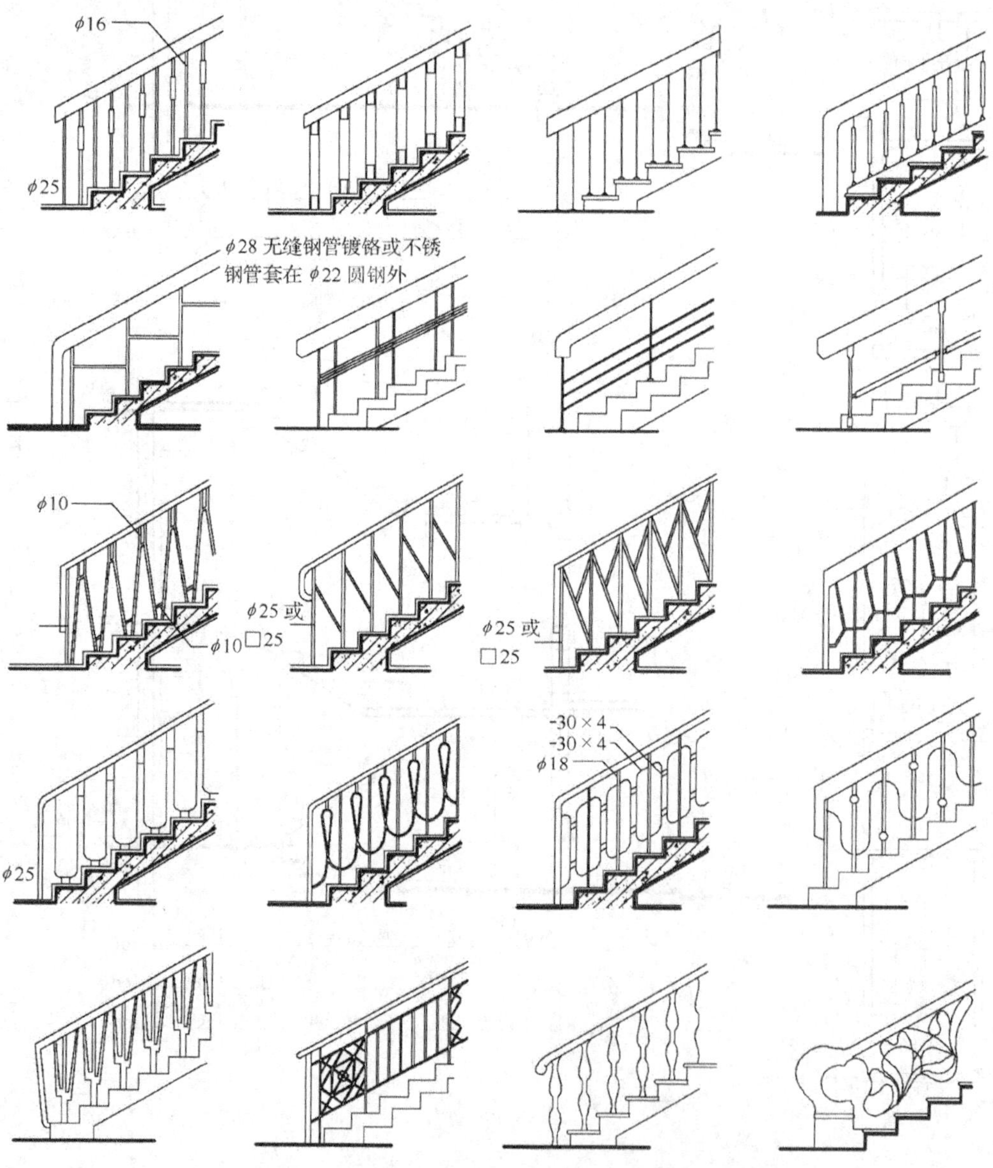

图 2.3.1.46　常用的楼梯扶手栏杆的形式

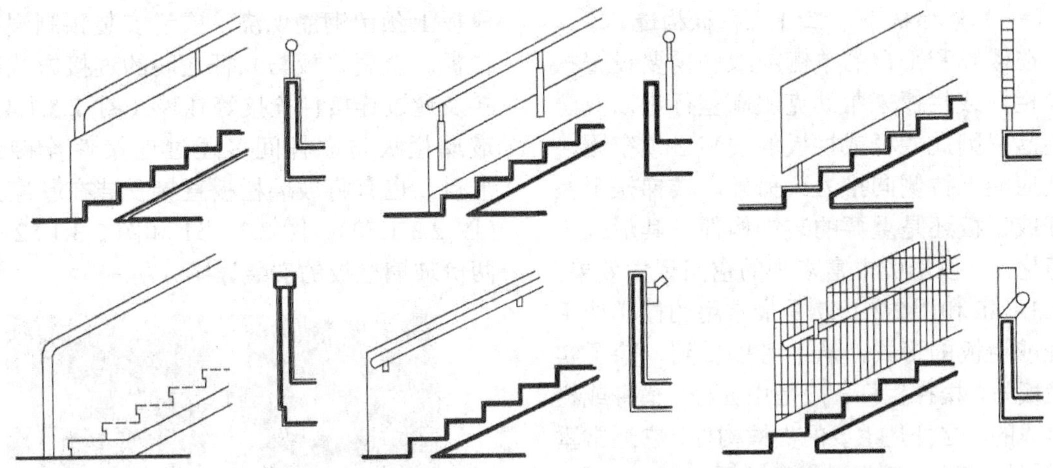

图 2.3.1.47 常用的楼梯扶手栏板的形式

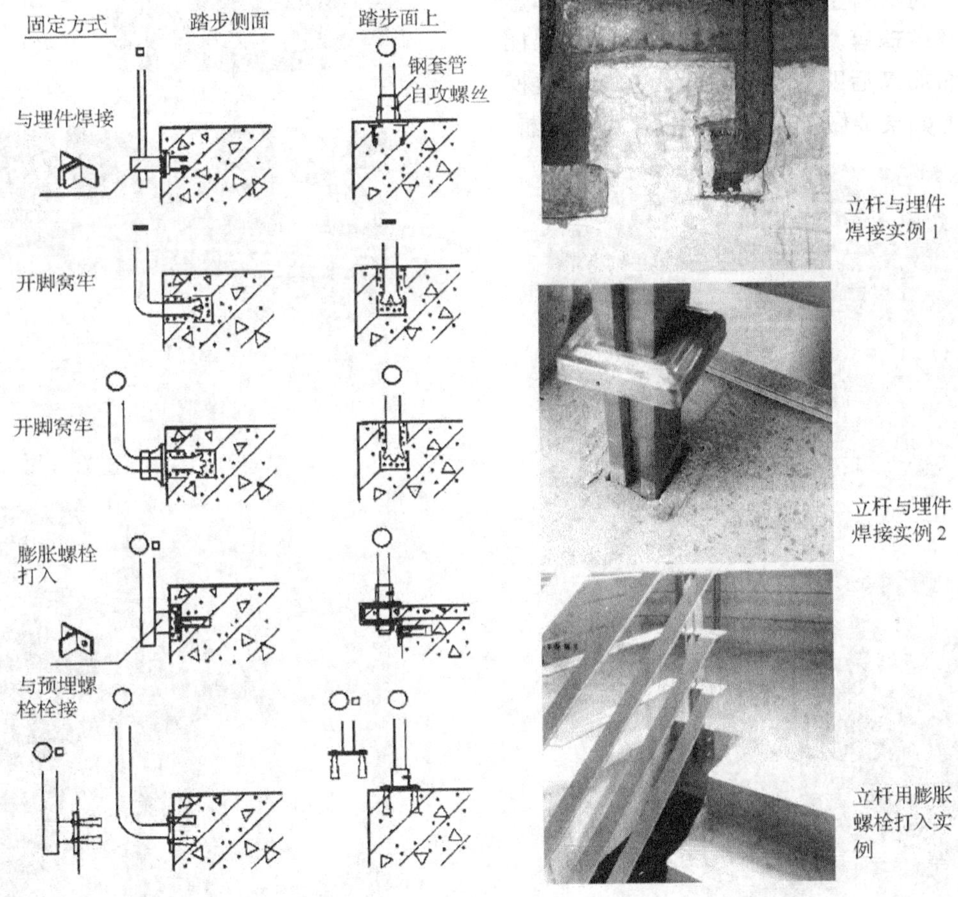

图 2.3.1.48 几种常见立杆的安装方式

（一）楼梯扶手、栏杆及栏板构造

在楼梯和平台的单侧或双侧需要设置扶手及栏杆或栏板来帮助克服高差行进以及防止坠落，因此栏杆或栏板的安装必须牢固，尤其应能抵抗侧向推力。另外，楼梯扶手及栏杆或栏板还是重要的装饰构件，其形式千变万化，可以形成丰富多彩的空间视觉效果。图 2.3.1.46 和图 2.3.1.47 是最常用的楼梯扶手栏杆或栏板的形式，从中可以看到，除了实心栏板外，楼梯栏杆一般是由立杆、横杆或栏板组成的，立杆是主要的支撑构件，它通常垂直于楼梯踏面或垂直于梯段设置。图 2.3.1.48 介绍几种常见立杆的安装方式。

栏板的材料主要是混凝土、金属板和金属网以及玻璃等。暗步的梁式混凝土楼梯梯段梁截面加高后即为实心栏板。在板式楼梯梯段板上如果要做混凝土的栏板，可以在梯段板上预留钢筋现浇，或者安装预制混凝土栏板。金属栏板与立杆之间的连接方式有焊接及通过连接件拴接等几种（图 2.3.1.49）。玻璃栏板与立杆间多通过连接件拴接或者卡接，也有将玻璃栏板直接安装在基座上的（图 2.3.1.50）。图 2.3.1.51 和图 2.3.1.52 介绍两例玻璃栏板的安装详图。

(a) 金属栏板与立杆焊接

(b) 金属栏板与立杆通过连接件栓接

图 2.3.1.49　金属栏板与立杆常见的连接方法

(a) 玻璃栏板与立杆通过连接件拴接

(b) 玻璃栏板与立杆通过连接件卡接

(c) 玻璃栏板直接安装在基座上

图 2.3.1.50　玻璃栏板常见的安装方法

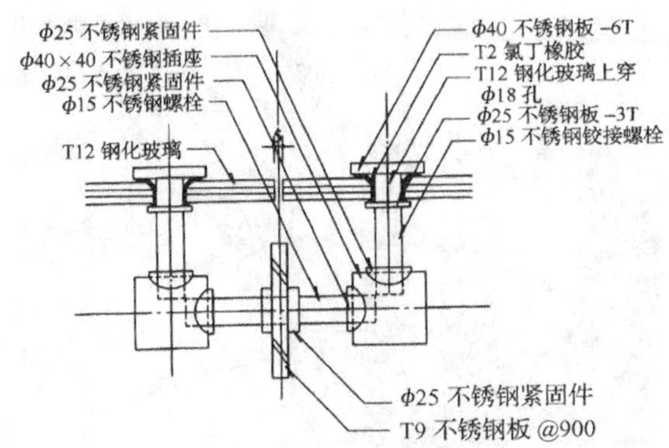

图 2.3.1.51　玻璃栏板与立杆通过连接件拴接详图

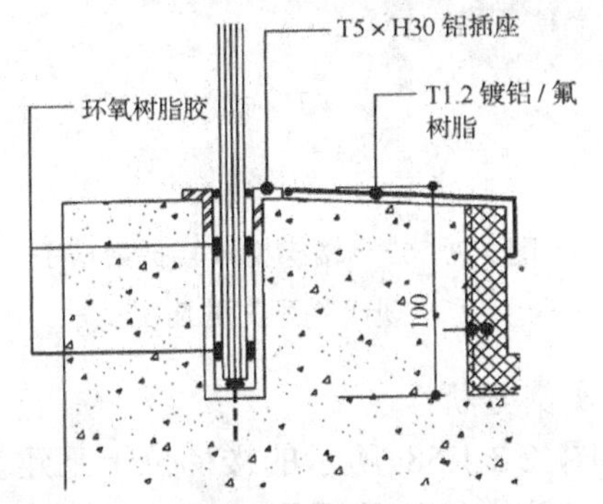

图 2.3.1.52　玻璃栏板与基座连接详图

在很多情况下，建筑物阳台或凌空走道的栏杆或栏板所选用的材料及构造做法与楼梯栏杆、栏板相类似，读者可以通过对本节内容的学习掌握阳台及凌空走道的栏杆、栏板的构造做法。

室内楼梯的扶手多采用木制品，也有采用铜或不锈钢等金属材料以及工程塑料的。室外楼梯的扶手很少采用木料，以避免产生开裂及翘曲变形。金属和塑料是常用的室外楼梯扶手材料，此外，石料及混凝土预制件也并不少见。楼梯扶手一般是连续设置的，除金属扶手可以与金属立杆直接焊接外，木和塑料的扶手与钢立杆连接还要借助于其他构件例如通长的扁铁来实现。图 2.3.1.53 介绍几种常见的楼梯扶手的安装方法。图 2.3.1.54 和图 2.3.1.55 是两则实例。其中的立杆如果采用短杆，并用图 2.3.1.48 中安装在踏步侧面的方法直接在适当高度安装在楼梯间两边的墙上，就是靠墙扶手。靠墙扶手不单应用于楼梯部分，在一些诸如医院、疗养院、养老院等建筑的走道里也需要设置。图 2.3.1.56 介绍靠墙扶手遇有墙面检修门时做斜剖口半榫的处理方法。

楼梯扶手设置的高度一般是自楼梯踏步前缘始向上 0.90m；在凌空的一侧，多层建筑室内楼梯扶手高度不得小于 1.05m，高层建筑及室外消防楼梯扶手高度不得小于 1.10m。此外，当住宅楼梯水平段栏杆长度大于 500 时，扶手高度也不得小于 1.05m。

楼梯扶手在制作上的难题是局部的扭曲，例如图 2.3.1.57 中楼梯直角转折时如果上行段的起始步与下行段的最末步在平面上不错开的话，由于扶手在很短的距离内一下子上升了两步的高度，就会出现诸如所示“鹤颈”的扭曲的情况，这会给扶手的加工造成一定的困难，使用时也会感觉不够平顺。类似的情况在双跑楼的平台处也会出现，读者可以在生活中注意观察。

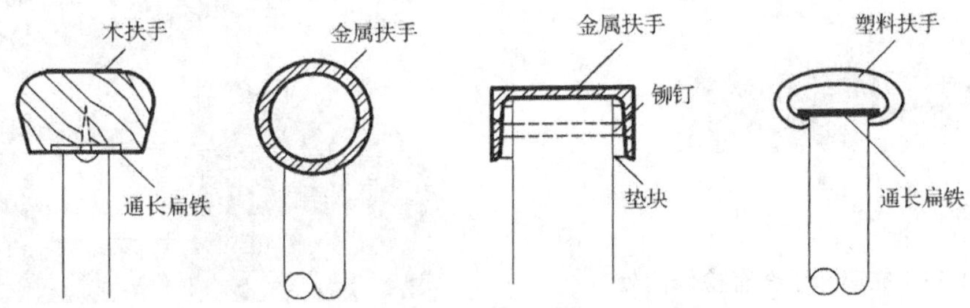

图 2.3.1.53　几种常见的楼梯扶手的安装方法

图 2.3.1.54 立杆上焊接通长扁铁与木扶手连接

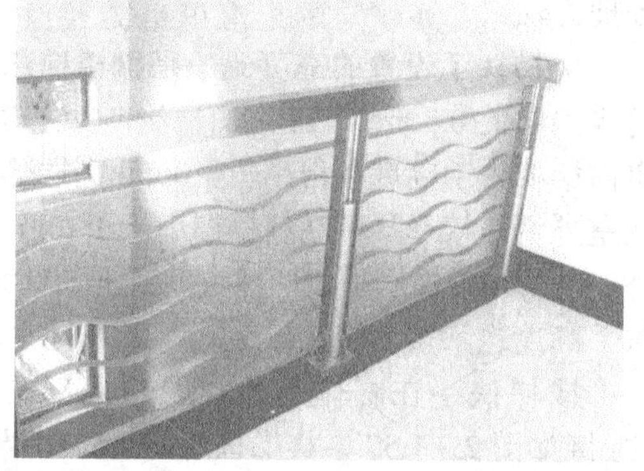

图 2.3.1.55 金属立杆与金属扶手焊接

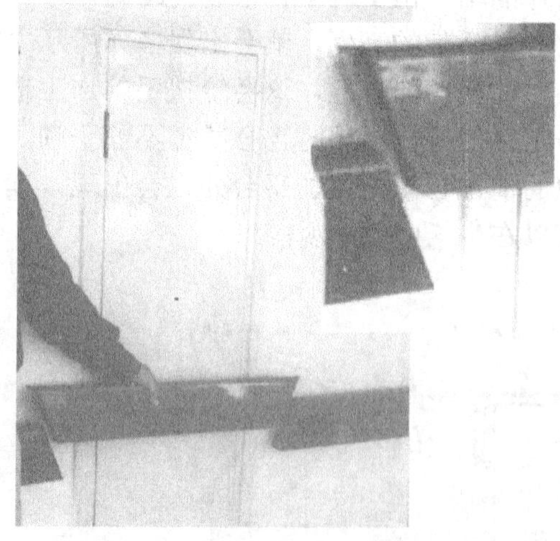

图 2.3.1.56 靠墙扶手在有检修门处可临时断开的做法

图 2.3.1.57 楼梯梯段转折处扶手出现“鹤颈”的情况

实例分析

图 2.3.1.58 所示的楼梯位于某建筑的进厅处。其栏杆扶手采用栏板和栏杆结合的做法，与周边回廊的栏板取得一致。其中几道水平栏杆连续流畅，强调了建筑物的空间特征；立杆则做成不规则的片状，起到了较好的点缀、装饰作用。特别值得一提的是该建筑有一道架空的走道，栏杆需提高。设计者在走道处设两道扶手，上一道的材料、做法与楼梯、回廊保持一致，但与回廊栏杆断开。

图 2.3.1.58 某建筑进厅楼梯

下一道则为向内挑出的木扶手，高度与回廊扶手取得一致。走道栏板兼顾照明设计，是一个较好的实例（图 2.3.1.59）。

（二）楼梯防滑处理

楼梯因存在高差，安全问题显得尤为重要。对踏步的防滑处理即为其中之一。一般做法是在踏步的踏面及平台口上做防滑条，防滑条可以是踏步的饰面材料自带的，例如烧制的防滑面砖及在前缘铲凹口的石材，等等；也可以用嵌入、粘贴、钉结等方法添加各种防滑条增加踏步前缘的摩擦力。图 2.3.1.60 及图 2.3.1.61 介绍了几种常用的做法。在选用楼梯防滑做法时，应该结合楼梯的面装修一起考虑。

(a) 图 2.3.1.58 中的楼梯在架空走道处扶手的处理方式

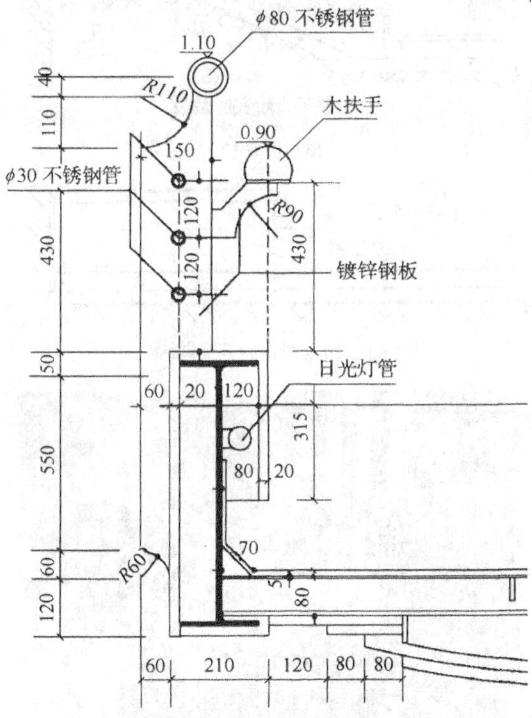

(b) 上图中的楼梯在架空走道处栏板、扶手详图

图 2.3.1.59　某建筑楼梯在架空走道处栏板、扶手做法

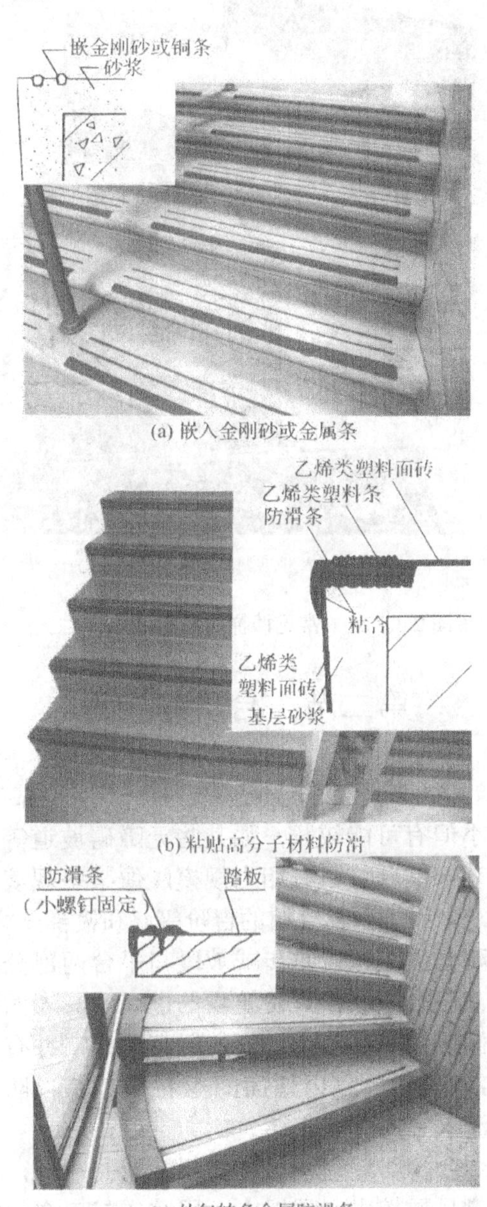

(a) 嵌入金刚砂或金属条

(b) 粘贴高分子材料防滑

(c) 外包转角金属防滑条

图 2.3.1.60　常见楼梯防滑条做法（一）

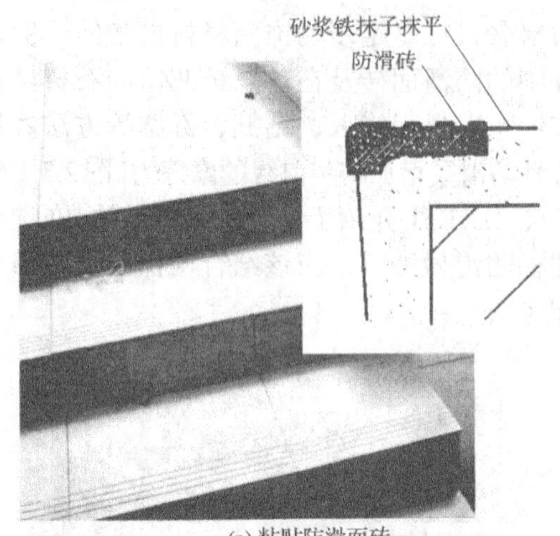

(a) 粘贴防滑面砖

(b) 饰面石材做铲口

图 2.3.1.61　常见楼梯防滑条做法（二）

第二节　台阶与坡道

大部分台阶与坡道属于室外工程，高差较小但有可能较长，如某些无障碍坡道等；另有一些台阶具有相当规模，像某些观演类建筑，如大型体育馆的台阶等。和楼梯一样，台阶与坡道也由踏步或坡段与平台两部分组成。平台一般接近建筑物的进口，其表面的标高应比底层室内地面的标高略低，并有泛水，泛水方向应背离建筑物的进口，以防雨水流入室内。

台阶与坡道一般不需要特别的基础，实铺者只要挖去一层浮土，用道砟或三合土拍实，再浇上一层素混凝土就可以了[图 2.3.2.1（a）]，如有大体量的平台或行车需要，也可以视情况配筋；架空者多为将预制板搁置在斜梁上构成[图 2.3.2.1（b）]。

台阶与坡道在构造上的要点是对变形的处理。由于台阶与坡道的自重轻，荷载也比较小，房屋主体的沉降、热胀冷缩、受冰冻影响等因素，都有可能造成台阶和坡道的变形。常见的情况有平台向房屋主体方向倾斜、造成倒泛水，台阶与坡道的某些部位因不均匀沉降而开裂，等等。解决方法无外乎加强房屋主体与台阶及坡道之间的联系，以形成整体沉降，或索性将二者完全断开，加强节点处理两种。图 2.3.2.1（c）是这方面的一个实例。

在严寒地区，实铺的台阶与坡道可以采

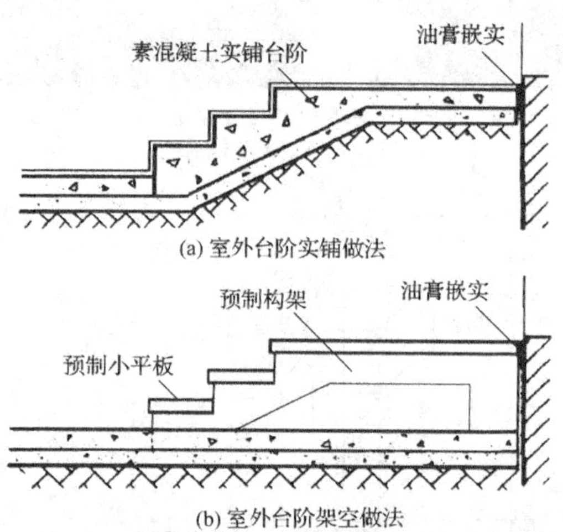

(a) 室外台阶实铺做法

(b) 室外台阶架空做法

(c) 台阶与主体建筑脱开实例一则

图 2.3.2.1　室外台阶常见做法

用换土法自冰冻线以下一点至所需标高，换上保水性差的混砂垫层，以减小冰冻的影响。此外，配筋对防止开裂也很有效。大面积的平台还应设置分仓缝，读者可查阅本书有关刚性防水屋面做法和有关变形处理的章节来加强理解。

台阶与坡道的坡度一般较为平缓。坡道在1/6～1/12；台阶，特别是公共建筑主要出入口处的台阶每级一般不超过150mm高，踏面宽度一般在300mm及以上。一些医院及运输的台阶常选择100mm左右的步高和400mm左右的步宽，以方便病人及负重的旅客行走。

台阶与坡道因为在雨天也一样使用，所以面层材料必须防滑，坡道表面常做成锯齿形或带防滑条（图2.3.2.2）。

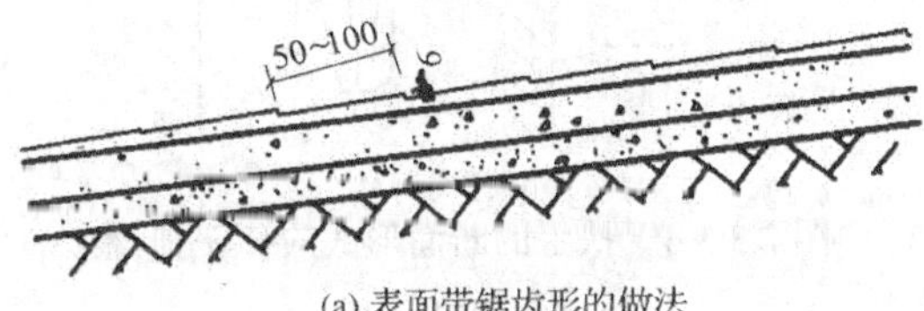

(a) 表面带锯齿形的做法

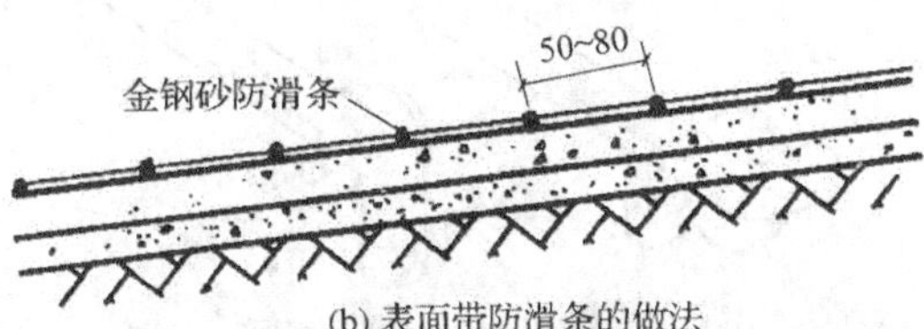

(b) 表面带防滑条的做法

(c) 坡道防滑处理实例一则

图2.3.2.2　坡道防滑处理

第三节　有高差处无障碍设计的构造问题

在解决连通不同高差的问题时，虽然可以采用诸如楼梯、台阶、坡道等设施，但这些设施在给某些残障人士使用时，特别是对下肢残疾的人士和视觉残疾的人士来说，仍然会造成不便。下肢残疾的人往往会借助拐杖和轮椅代步，而视觉残疾的人则往往会借助导盲棍来帮助行走。无障碍设计中有一部分就是指帮助上述两类残障人士顺利通过高差的设计。下面将主要就无障碍设计中一些有关楼梯、台阶、坡道等的特殊构造问题做一介绍。

一、坡道的坡度和宽度

坡道最适合残障人士的轮椅及拄拐杖和借助导盲棍通过。符合无障碍设计要求的坡道坡度必须较为平缓，还必须有一定的宽度。考虑到使用者的休力等问题，这类坡道每提升一定的高度就应该设置休息平台。以下是相关的一些规定：

1）坡道的坡度：我国对符合无障碍设计要求的坡道，其坡度标准为不大于1/12，同时还规定与之相匹配的每段坡道的最大高度为750mm，最大坡段水平长度为9000mm。

2）坡道的宽度及平台宽度：为便于轮椅顺利通过，室内坡道的最小宽度应不小于1000mm，室外坡道的最小宽度应不小于1500mm，坡道起点、终点和中间休息平台的水平深度不应小于1500mm。图2.3.3.1为相应的图示。

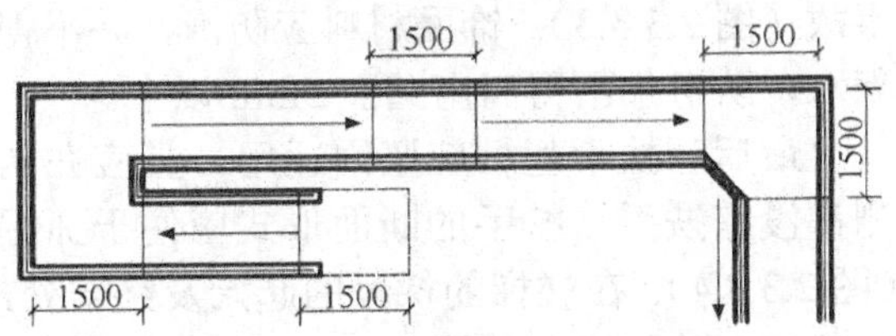

图2.3.3.1　无障碍坡道平台深度控制

二、楼梯形式及扶手栏杆

符合无障碍设计的楼梯在形式及细部构造上有一些特殊的要求。

首先，楼梯应采用直行的形式，例如直跑楼梯、对折的双跑楼梯或成直角折行的楼梯等，不宜采用弧形梯段或在半平台上设置扇步（图 2.3.3.2）。

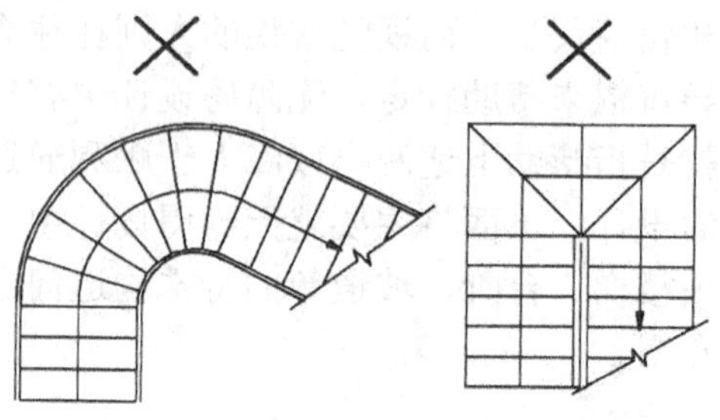

图 2.3.3.2　弧形梯段或扇步不适宜于无障碍设计楼梯

其次，公共楼梯的梯段宽度不应小于 1500mm，居住建筑的楼梯宽度不应小于 1200mm。楼梯的坡度应尽量平缓，表 2.3.3.1 是有关踏步尺寸的一些规定。

表 2.3.3.1　无障碍设计楼梯踏步尺寸

建筑类别	最小宽度/mm	最大宽度/mm
公共建筑楼梯	280	150
住宅、公寓建筑公共楼梯	260	160
幼儿园、小学校楼梯	260	140
室外台阶	300	140

此外，符合无障碍设计的楼梯细部构造还应注意做到：

踏步应选用合理的构造形式，无直角突沿，以防发生勾绊行人或其助行工具的意外事故（图 2.3.3.3）；饰面材料应防滑，并不得积水，防滑条不得高出踏面 5mm 以上。

最后，扶手栏杆应坚固适用，且应在两侧都没有扶手。扶手的断面形式应便于抓握（图 2.3.3.4）。在楼梯的梯段的起始及终结处，扶手应自其前缘向前伸出 300mm 以上，两个相邻梯段的扶手应该连通；扶手末端应向下或伸向墙面（图 2.3.3.5）。公共楼梯需设上下双层扶手，高度分别为 850mm 和 650mm。这部分要求对于无障碍坡道同样适用。

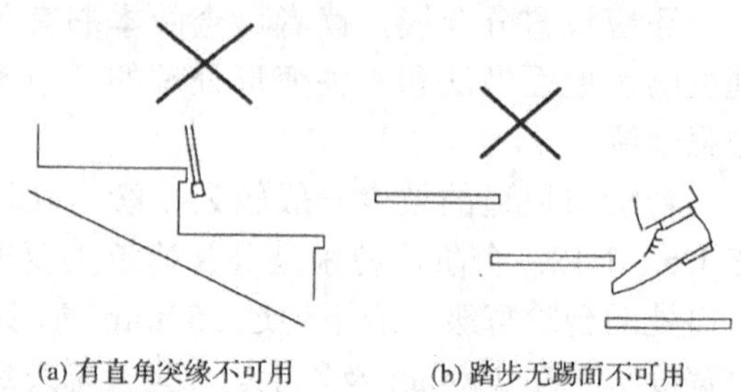

(a) 有直角突缘不可用　　(b) 踏步无踢面不可用

图 2.3.3.3　无障碍设计不合适的踏步形式

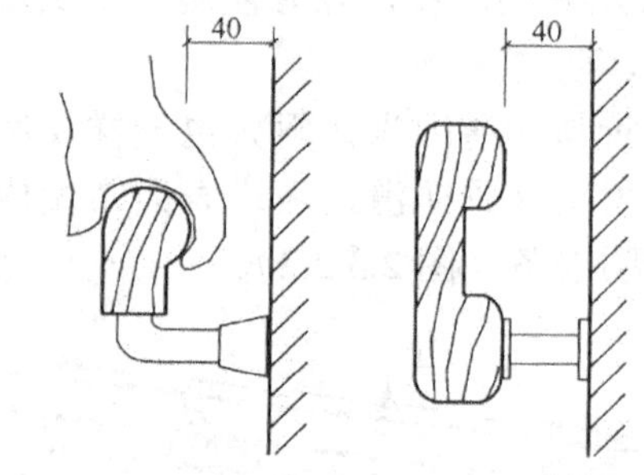

图 2.3.3.4　扶手的断面形式应便于抓握

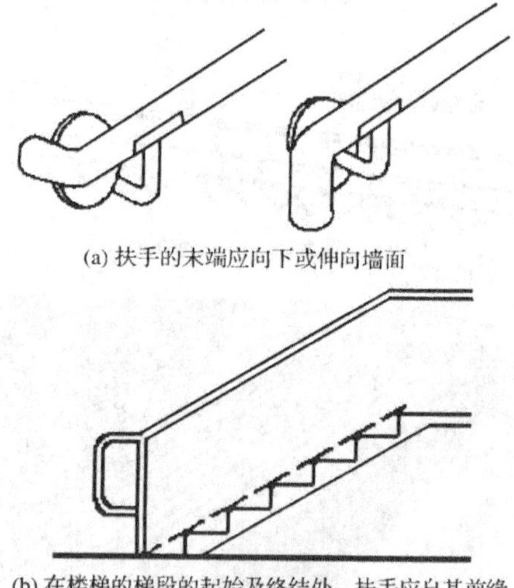

(a) 扶手的末端应向下或伸向墙面

(b) 在楼梯的梯段的起始及终结处，扶手应自其前缘向前伸出 300 以上

图 2.3.3.5　扶手末端的构造处理

三、地面提示块的设置

地面提示块一般设置在障碍物、需要转

折、存在高差等场所，利用其表面上的特殊构造形式，向视力残疾者提供触摸信息，提示应该停步或需要改变行进方向等。图 2.3.3.6 是常用的地面提示块的两种形式。符合无障碍设计的楼梯及台阶、坡道，距梯段或斜坡的起点及终点 250～300mm 处均应设置地面提示块（图 2.3.3.7）。

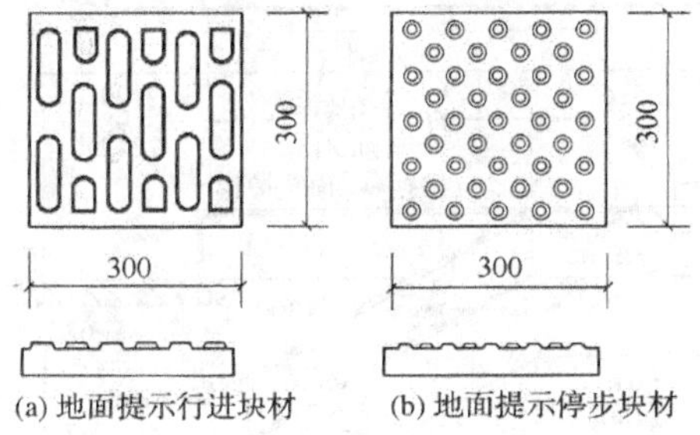

(a) 地面提示行进块材　(b) 地面提示停步块材

图 2.3.3.6　地面提示块

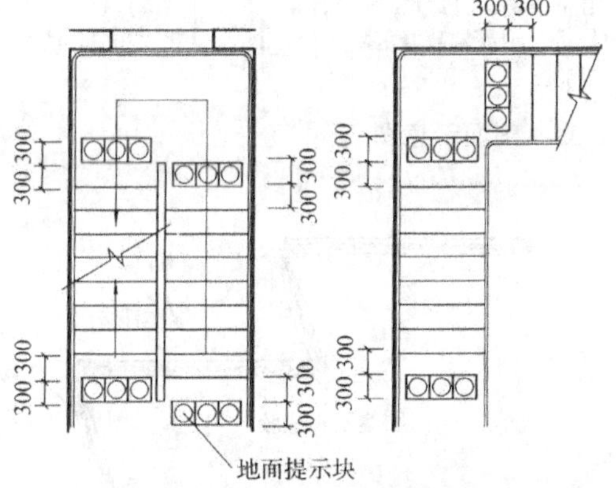

(a) 有高差处地面提示块的设置位置

(b) 有高差处地面提示块设置的实例

图 2.3.3.7　有高差处地面提示块的设置

四、构件边缘处理

鉴于安全方面的考虑，凡有凌空处的构件边缘，包括楼梯梯段和坡道的凌空一面、室内外平台的凌空边缘等，都应该向上翻起不少于 50mm。这样可以防止拐杖或导盲棍等工具向外滑出，对轮椅也是一种制约（图 2.3.3.8 和图 2.3.3.9）。

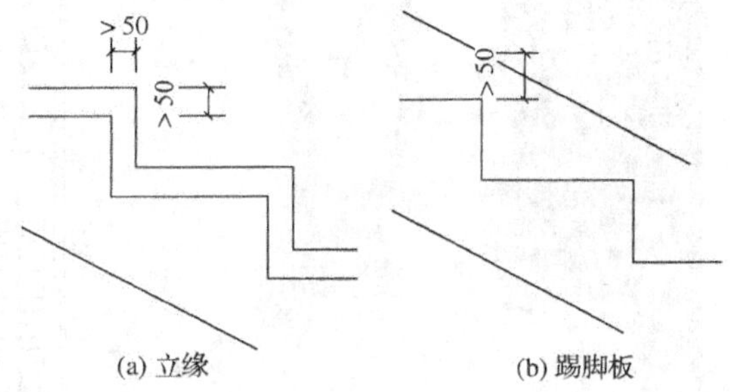

(a) 立缘　(b) 踢脚板

图 2.3.3.8　梯段构件边缘处理

图 2.3.3.9　无障碍坡道构件侧边上翻

第四节　自 动 扶 梯

自动扶梯适用于车站、码头、空港、商场等人流量大的场所，是建筑物层间连续运输效率最高的载客设备。一般自动扶梯均可正、逆方向运行，停机时可当作临时楼梯行走。平面布置可单台设置或双台并列。双台并列时往往采取一上一下的方式，求得垂直交通的连续性。但二者间应留有足够的结构间距，以保证装修的方便及使用者的安全。图 2.3.4.1 是自动扶梯及其平、立、剖面示意。

自动扶梯的机械装置一般悬挂在两端的楼板下面，在进行平面布置时需要留出设备所需要的空间。设备外部在楼层下面做装饰外壳处理，在其上部的自动扶梯口处应做活动地板，以利检修（图 2.3.4.2 和图 2.3.4.3）。

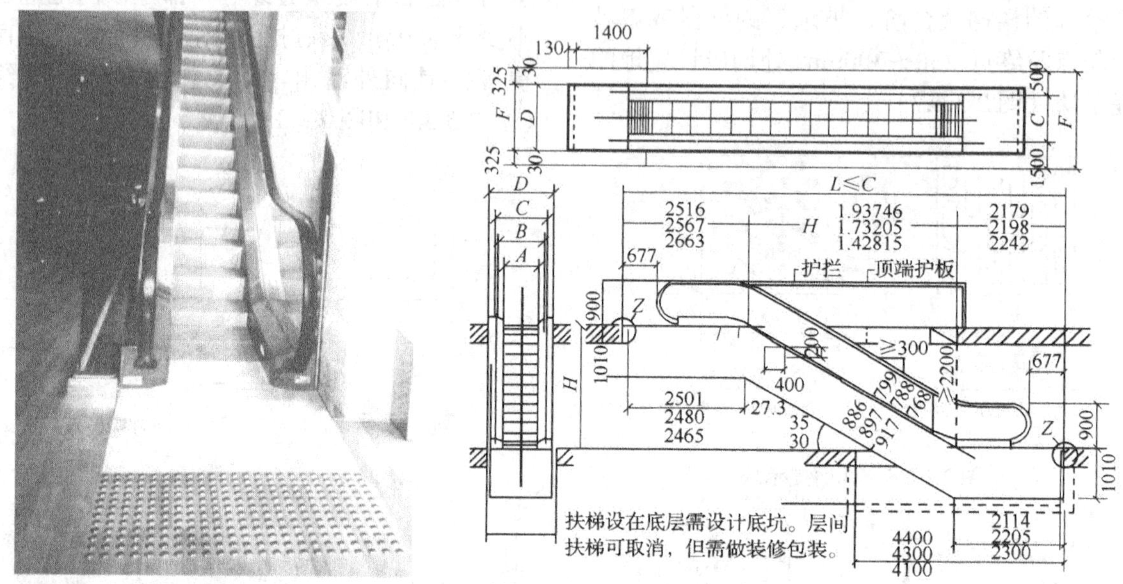

图 2.3.4.1　自动扶梯及其平、立、剖面示意图

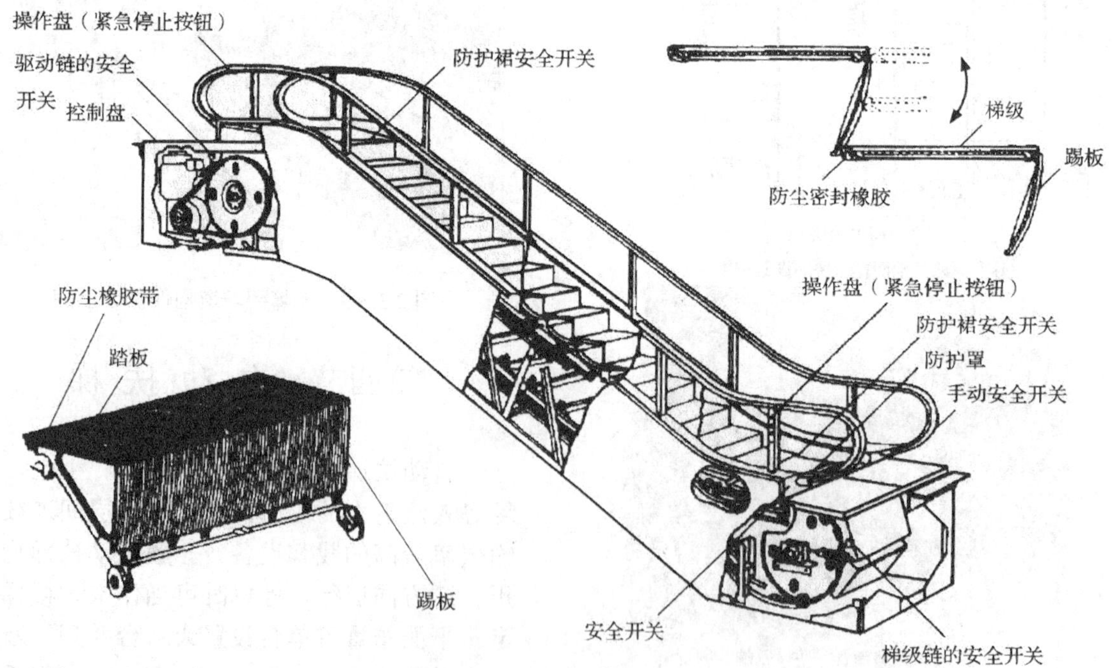

图 2.3.4.2　自动扶梯的构成示意图

图 2.3.4.3　自动扶梯口下部挂有设备的实例

第五节　电　　梯

电梯是除楼梯以外最重要的垂直交通设施，在高层建筑中和某些工厂、医院中，电梯的日常使用甚至超过楼梯。

电梯设备主要包括轿厢、平衡重以及它们各自的垂直轨道、提升机械和一些相关的其他设施。它们对土建的要求包括电梯井道、机房和地坑等（图 2.3.5.1）。

一、电梯井道

电梯井道要求必须保证所需的垂直度和规定的内径，因为电梯的轿厢及平衡重的轨道需依附在井道的内壁上。一般高层建筑的电梯井道都采取整体现浇工艺，与其他行交通枢纽一起形成刚度较大的内核。多层建筑的电梯井道除了现浇之外，也有采取框架结构的。在这种情况下，电梯井道内壁可能会有突出物，例如框架柱或者梁。此外，受到一些其他因素的影响，例如建筑和结构模数的牵制，电梯井道的内径有时难以做到完全符合设备的要求，这时可以将井道内径适当放大，以保证设备安装及运行不受妨碍，同时在合适的地方及高度将局部的梁断面放大，向内壁突出，以保证轨道的支撑不受影响。在实际工程项目中，电梯的土建图纸必须在实施施工图设计之前征得电梯订货单位的认可，才能保证配合默契。

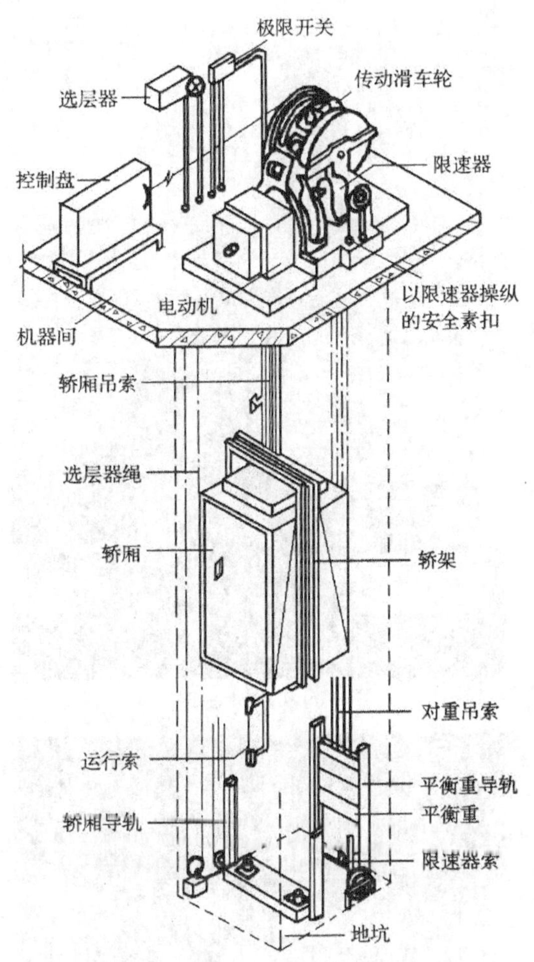

图 2.3.5.1　电梯的构成

电梯轿厢在电梯井道中运行，上下都需要一定的空间供吊缆设置和检修需要。因此规定电梯井道的停靠顶层必须有一定的层高，一般从停靠顶层地面到上方机房地面之间需要有 4.50m 以上的高度；电梯井道停靠底层以下也需留有空间，一般需设有不低于 1.40m 的地坑。地坑中应设有减震器，以减少轿厢万一在降落过程中失控所可能造成的伤害。

电梯井道和地坑有防潮的要求。除了结构材料最好采用混凝土之外，粉刷材料也需注重防潮。

有一类电梯属于观光电梯，使用者可以透过轿厢和井道上的透明部分在过程中观赏周围的景色。图 2.3.5.2 所示的是一则实例。

(a) 观光电梯实例

(b) 该电梯井道底部的减震器

图 2.3.5.2　某观光电梯实例

二、电梯机房

电梯机房是用来放置起重设备和控制系统的场所。绝大部分电梯的机房都设在井道顶部，用卷扬机作为起重设备。在电梯吊缆的正上方必须安装吊钩，该处一般需要增设一道承重的梁。由于设备的需要，电梯机房的平面尺寸一般要大于其井道的尺寸，按不同生产厂家的要求，向某一个或两个方向扩大。

有一些层数不多，对电梯速度要求也不高的建筑，可以采用液压式的电梯。其设备特点是顶升器件安放在井道下部。这时可以取消顶上的机房，建筑效果也不同。图 2.3.5.3 所示的是液压式电梯的构成。

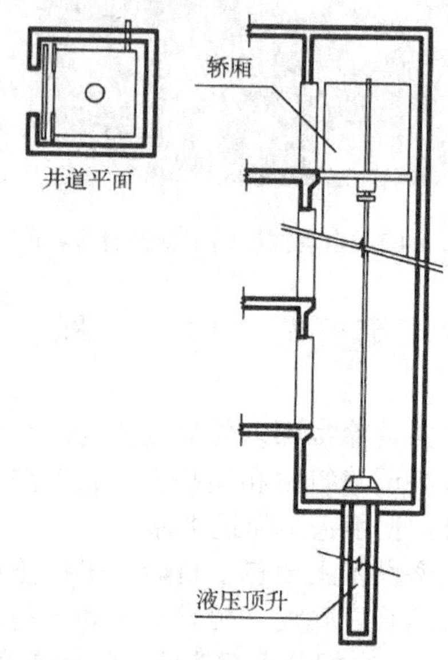

图 2.3.5.3　液压电梯构成示意图

三、电梯井门洞构造

电梯井道在停靠的每一层都必须留有门洞。门洞周围按照产品的设置要求应该留有召唤按钮及层数提示器等必要的设施安装的空间（图 2.3.5.4）。电梯门一般作门套处理。

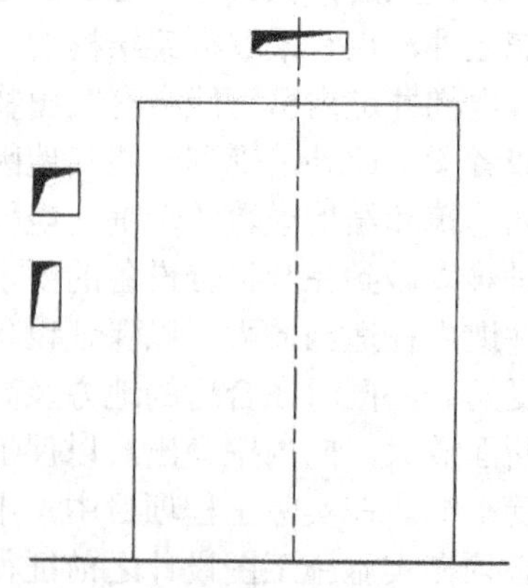

图 2.3.5.4　电梯门洞周边留孔示意图

四、电梯井道防火及隔声

电梯井道像一根大烟囱，是防火的薄弱环节。除了平面设计应按照消防规范采取防火措施外，井道内严禁敷设可燃气、液体管道。消防电梯的电梯井道及机房与相邻的电梯井道及机房之间应用耐火极限不低于 2.5h 的墙隔开。首层应设有消防专用按钮。

电梯在起动和刹车时噪声较大，民用房间宜避开机房设置。除了在机房设备下设减震衬垫外，还可在机房与电梯井道之间设不小于 1.5m 的隔声层（图 2.3.5.5）。

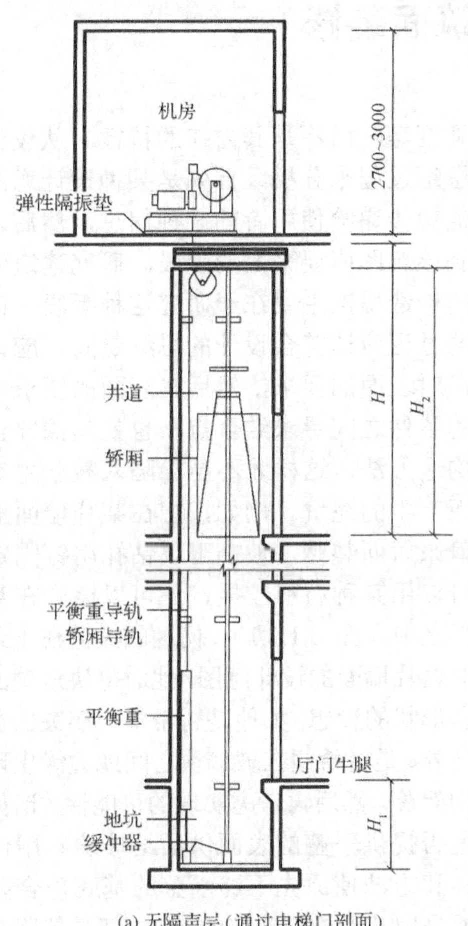

(a) 无隔声层（通过电梯门剖面）

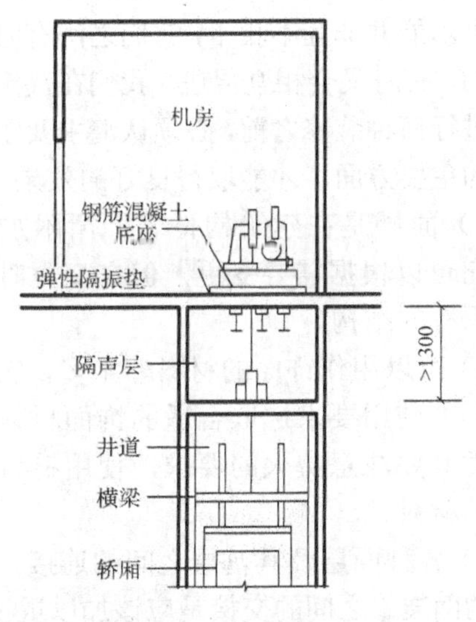

(b) 有隔声层（平行电梯门剖面）

图 2.3.5.5　电梯机房隔震、隔声处理

本章复习提要

- 掌握楼梯设计的相关规范及其设计和表达的方法
- 了解楼梯的传力系统与建筑平面布局的相互影响
- 掌握楼梯踏步、扶手、栏杆等的构造细部
- 了解台阶的构造要点
- 掌握不同功能要求的坡道的最大坡度
- 了解有高差处无障碍设计的要点

第三篇　建筑构造细部及环境应对策略

第一章　建筑面装修

指导途径

1）建筑面装修主要指对建筑构件的外表面所作的一些处理，其作用可以从保护建筑构件及建筑物、改变建筑物的使用功能及达到良好的视觉效果等几方面去探讨。装修的这几种功能并非互不相干，它们之间有时会相互制约，有时又会相互促进。我们在决定对建筑物进行何种装修之前，必须认清主要矛盾和矛盾的主要方面，才能取得良好的效果。

2）面层是在建筑构件表面所附加的部分，它可以根据需要变更，但在变更时不能破坏原有的结构。

3）可以用作饰面的材料非常多，应该根据不同的使用要求选取合适的饰面材料和做法，尤其要注意防火的要求，使用符合规范规定的材料。

4）各种面层及其基层之间的连接，以及不同的面装修之间的交接是应该加以重视的。

第一节　面装修的一般原则和方法

面装修的一般原则是由表及里、由此及彼。

一、设计过程——由表及里

建筑构件表面所要达到的要求是设计者或使用者的最终目的。在建筑物被使用的过程中，使用者的感官最直接感觉到的是面层所具有的种种可感的性质，例如色彩、光泽、硬度等，而不是其内在的特征。从设计者的思维过程来分析，首先是某种设计意图，是他想传递给使用者的某种信息，然后才是达到该意图所要采取的手段。研究建筑面装修的构造虽然主要在于研究这种手段，但研究的过程应该符合设计的思维走向，应该先决定对表面的要求，然后在表面的要求与基底的条件之间寻求结合点，也就是探究合适的构造方法，这样才不至于陷入教条主义或形而上学的泥坑。例如，想在某片墙面上用玻璃来做面装修，玻璃可以钻孔用钉固定，也可以用某种材料胶接，还可以镶嵌在某种构架之中（图 3.1.1.1）。问题的关键在于设计者对这片墙面的设计意图，他对每块玻璃的大小和形状的设想，如他是否希望玻璃突出在墙面之外、是否希望在玻璃块之间或边缘出现某种构架等，然后再考虑实现的可能性，诸如基底是否提供平整的表面供黏结玻璃？用何种材料和方法使原先不够平整的基底符合要求？要是用其他构架连接的话，构架是依附在基底上还是自成系统自我支撑？构架的构成系统怎样与玻璃块材及基底二者形成有机的联系？等等。值得一提的是，我们平时所看到的许多参考资料，对于某个具体的细部做法的介绍，大多是从其基层开始，然后依次陈述各构造层次直至表面面层的；而我们在自行绘制建筑构造节点详图时，也总是采取自里向外、由下向上的标注方法。这是因为在用图纸来指示

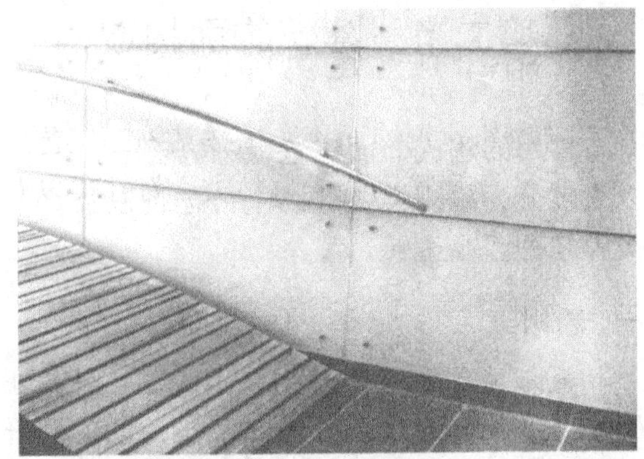
(a) 玻璃用钉固定

(b) 玻璃用粘胶固定

(c) 玻璃通过金属框架固定

图 3.1.1.1 常见的玻璃在墙面上的固定方式

施工的时候，必须按照施工的正常程序来加以说明，但是，设计者在进行设计的时候，正常的思维程序却是由表及里的。学生在学习的阶段，务必从一开始就将自己放在设计者的位置上来考虑问题，弄清楚自己想要的是什么，特别是面装修，要知道周边的条件是什么，再考虑怎样才能够达到自己的目的。这样可避免对一些构造做法的不必要的死记硬背，或是落入他人的窠臼而毫无建树。

二、界面处理——由此及彼

在一般的情况下，构成建筑空间的界面是三个向度的，单单由于不同的使用要求，各个方向上的界面，其表面的处理方式就会有所不同。它们之间的交汇处往往是构造处理的难题。如果进一步在装修上提出其他要求的话，有时在同一方向的界面上也会出现不同材料的交接和不同的构造方法的碰撞。因此在进行一个局部构思的时候，应该考虑到为相关局部的处理提供方便和留有余地，这就是由此及彼。专业上把上述交汇处的处理称为“收头”。处理收头的手法很多，可以强调彼此的差别，例如用带有线脚的压条作为木墙裙的收头，既掩盖了割断木质材料天然纹理处的断面，又用突出的横线条强调了墙裙与其上方的其他装修之间的差别。当然，也可以模糊差异或用第三种材料过渡。例如，在同一界面上的不同厚度的面装修材料，如果通过调整中间构造层次的做法来求得表面的平整的话，它们在交接时的区别就不如存在高差时那么明显。有时接近的色彩或材料质感也会缩小差异。在这方面的经验是非常丰富的，图 3.1.1.2 及图 3.1.1.3 介绍了两个实

图 3.1.1.2 柱子与吊顶交接处的收头处理

图 3.1.1.3　相邻界面不同材料交接处的收头处理

例，限于篇幅的原因，在本章节中只介绍一些最基本的面装修的构造方法，但处理收头确实是一门很深的学问，希望读者在实践中不断注意学习和总结，以便更多地掌握这方面的知识。

三、标注内容——材料、级配、厚度、做法

在实际工程中，进行建筑面装修的设计时必须要交代清楚每一种面层的构造层次、各层次所选用的材料、材料的级配和厚度、各层次之间联结的方法等，例如电焊，最好标明用哪种焊接方式，以确保施工质量。

其中装修材料的选择及其级配，关系到装修的终极效果，例如视觉效果、强度等；材料的厚度则关系到面层的荷载以及结构构件的标高。因为建筑标高是光面标高，结构构件的标高是扣除装修厚度后的标高，所以标清面层的厚度有利于设计各工种间的配合。当然，面层材料的材质、级配、厚度等都直接牵涉到工程造价。在一般情况下，装修造价可占整个工程造价的 20%到 30%，而高级装修的造价甚至可以超过土建造价达到 50%以上。

关于材料之间的联结的基本方法，在第一篇有关章节中已做过介绍，此处不再赘述。

第二节　建筑饰面构造

常用的建筑饰面构造，按其施工工艺，可以大致分为粉刷类、粘贴类、钉挂类以及涂覆类几种。

一、粉刷类

粉刷类又称抹灰，系以水泥加上骨料在现场湿作业形成大片平整的表面。为达到平整的目的，并防止材料湿作业干硬后收缩开裂，粉刷作业往往需要分层进行。其中最里面的一至二层粉刷是找平层，又称打底或刮糙，目标是令基层表面基本平整，但表面应适当粗糙，以利再与表层粉刷结合。表层的粉刷层称为粉面层，目标是平整无裂缝。

（一）主要粉刷材料及其配合比

用作粉刷的材料主要有水泥（宜用硅酸盐水泥、普通硅酸盐水泥）、黄砂（宜用中砂，含泥量≤3%）、石屑、各种石粒（粒径一般在 4～6mm，水磨石可增大至 12mm 左右）和石灰膏（熟化天数在常温下≥15 天，用作罩面时≥30 天）。它们按重量比可以配合成 1∶1（水泥∶黄砂）水泥砂浆、1∶2 水泥砂浆、1∶3 水泥砂浆；1∶1∶6（水泥∶石灰∶黄砂）混合砂浆、1∶1∶4 混合砂浆；1∶3（水泥∶石屑）水泥石屑、1∶3（石灰∶黄砂）灰砂和麻刀灰（加麻筋的石灰）、纸筋灰（加草筋的石灰膏）等。有时水泥砂浆中还可添加某些高分子聚合物或密实剂，以增加其防水性能。

（二）粉刷材料的选择

选择粉刷材料的一般原则是考虑其强度、防潮的性能和施工的可能性，例如和易性等。通常，在地面、踢脚线等处应采用强度较高的水泥砂浆，而在楼板底则要用和易性较好的混合砂浆；在某些实验室、厨房、卫生间等有水的房间应采用防水性能较好的水泥砂浆，而在无特殊要求的房间里则可以采用混合砂浆。表 3.1.2.1 说明不同粉刷材料

的应用场所。

表 3.1.2.1　不同粉刷材料的应用场所

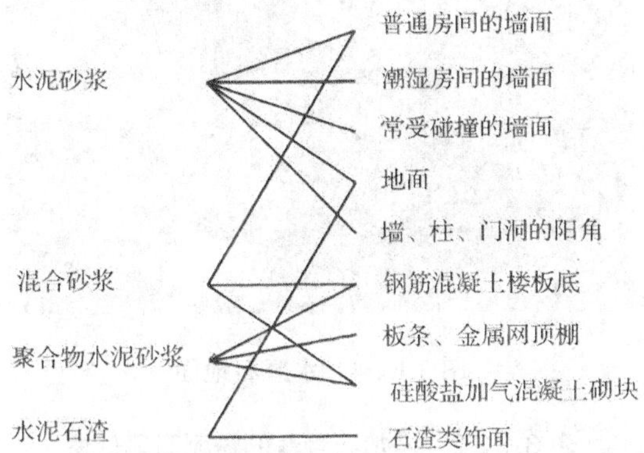

此外，普通粉刷类面装修一般采用同种砂浆粉刷，粉面层通常比打底层在级配上提高一个档次，但不能在软底子上做硬的面层，例如不得在石灰砂浆层上涂抹水泥砂浆等。

（三）每层粉刷的厚度及平均总厚度

普通粉刷每层的厚度为：

水泥砂浆：5～7mm；

混合砂浆：7～9mm；

麻刀灰：≤3mm；

纸筋灰：≤2mm。

粉刷饰面层的平均总厚度为：

一般抹灰：8～20mm；

高级抹灰：25mm；

勒脚、踢脚、墙裙等：25mm。

顶棚、空心砖、现浇混凝土表面等：15mm。

工程图纸中对粉刷层的标注通常是注明粉刷层的总厚度以及分层的粉刷材料、级配和做法，例如常见标注为：20 厚 1∶3 水泥砂浆打底，1∶2 水泥砂浆粉面；20 厚 1∶1∶6 混合砂浆打底，1∶1∶4 混合砂浆粉面等。

（四）粉刷类饰面的表面效果处理

粉刷最后的饰面效果可以通过最后一道工序来处理，如用工具将粉面层制作出特殊的效果（图 3.1.2.1），或者在面层中添加各种

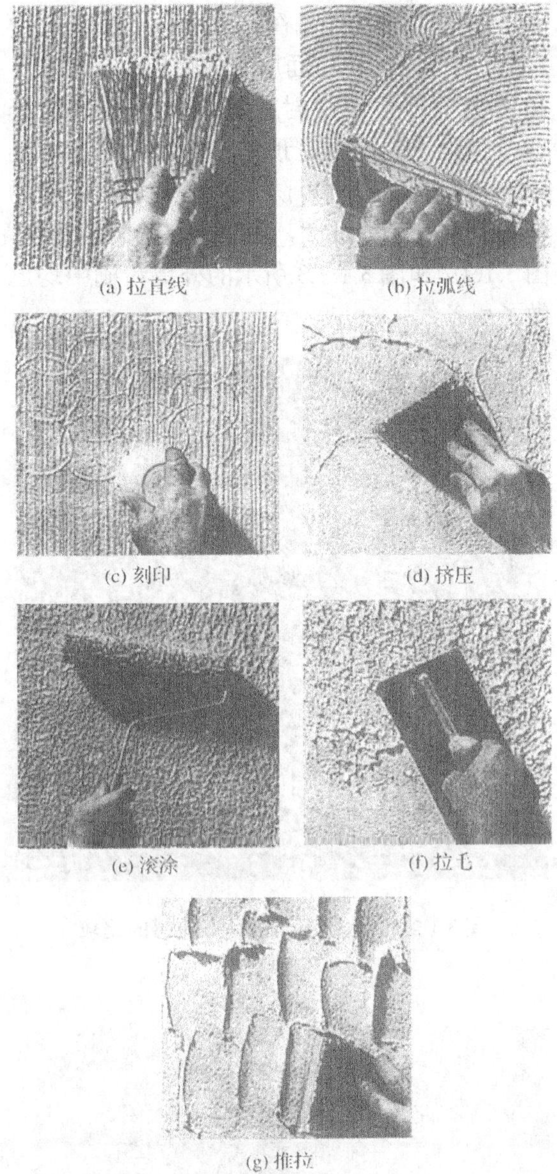

(a) 拉直线　(b) 拉弧线　(c) 刻印　(d) 挤压　(e) 滚涂　(f) 拉毛　(g) 推拉

图 3.1.2.1　用工具将粉刷面层制作出特殊的效果

石骨料做成水刷石、干粘石、斩假石、水磨石等（图 3.1.2.2～图 3.1.2.4）。它们的选材及制作工艺可参考表 3.1.2.2。其中，干粘石因为面层石渣是用甩或者喷的方法施工的，因此受到碰撞容易脱落，不适宜做建筑物底层的外墙面。

当遇到外墙有大面积粉刷时，应当在粉面层中每隔一定距离预留“引条线”（图 3.1.2.5）。

引条线的做法是预先在打底层之上临时固定木制“引条”，待粉面层完成后将引条剔出，在缝隙中用建筑密封膏等材料进行嵌缝处理。引条线的作用是预先将外墙面的粉刷划分为较小的块面，以防止在昼夜热胀冷缩的作用下温度应力过大，从而造成粉刷层开裂。图 3.1.2.2 和图 3.1.2.3 所示的外墙粉刷中均已做了引条线。

图 3.1.2.2　水刷石与干粘石质感的比较

图 3.1.2.3　斩假石墙面

图 3.1.2.4　水磨石地面

表 3.1.2.2　添加石骨料的粉刷面层做法

面层名称	构造层次及施工工艺
水刷石	15 厚 1∶3 水泥砂浆打底，水泥纯浆一道，10 厚 1∶（1.2～1.4）水泥石砟粉面，凝结前用清水自上而下洗刷，使石砟露出表面
干粘石	15 厚 1∶3 水泥砂浆打底，水泥纯浆一道，4～6 厚 1∶1 水泥砂浆+803 胶（或水泥聚合物砂浆）黏结层；3～5 厚彩色石砟面层（用甩或喷的方法施工）
斩假石	15 厚 1∶3 水泥砂浆打底，水泥纯浆一道，10 厚 1∶（1.2～1.4）水泥石砟粉面，用剁斧斩去表面层水泥浆或石尖部分使其显出凿纹
水磨石	15 厚 1∶3 水泥砂浆打底，分格固定金属或玻璃嵌条；1∶1.5 水泥石砟粉面（厚度视石砟粒径），表面分遍磨光后用草酸清洗，晾干、打蜡

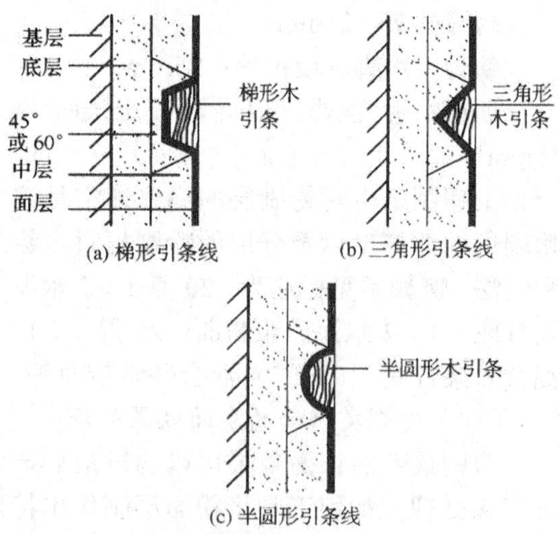

图 3.1.2.5　常用的引条线的断面形状

图 3.1.2.6 是常用的粉刷面层构造做法示意。

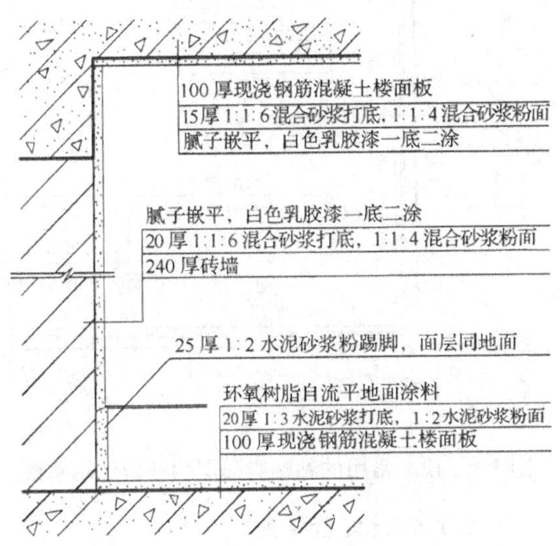

图 3.1.2.6　粉刷面层构造做法示意图

二、粘贴类

粘贴类做法系将基层表面处理平整（找平）后，再根据装修的不同要求，用相应的黏结剂或黏合层粘贴表层块材或卷材。

常用于粘贴类的表层材料有各类面砖、石材、小块木地板、塑胶地毡等（图 3.1.2.7～图 3.1.2.9）。其中有一些塑胶卷材，可在粘贴时通过热熔接的方法处理接缝，形成整体，避免起翘或在接缝中嵌填污垢。

图 3.1.2.7　粘贴面砖的墙面

图 3.1.2.8　粘贴石材的地面

图 3.1.2.9　粘贴塑胶地毡的地面

由于粘贴类所采用的表层材料大多数不再需要进行表面加工处理，或者难以在现场进行表面处理，因此施工时对基底平整度的要求较高。一般可以先采用粉刷类做法打底的材料及工艺对需要粘贴面材的墙、地面的基层找平。此外，合适的结合层的选用以及表层块材接缝的处理都直接影响到工程的质量和装修后的视觉效果。

（一）结合层的选用

粘贴表层木地板时，可以选用配套的专用胶水；粘贴面砖可采用 6～10mm 厚的 1∶1 水泥砂浆或水泥纯浆加上建筑用胶作为结合层，也可以选用成品的专用黏结剂来粘贴（图 3.1.2.10）。

图 3.1.2.10　用专用黏结剂粘贴地砖

一些厚重的铺地材料如花岗石、预制水磨石、大块的玻化地砖等，如采取粘贴普通薄片地砖的方法来粘贴，由于在施工过程中黏结剂比较湿滑，难以支承面材的重量而达到表面所需要的平整度，因此通常在基层上无需先做找平层，而是直接采用不小于 30 厚的 1∶3 干硬性水泥砂浆作结合层，在其上面铺设厚重的块材（图 3.1.2.11）。此外，厚重或大块的块材不能够直接用黏结剂贴在墙面上，而是必须用连接件挂装，有关这方面的内容将在下文中介绍。

图 3.1.2.12 是常用的粘贴类面层构造做法示意图。

图 3.1.2.11　用干硬性水泥砂浆铺贴厚重的地面块材

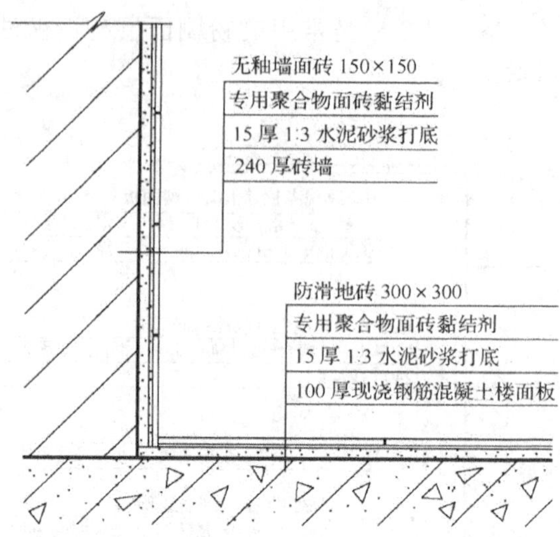

图 3.1.2.12　常用的粘贴类面层构造做法示意图

（二）块材接缝及处理

块材在粘贴前，应先按照视线的要求决定粘贴的顺序及接缝的方式。例如图 3.1.2.7 所示的墙面砖，在粘贴前必然经过较好的设计。天然石材在粘贴前还应干铺、预排并编号，以便合理调整其接缝处纹理的拼接和处理色差。

粘贴类块材之间的缝宽，除了设计有特殊规定者外，一般情况下：

光面和镜面石材及木地板：≤1mm；

粗面、麻面等石材：5～10mm；

面砖及预制水磨石：≤2mm。

块材粘贴牢固后，较宽或室外的接缝一般可以用水泥浆或水泥砂浆勾缝；较细或室内的接缝则可采用相同颜色的水泥浆或专用色浆擦缝。有的天然石材边缘不太规整或尺寸略有出入，有可能影响接缝的整齐划一。对于这样的情况，可以在粘贴后用电动圆锯片将接缝的宽度进行统一调整，最后再用水泥砂浆或硅胶填缝。

三、钉挂类

钉挂类的表层饰面材料需依附在一定的骨架上，这类装修包括使用一些较为厚重的石材对墙面所进行的装修、使用各种木或金属的板材对墙面所进行的装修、架空木地板以及各类吊顶，等等。

（一）钉挂类的内骨架

钉挂类装修的内骨架，对于墙面而言称为“墙筋”；对于地板而言称为“搁栅”；对于吊顶而言则称为“龙骨”。其选材应符合安装刚度和强度的要求，并考虑与面层材料连接的可能性。

钉挂类常用的内骨架材料有各种型钢、木材以及铝合金系列的产品。骨架的间距除满足刚度和强度的要求外，还应考虑饰面材料的安装需要。例如厚度为20mm左右的长条木地板，其搁栅的间距一般不超过400mm。如果地板采用的是900mm长、四面企口的木地板，搁栅的间距则应取300mm。

内骨架与基层之间可以通过膨胀螺栓、螺钉等连接，例如地板木搁栅与地面结构层之间是通过钻孔打入木楔或尼龙锚栓后用一钉一螺固定的，墙筋与墙体基层之间也可以用类似的方法连接。此外，内骨架与基层之间还可以通过其他连接件连接，例如吊顶的龙骨就是通过吊筋与楼板基层连接的。

（二）挂石材墙面构造

厚重的石材用挂装的方式安装在墙面上，侧边需要开孔或开槽。金属连接件的一端可以插入这些孔洞或凹槽，另一端可以固定在型钢的墙筋上，从而构成连接（图3.1.2.13～图3.1.2.15）。一般说来，如果单块石材的面

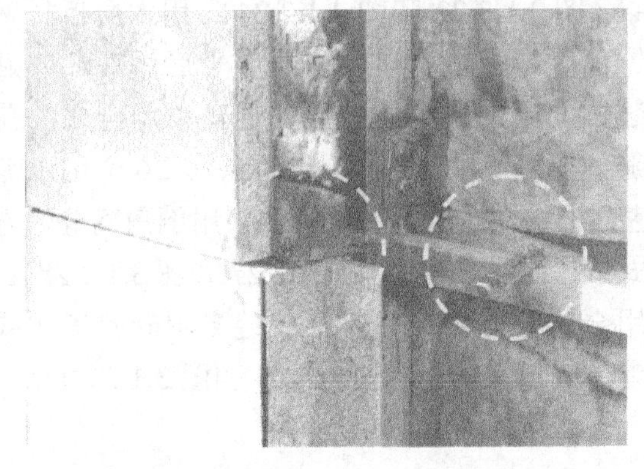

图3.1.2.13　金属连接件插入石材侧边孔洞构成连接示意图

图3.1.2.14　挂装的石墙面石材侧边需开孔或开槽示意图

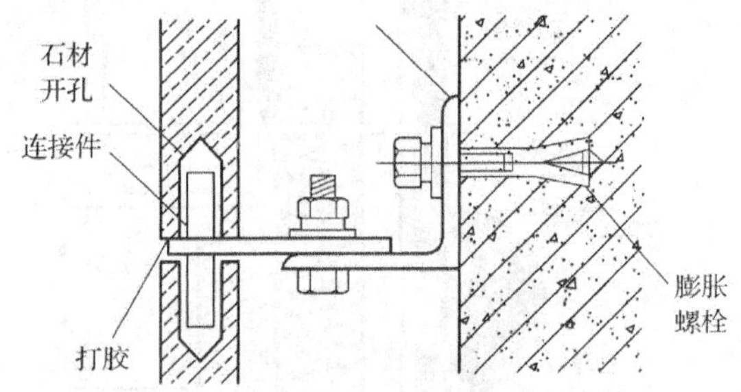

图3.1.2.15　金属连接件插入石材侧边孔洞连接示意图

积较大或者较厚较重，为安全起见，应当选择开条形的凹槽用连续的锚固件连接（图3.1.2.16）；如果石材的块面和重量都不太大，则可以选择开孔用数个单个的锚固件组合连接。有一种被称为“背栓”的挂装方式，系在石材背面用特殊工艺预置入带有螺口的金属件，在现场再通过螺栓与其他连接件连接（图3.1.2.17）。

连接件的设计十分重要，除了施工时需要简便易行之外，可调节性也是其中一个重要的考虑因素。因为面层板材表面的平整度以及接缝的均匀划一，都需依赖连接件来进行细部的调整（图3.1.2.18和图3.1.2.19）。

石材挂装后，可以选择在石板及其背面的基层墙体之间灌填水泥砂浆，但现在常用的做法是选择干挂的方式，即不在这层缝隙

(a) 大块重型石材在工厂用连续构件预安装实例

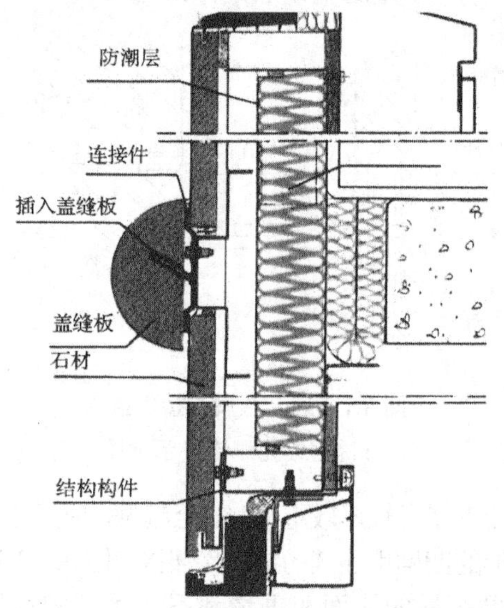

(b) 大块重型石材用连续构件安装的节点详图

图 3.1.2.16　大块重型石材用连续构件安装示意图

图 3.1.2.17　采用“背栓”工艺需先在石材背面预置入带有螺口的金属件

中加注填充物，而只是在石材的板缝之间打胶，或者干脆保留较大的板缝不做处理（图 3.1.2.20）。这种做法应用在建筑外墙面时，可以使得夏季在石材与基层墙面之间形成一个通风的间层，有利于改善外墙的热工性能。

（三）装饰板材墙面构造

在墙面铺钉装饰板材，其构造有点类似于立筋类隔墙的做法，不同点是立筋隔墙的内骨架需要有足够的刚度以支撑整个墙体，而装饰墙板的墙筋是依附在基层墙体上的。

由于装饰面板通常采用直接钉入墙筋的方法与之相连接，因此墙筋表面的平整度是首先需要解决的问题。图 3.1.2.21 和图 3.1.2.22 介绍调整墙筋表面平整度的常用方法。

墙筋的间距一般由表层装饰板材划分的需要以及板材的刚度来决定，并且按照板材安装的需要来决定其纵筋和横筋的布置。

当表层装饰面板在墙筋上钉固后，对板缝的处理根据板材的不同以及设计意图的不同一般可以分为填缝、盖缝、离缝等几种。用纸面石膏板做饰面时，通常用石膏腻子和窄条的玻纤带将接缝填平后再用腻子满批砂平做涂料，最后形成如同普通粉刷的整体效果（图 3.1.2.23 和图 3.1.2.24）。用木质板材做饰面时，板缝可以用腻子嵌平后做油漆或贴装饰面层形成整体效果，也可以用金属等盖缝条盖缝（图 3.1.2.25 和图 3.1.2.26）。用水泥基的板材做饰面时，板缝多采用倒角离缝的方式或者打胶嵌实（图 3.1.2.27 和图 3.1.2.28）。用金属板材做饰面时，板缝多用硅胶填实或者作离缝处理（图 3.1.2.29 和图 3.1.2.30）。

图 3.1.2.18 各种可调节的石材挂装连接件

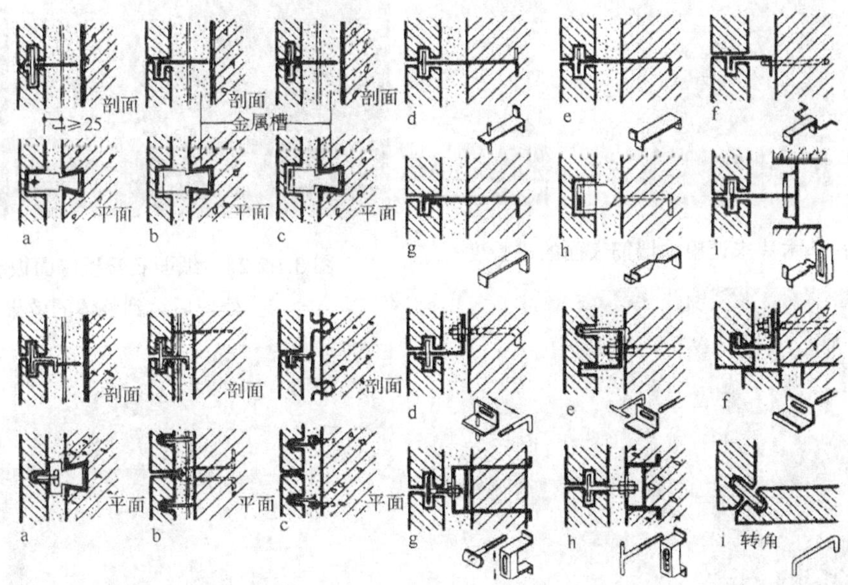

图 3.1.2.19 各种石材挂装连接件的挂装方式示意图

图 3.1.2.20　干挂石材离缝处理的某建筑外墙

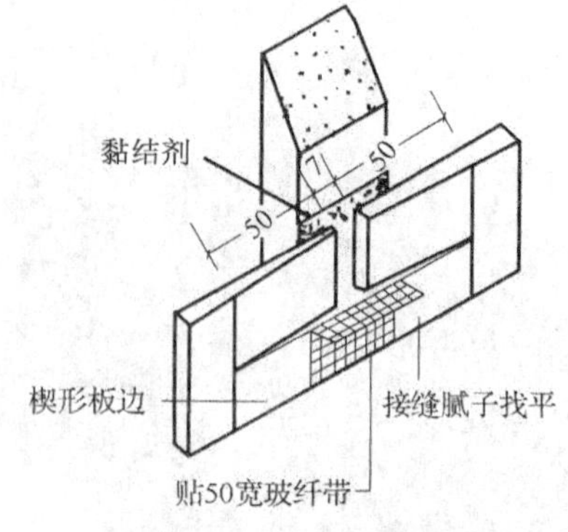

图 3.1.2.23　纸面石膏板板缝作填平处理

图 3.1.2.21　衬垫木片来调整木墙筋表面的平整度

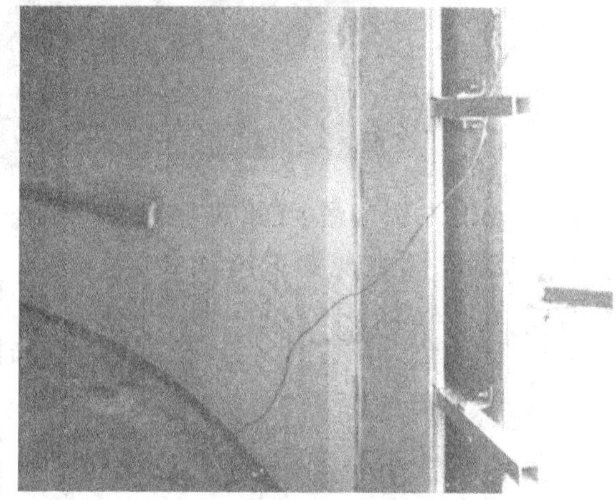

图 3.1.2.24　纸面石膏板墙面板缝即表面处理后达到整体的效果

图 3.1.2.22　连接件设长孔来调整金属墙筋表面的平整度

图 3.1.2.25　木质板材贴饰面层后形成整体的效果

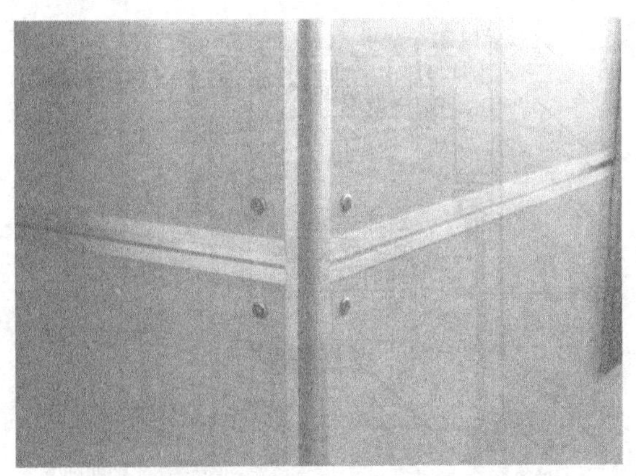

图 3.1.2.26　木质板材用金属压缝条盖缝

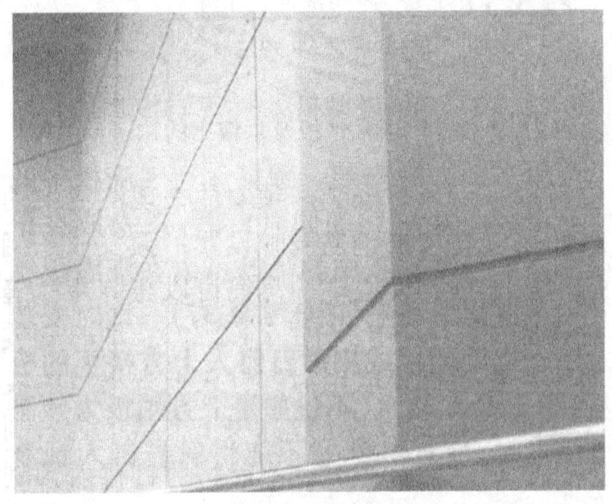

图 3.1.2.27　水泥基板材板缝作倒角离缝处理

图 3.1.2.28　水泥基板材板缝内打胶嵌实

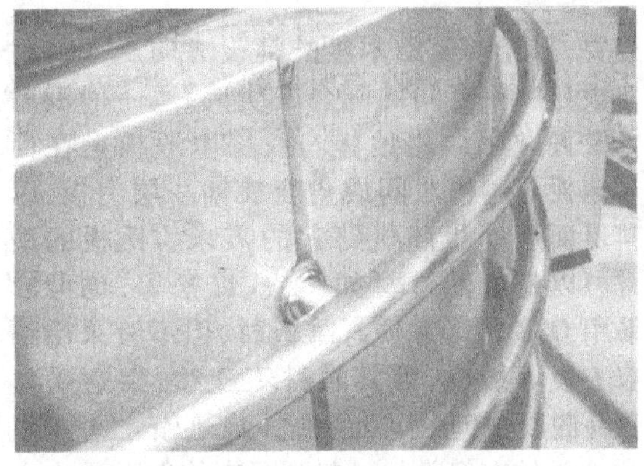

图 3.1.2.29　金属饰面板板缝用硅胶嵌缝

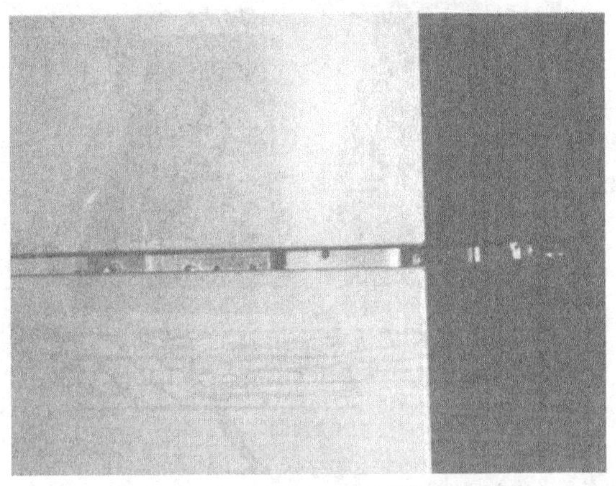

图 3.1.2.30　金属饰面板板缝作离缝处理

（四）架空木地板构造

架空木地板主要由底层的木搁栅及面层地板两部分构成，面层地板又可分为单层和双层两种。

架空木地板的搁栅多采用（3.5mm×5mm）～（5mm×5mm）断面的木方子；面层地板多采用天然实木、竹或人工复合的板材。由于天然木材吸潮及干燥后容易发生变形、翘曲，因此一般控制其含水率在 12%以下，而且木地板安装时应在木搁栅与墙面之间保留约 30mm 的间隙，在木地板与墙面之间保留 8～10mm 的间隙，给木材变形留有余地。

木地板与搁栅之间的连接通常是用地板钉从地板企口处钉入，防止钉子后部冒出伤人（图 3.1.2.31）。如果不是地板有拼花的需要，需经常变动木板的铺设方向从而使得地板与搁栅之间的配合发生问题，一般没有必要去做双层木地板。双层木地板是在面层地板与搁栅之间成角度满铺一层毛板，以满足面层地板随机钉入的需求。毛板的用材可以是天然木材如白松、红松等，也可以采用 OSB 板等木质纤维板材，但不宜采用细木工板等板材，因其芯材不连续，架空受弯容易脱胶、变形。面层地板与毛板之间还应铺设一道油毡、无纺布等卷材，起到隔声的作用。

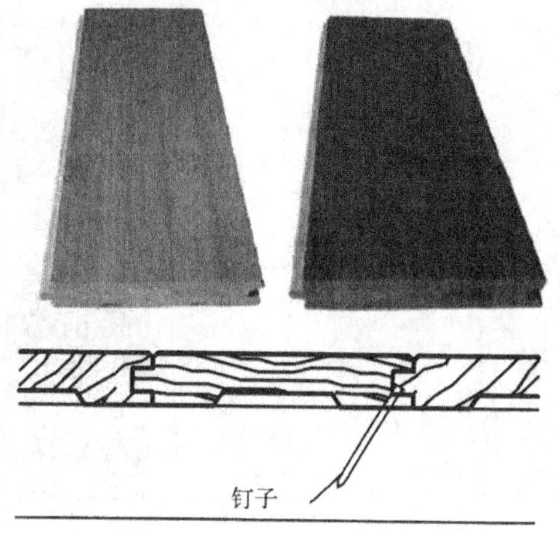

图 3.1.2.31　企口木地板及其对搁栅的钉入方式

另外，有些木地板需符合减少震动或减少撞击能量等方面的要求，例如某些设备的运行需要减震，某些室内运动场地对人员活动有安全方面的特殊考虑，等等。诸如此类，均需要地板具有一定的弹性，具体做法是在搁栅下面安装金属弓、橡胶垫块、减震弹簧等，形成弹性木地板。

图 3.1.2.32～图 3.1.2.36 分别介绍单层、双层和弹性木地板的基本构造，其中还介绍了木墙裙的相应做法。

（五）吊顶构造

吊顶的构造层次一般分为吊筋、龙骨和面板三部分。

吊筋可以在建造上部楼板时预先安放，

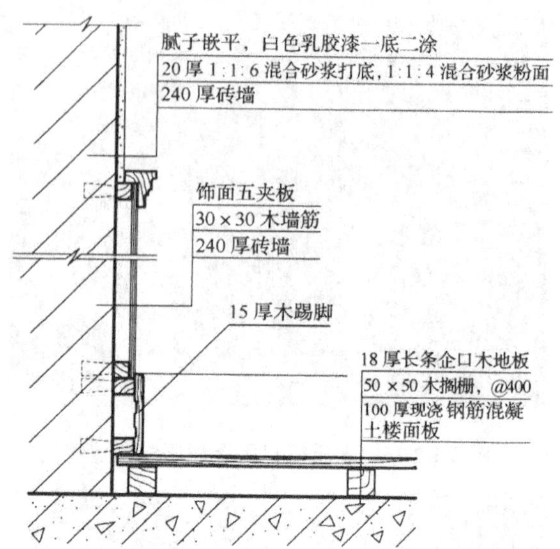

图 3.1.2.32　单层木地板及木墙裙的构造示意图

也可以事后即时安装。预安放在现浇板中的吊筋可以与楼板钢筋同时设置；预安放在钢筋混凝土预制楼板中的吊筋可以在浇灌板缝时钩挂在板缝筋上（图 3.1.2.37）。即时安装的吊筋可用螺栓或用射钉钉入上方楼板的板底（图 3.1.2.38）。不过如果上方楼板为预制多孔板时，应务必注意不能将射钉钉入预制板的孔洞内，以保证连接的牢固。

吊顶的龙骨一般可分为主龙骨和次龙骨两个层次，材料可以选用型钢、铝合金材料（俗称“轻钢龙骨”）和木材等。其中型钢的龙骨多用于吊顶上方有上人等要求时；木质龙骨可用于没有很高的防火要求的场所；铝合金的龙骨使用最为广泛，因其自重小、安装方便，而且防火性能较好。龙骨与吊筋之间的以及龙骨之间连接可以使用配套的专用连接挂件，也可以使用螺栓连接等方法，连接时应考虑调整表面平整度的可能性。上人吊顶在必要时龙骨与吊筋之间以及龙骨之间采用焊接的方法，以保证节点具有足够的强度。视吊顶面板安装类型的需要，主、次龙骨可以放置在一个平面上，也可以相互有高低。为了使面板安装后其荷载不至于使整个吊顶产生可以觉察的挠度而影响美观，较大面积的吊顶

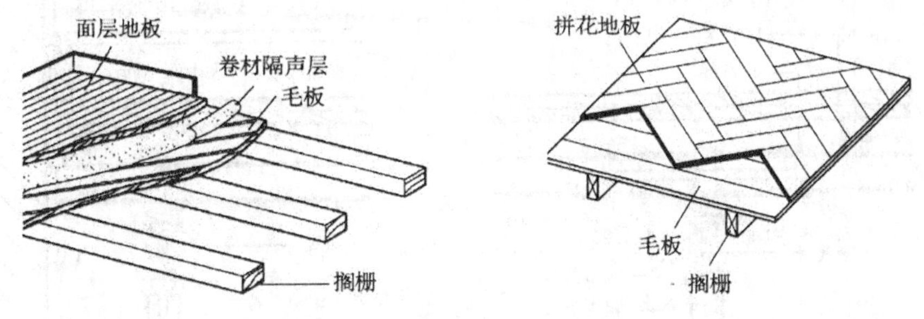

图 3.1.2.33 双层木地板构造示意图

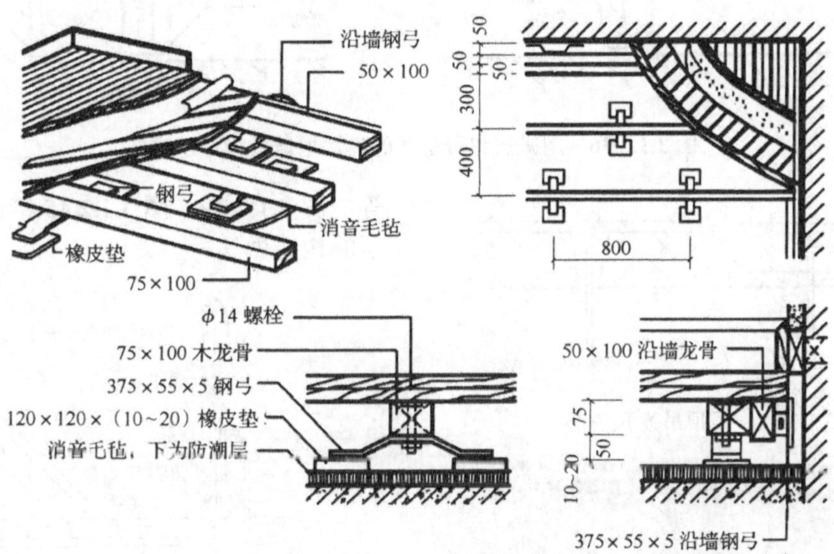

图 3.1.2.34 用金属弓垫置的弹性木地板构造示意图

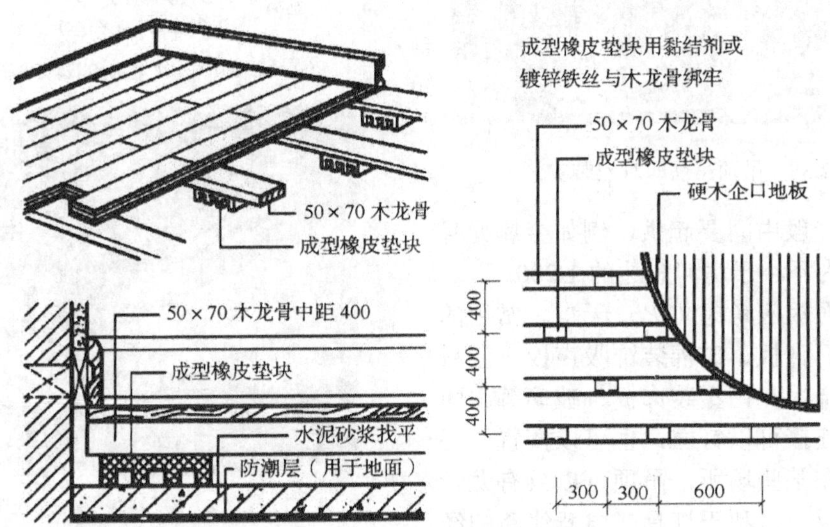

图 3.1.2.35 用橡胶垫垫置的弹性木地板构造示意图

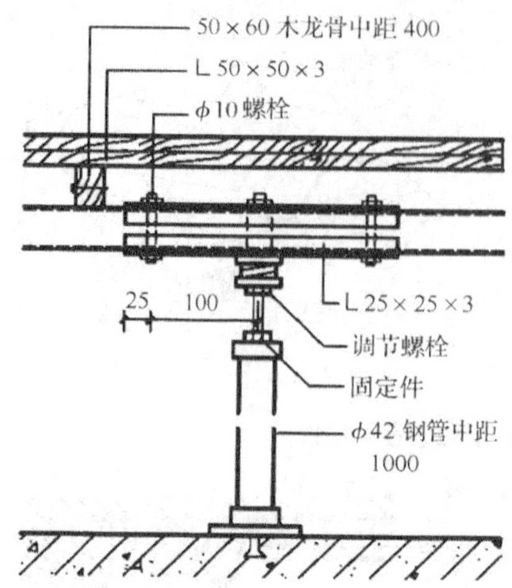

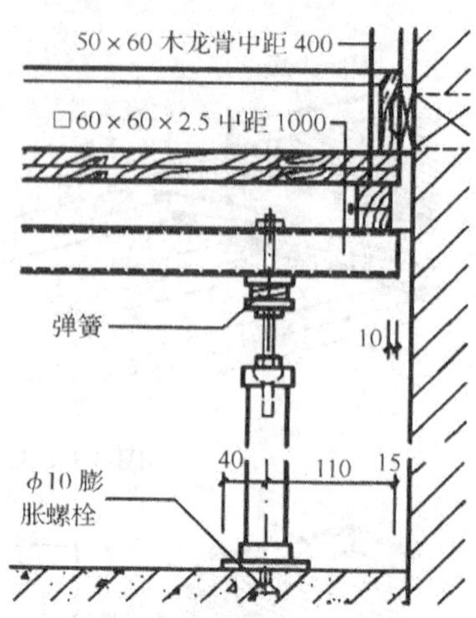

图 3.1.2.36　用减震弹簧垫置的弹性木地板构造示意图

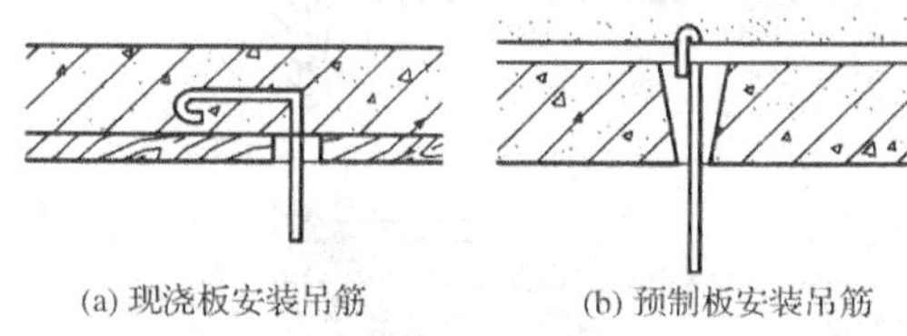

图 3.1.2.37　吊顶吊筋预安装

图 3.1.2.38　吊顶吊筋即时安装实例

龙骨安装时一般中间要起拱，例如金属龙骨的起拱高度为不小于房间短边的 1/200。

吊顶的面板应考虑防火、无毒。常用的材料有各类石膏板、矿棉装饰吸声板、塑料板、金属装饰板、钙塑装饰板、玻璃等。面板与龙骨的连接可以钉固，也可以搁置，还可以卡接。在某些场所，吊顶可以只有龙骨而不安装面板，以利于灯具或电器线路的经常改变，如某些商业建筑或舞池上方的吊顶等。图 3.1.2.39～图 3.1.2.45 给出部分常见吊顶的构造做法。

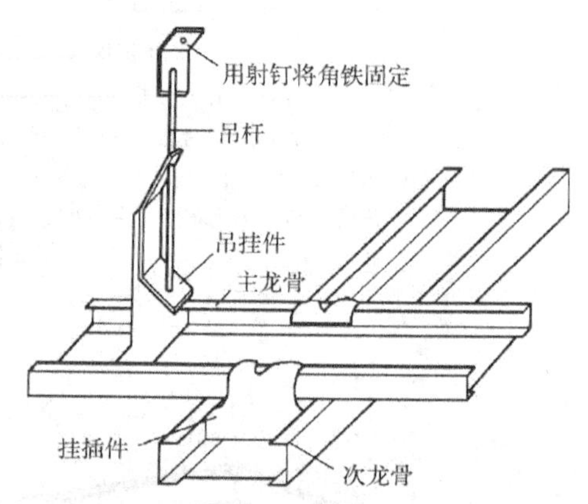

(a) 轻钢龙骨主、次龙骨间以及与吊筋连接示意图

(b) 轻钢龙骨主、次龙骨通过吊挂件连接实例

图 3.1.2.39　轻钢龙骨构成及连接示意图

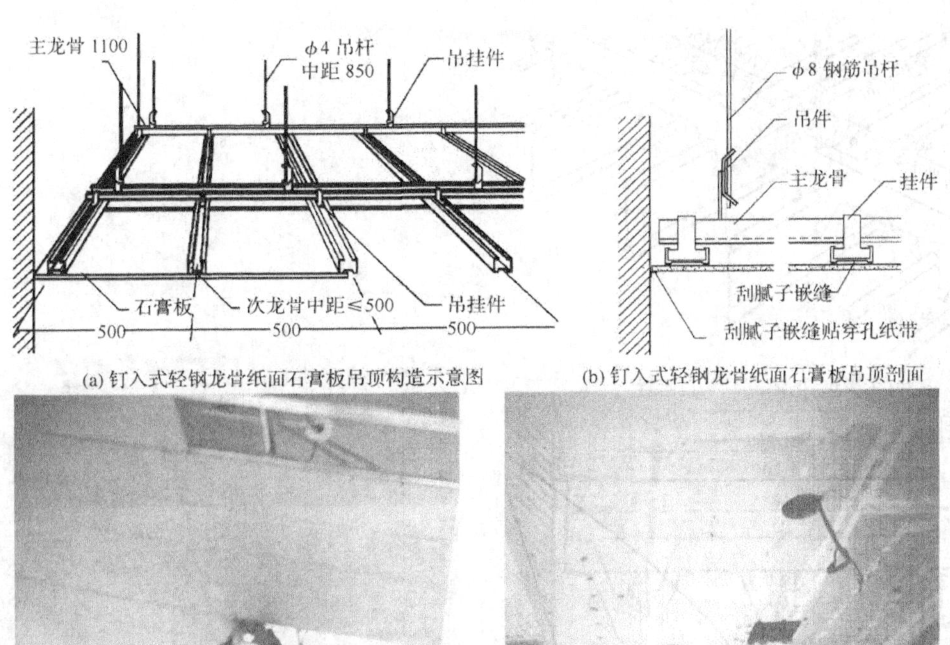

(a) 钉入式轻钢龙骨纸面石膏板吊顶构造示意图

(b) 钉入式轻钢龙骨纸面石膏板吊顶剖面

(c) 纸面石膏板钉入轻钢龙骨实例

(d) 纸面石膏板吊顶表面批嵌处理实例

图 3.1.2.40　钉入式轻钢龙骨纸面石膏板吊顶构造示意图

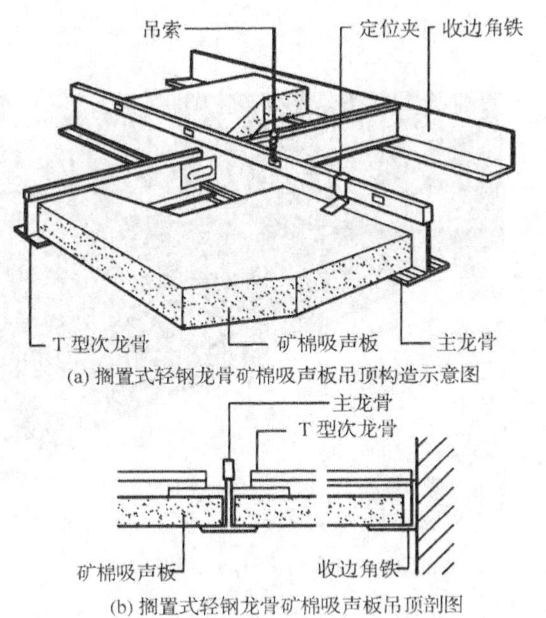

(a) 搁置式轻钢龙骨矿棉吸声板吊顶构造示意图

(b) 搁置式轻钢龙骨矿棉吸声板吊顶剖图

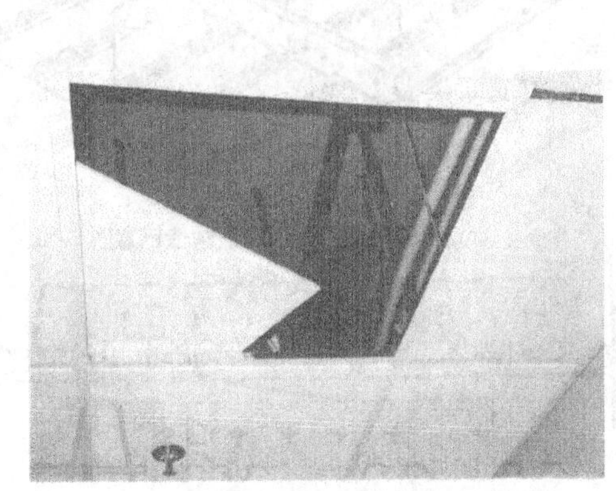

(c) 搁置式轻钢龙骨矿棉吸声板吊顶实例

图 3.1.2.41　搁置式轻钢龙骨矿棉吸声板吊顶构造示意图

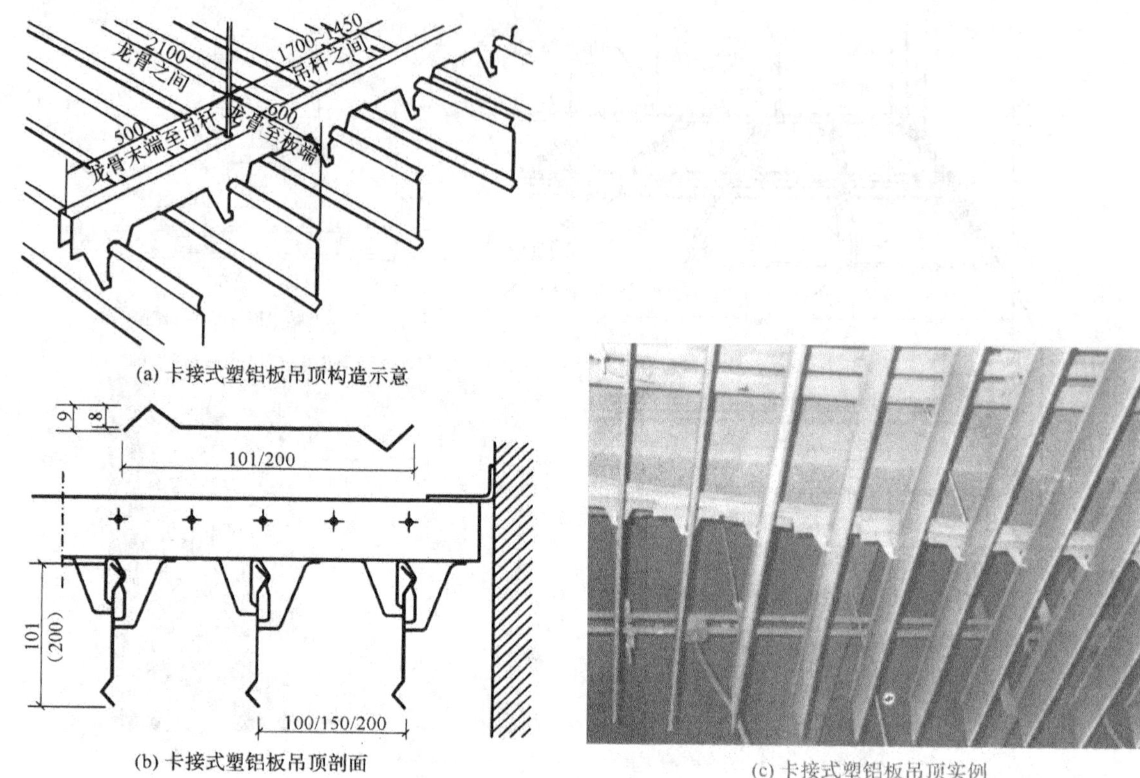

(a) 卡接式塑铝板吊顶构造示意

(b) 卡接式塑铝板吊顶剖面

(c) 卡接式塑铝板吊顶实例

图 3.1.2.42　卡接式塑铝板吊顶构造示意图

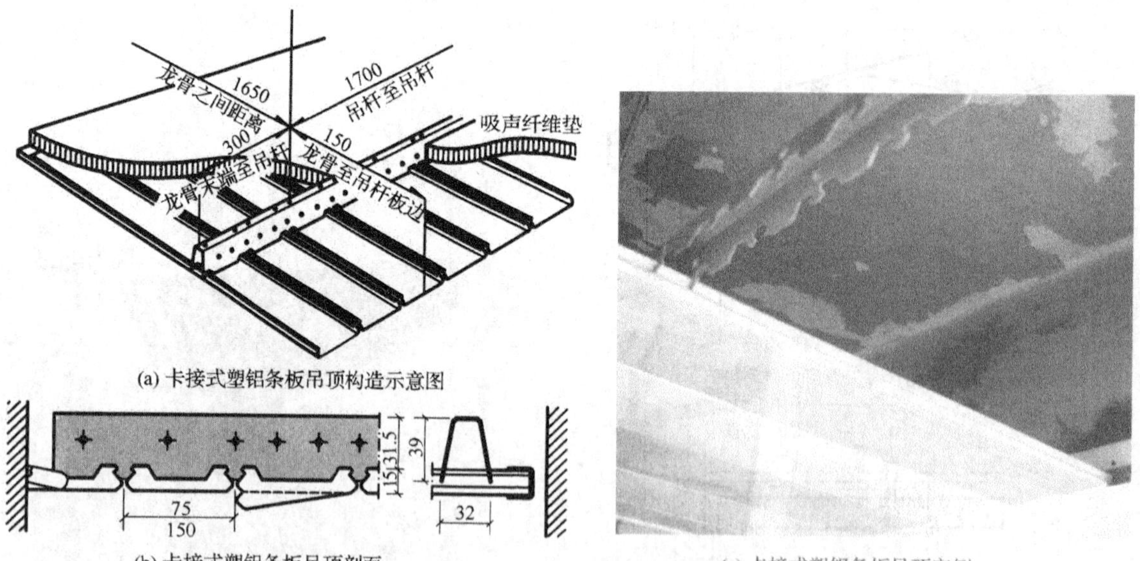

(a) 卡接式塑铝条板吊顶构造示意图

(b) 卡接式塑铝条板吊顶剖面

(c) 卡接式塑铝条板吊顶实例

图 3.1.2.43　卡接式塑铝条板吊顶构造示意图

图 3.1.2.44　组合式金属吊顶实例

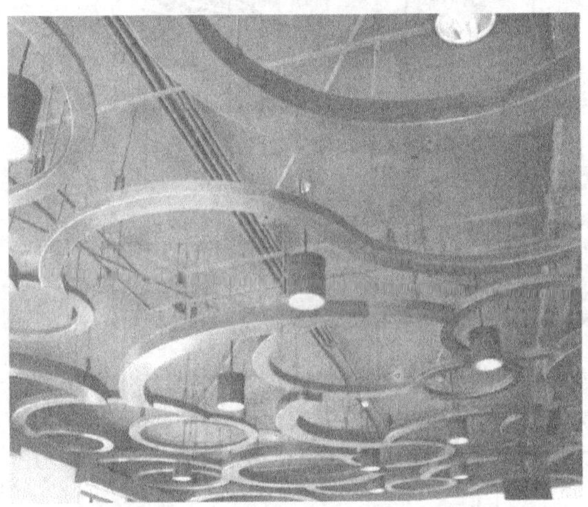

图 3.1.2.45　直接吊挂木构架吊顶实例

四、涂覆类

涂覆类系在基底上覆盖涂层或铺设、裱糊卷材的饰面做法。例如在脱模后的混凝土构件表面用硅系的或氟碳树脂的涂料进行修整和涂覆，可以保留其原有的质感和肌理，又能够起到良好的防水及耐老化的作用。像这样的"清水混凝土"如今应用非常广泛（图 3.1.2.46）。

除此之外，先将需要装修的基底经粉刷找平后，再将各种涂料分层以批嵌或涂刷的方式覆盖其上，也是极为常见的做法。尤其是随着材料工艺的不断发展和提高，可以用

图 3.1.2.46　涂有氟碳树脂涂料的清水混凝土墙面

作面涂的材料非常多。例如某种墙面涂料系直接将填充料与乳胶漆调和成膏状，可以用特殊的工具直接在墙上批嵌，其装修效果有点类似于用工具在水泥砂浆表面进行处理的效果，但质感较为细腻，而且可用水洗，且耐碰撞。又如某些环氧树脂或聚氨酯的地面涂料，比较稠，成膜较厚，但在涂覆的过程中不易起皱，而且可以经轻微流动形成平整的表面，俗称"自流平"（图 3.1.2.47）。其涂膜抗压、抗撞击性能均良好，并有弹性，无接缝，易清洗，被广泛用于公共建筑中。

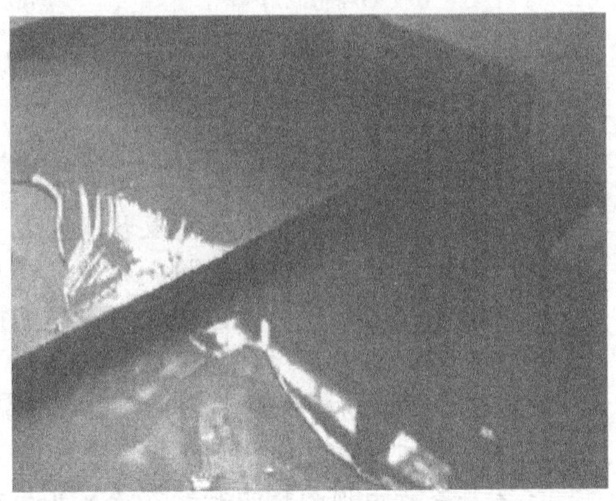

图 3.1.2.47　正在涂覆聚氨酯"自流平"涂料的地面

与这些在基底上覆盖涂层的工艺相比，裱糊壁布、壁纸等的做法施工更为快捷，而

且表层材料的质感与花饰多种多样，可供选择的余地十分大。但对于有花纹的壁布或壁纸来说，拼贴时是否能够实现很好地对花，对于整体的装饰效果有不容忽视的影响。此外，无论是否需要对花，壁布和壁纸的裱糊都应该做到不鼓泡、周边不翻卷。因此，除了带有背胶的壁布、壁纸外，一般的壁布和壁纸裱糊前通常都需要预先湿润并放置一段时间；裱糊时需要用干净的排笔推赶气泡（图 3.1.2.48）。如有对花的要求或者需要在拼缝处不重叠，可以先令相邻的布幅或纸幅重叠裱糊一段距离，然后在重叠处垂直割断，经分别剔除相邻布幅或纸幅的内、外多余部分，就可以取得拼缝密实的效果（图 3.1.2.49）。有的立筋隔墙，表层还可以先满糊壁布，再涂刷涂料，这样可以进一步掩盖隔墙面板之间的接缝，同时表层装修带有壁布的质感，是较为高档的装修常用方法之一。

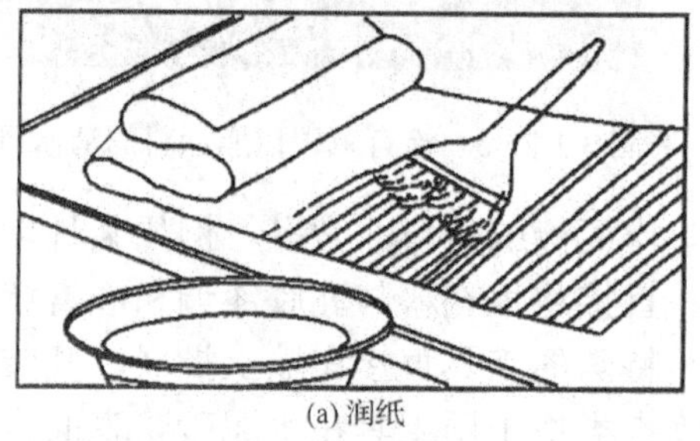
(a) 润纸

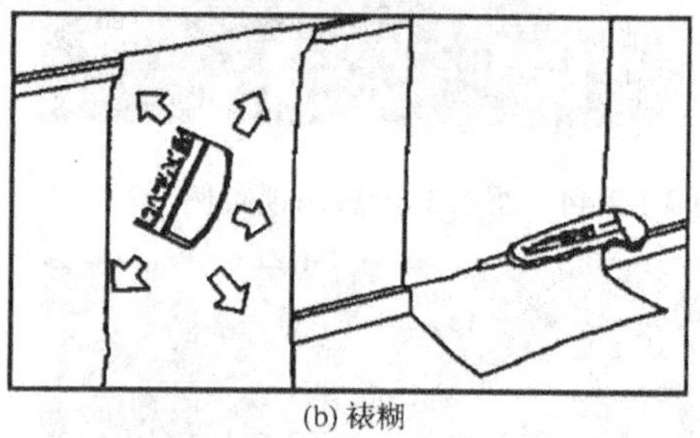
(b) 裱糊

图 3.1.2.48　壁布与壁纸裱糊的过程示意图

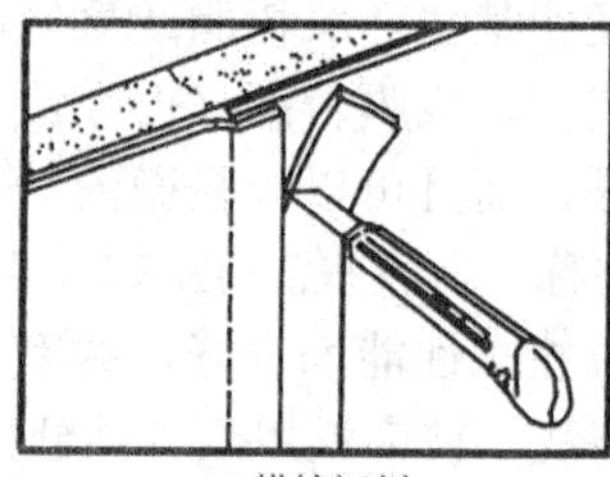
(a) 搭接切割

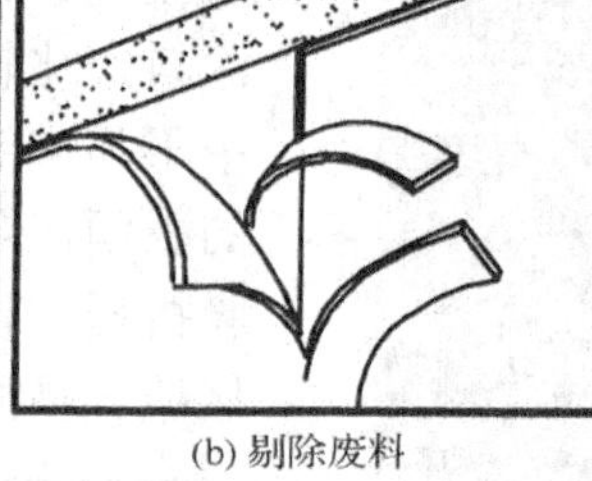
(b) 剔除废料

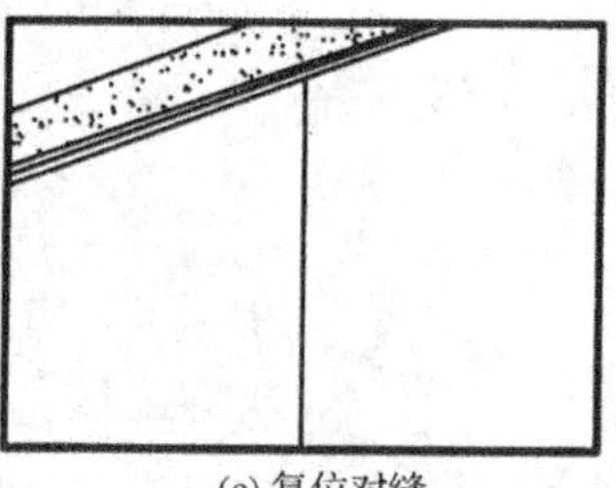
(c) 复位对缝

图 3.1.2.49　裱糊壁布或壁纸时拼花对位或不重叠接缝的过程示意图

本章复习提要

- 了解常用装修材料的材性、规格、基本搭配以及施工方法
- 掌握普通粉刷的构造层次及找平层在其他类型面装修中的选择和应用
- 掌握不同种类常用饰面粉刷材料的适用范围及厚度
- 了解水刷石、干粘石、斩假石等饰面的做法
- 了解石材粘贴、钉挂的区别和选择
- 比较吊顶龙骨、隔墙立筋、木墙裙骨架和架空木地板搁栅在选料、尺寸、间距以及固定方式等方面的异同
- 掌握各种吊顶面材的安装方法及其与龙骨形式的关系
- 了解木地板的选材、安装形式及安装要点
- 了解涂料的选择及施工工艺
- 掌握正确的绘图及标注

第二章　建筑防水构造

指导途径

1）防水构造主要讨论建筑外围护结构以及楼层中有管道通过的场所对渗水现象所作的防范。防水的重点部位是不同材料或构件交接处的薄弱环节（特别是缝）以及建筑有可能因为变形而产生开裂的场所。

2）针对造成渗漏的不同原因，有不同的防水对策。其做法主要是避免裂缝、疏导水源、堵塞漏洞以及加强对各种无法避免的缝的处理。至于在实施的过程中究竟选取哪些方法较为有效，则必须对具体的情况做具体的分析，尤其应了解可能造成渗漏的原因，这是解决问题的出发点。

3）建筑外围护结构部分所选用的材料、形式以及做法等的变化相当迅速，随着构造理论和建材业的发展，新的防水材料和处理方法也层出不穷。建筑的防水构造将一直是一个十分重要的课题，必须引起足够的重视。

第一节　防水构造的一般原理和方法

一、防水构造的一般原理

（一）固本与清源

固本是指采取构造措施来防止建筑物产生裂缝，以杜绝发生渗漏的途径。例如控制建筑物的不均匀沉降，可以防止因结构变形引起建筑物的开裂而产生渗漏；又如在大面积的外墙粉刷时预留引条线，是为了破坏因热胀冷缩引起的温度应力的传递，以避免墙面粉刷开裂而渗水。

清源是指尽量把水的来源减到最少，以减轻防范的困难。例如在门窗洞口的上部做粉刷时留有滴水槽、加大门窗框的中档使其出挑在整个门窗平面外，等等，都是为了减少门窗缝上部雨水的垂直流量，防止门窗表面生成水膜，进而在缝中产生毛细现象的可能性。

固本与清源要有针对性，要针对建筑的不同部位以及产生渗漏的不同原因，采取不同的措施。

（二）疏导与阻塞

疏导是指将渗入建筑物外表面缝中的水尽可能引导到缝外来，以防止其进一步内渗。例如在门窗框的某些适当部位打洞或钻孔，可以使经减压后落下的水滴或积聚在该处的雨水通过孔洞流出去而不至于越过防线流入室内。

阻塞是指用构造的方法对水的通道设置障碍或者用某种材料堵塞水的通道。例如在门窗缝之间装密封条就是一种阻塞的方法。阻塞的方法常常和疏导的方法一起运用，这个“大禹治水”的原理，应当不难理解。

二、防水构造的一般方法

（一）构造防水

构造防水是指对构件采取构造措施，尤其是对重点部位的断面进行特殊的设计和处理，使得在构件上能对水的通道形成障碍。构造防水又叫作构造自防水。例如在门窗缝中设置空腔，就起到了减压和破坏毛细现象的作用，从而达到防水的目的。构造防水的构造处理要精良，设计者必须对防水的原理及所用材料的性能有深刻的认识，有时还要兼顾加工、运输、施工等各种可能性，是值得花大力气去探讨的。

（二）材料防水

材料防水是指在防水的重点部分添加各种防水材料，利用材料本身的防水性能来达到预期的目的。例如在门窗缝中嵌置密封条，就是利用材料来防水。不同的防水材料做法有所不同，不同的部位应该选取的防水材料及做法也不同。不管怎么说，材料防水的可行性建立在材料本身的可靠性及构造设计的正确性上。近年来由于建筑材料的发展相当迅速，新材料、新做法层出不穷，但必须经过时间的考验，还必须经过有关部门的科学鉴定才能得以推广。我们应该时刻密切注视新材料的发展，以便不断推陈出新，使建筑的防水构造更加完善。

第二节　屋面防水构造系统

屋面防水构造系统包括排水和防水两个方面，体现了“导”和“堵”综合使用的原则。排水的目的是不让水在屋面积聚，而防水的目的是保证屋面水不渗漏至室内。

一、屋面排水系统

（一）屋面坡度

屋面坡度是屋面形成排水系统的首要条件。只有形成一定的屋面坡度，才能使屋面上的水按设计意图流向一定的处所而达到排除的目的。

1. 屋面坡度采用的依据

屋面坡度是综合各方面的因素决定的。这些因素包括气候条件、屋面防水材料的性能、防水构造方案以及使用方面的要求，等等。一般说来，寒冷地区的屋面坡度较陡，可以避免冬季积雪过厚而形成过量的雪荷载；经常有暴雨天气的地区屋面坡度也较陡，可以尽快地将雨水排除而避免渗漏。有些屋面使用防水材料的防水性能较好，接缝处理较合理而且单块面积较大、接缝较少，如水泥波型瓦等，坡度可以较小；相比之下，传统的小青瓦的屋面，坡度就要大些。如果屋面上经常要有人走动的，例如利用平屋面作为休息娱乐的场地，像屋顶花园之类，坡度要求相对平缓；而不经常上人的屋面，坡度就可以适当大些。

在工程中，通常将坡度小于 1：10 的屋面称之为平屋面，大于这个坡度的屋面称之为坡屋面。坡屋面的坡度一般用矢高和半个跨度的比来标注，例如 1：2(1/2)，1：3(1/3)，等等。平屋面则往往用百分比来标注。例如，上人屋面为 2%～3%，不上人屋面为 3%～5% 等。为了有利于屋面排水，有些地方的规范将平屋面坡度规定为不小于 5%。此外，檐沟的坡度一般不小于 1 %。

2. 形成屋面坡度的方法

形成屋面坡度的方法一般有垫置坡度和搁置坡度两种。前者又称之为建筑找坡，它是指用某些建筑材料在平整的基层上堆出坡度来。后者又称之为结构找坡，它是指用结构构件构成坡度后，再在上面构筑屋面。平屋面的坡度形成方法可以是两种找坡方式中的任何一种，坡屋面的坡度则一般都是由结构找坡形成的。

在建筑找坡的情况下，建筑顶层室内的顶部界面平整，由于屋面上有找坡材料作为垫层，因此保温性能较为良好，唯找坡材料会增加屋面的荷载。结构找坡节省材料，但室内的顶部界面倾斜，会给视觉造成不快，也会给装修带来麻烦。一般层高不高的民用建筑的平屋顶最好选用垫坡方式，而内部空间高大的工业厂房、不考虑隔热保温或考虑采用吊顶的某些民用建筑则往往选用搁坡来形成屋面坡度。

可以用来形成屋面坡度的构、部件通常有山墙（形成山尖样）、屋架、椽架、斜梁、刚架、悬索等（图 3.2.2.1～图 3.2.2.4）。可以用来垫置坡度的材料主要是一些轻集料混凝土，如煤屑混凝土，蛭石混凝土等以及一些高分子合成材料如聚苯乙烯板材等（图 3.2.2.5）。

(a) 传统的梁架支承的坡屋顶实例

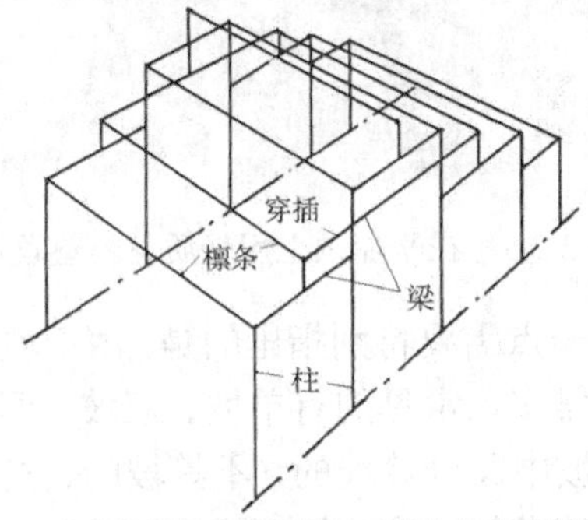

(b) 传统的梁架支承的坡屋顶结构布置示意图

图 3.2.2.1　传统的梁架支承的坡屋顶

(a) 由山墙支承的坡屋顶实例

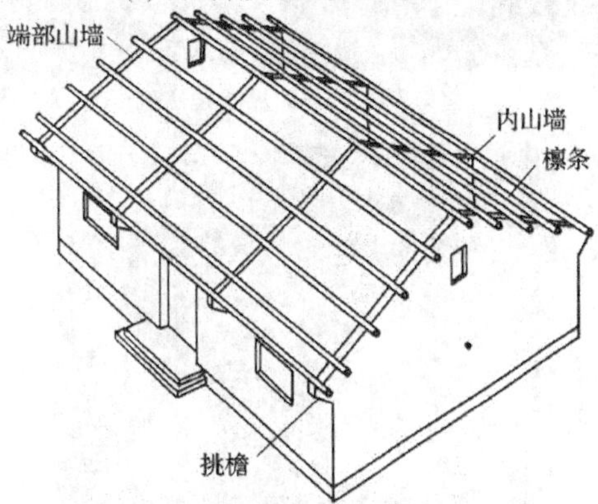

(b) 山墙支承的坡屋顶结构布置示意图

图 3.2.2.2　由山墙支承的坡屋顶

(a) 由屋架支承的坡屋顶实例

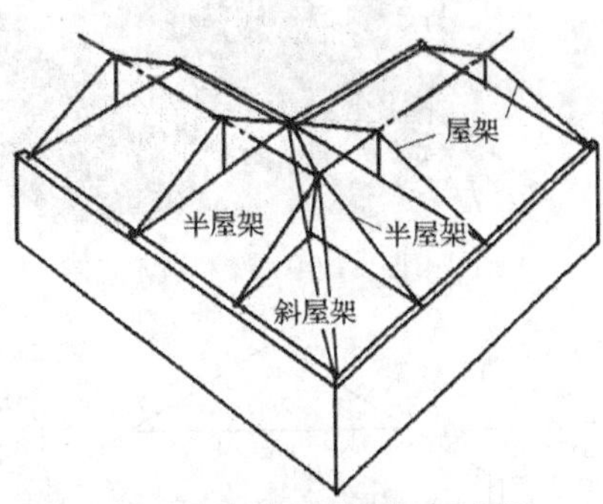

(b) 屋架支承的坡屋顶结构布置示意图

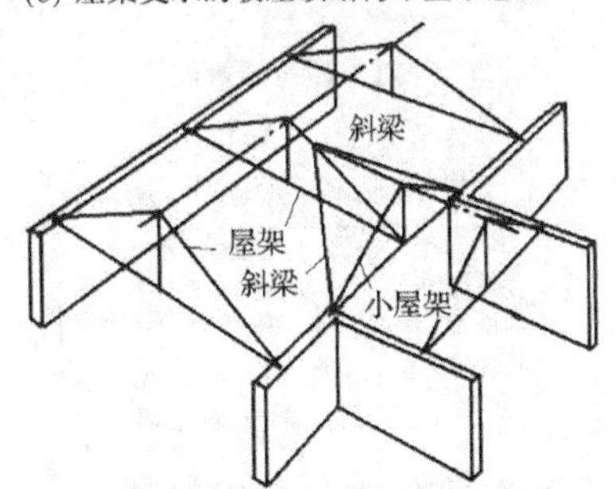

(c) 屋架与局部斜梁支承的坡屋顶结构布置示意图

图 3.2.2.3　由屋架或屋架与斜梁共同支承的坡屋顶

(a) 椽架搭建的坡屋顶实例

(b) 上图实例中椽架构成示意图

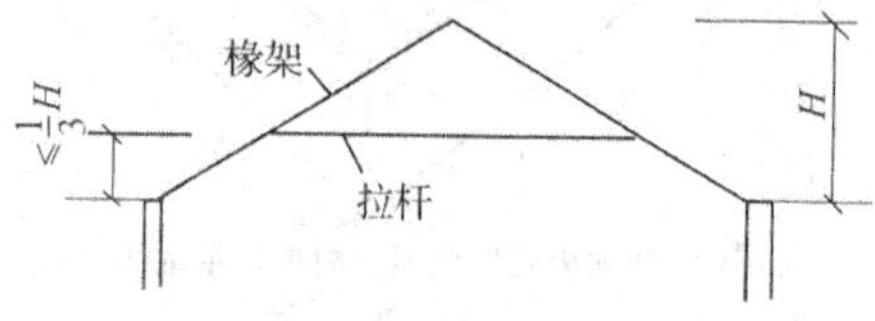

(i) 高拉杆椽架

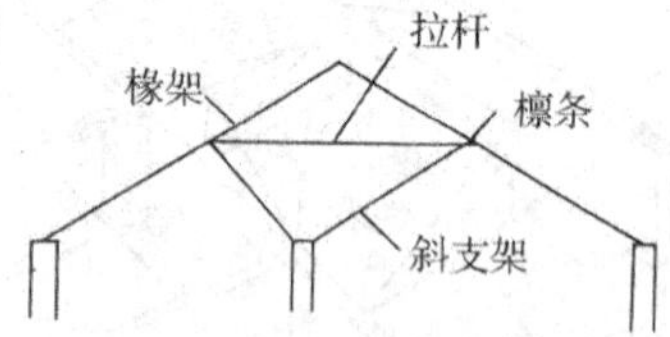

(ii) 斜支架支承椽架

(c) 常用椽架结构布置示意图

图 3.2.2.4　由椽架支承的坡屋顶

图 3.2.2.5　在平屋顶上用轻质材料垫置坡度

有一点需要特别指出的是，由于坡屋顶的形式非常多，常见的有单坡、双坡、四坡，等等，双坡中又分等坡的、不等坡的、檐口等高的、不等高的、悬山的、硬山的种种，四坡中又还有歇山、庑殿等的分别，因此有时屋面的结构布置方式会与同一建筑物中楼面的结构布置有所不同，特别是在两个以上的坡屋面交汇处，结构必须做特殊处理，屋面的自重及荷载必须依次传递到基础和地基上去，因此在设计带有坡屋面的建筑物的时候，应该尽早分析其屋面的设计意向可能给结构布置带来的影响，注意必要的屋面承重构件可能在平面中出现的位置，以避免设计过程中不必要的麻烦。

（二）有组织排水

有组织排水是指通过组织屋面坡度和合理的出水口以及排水管网，迅速有效地将屋面雨水排放到城市排水系统中去，同时可避免屋面雨水直接泻落在建筑物周围，对建筑外墙面造成不良的影响。

一般来说，屋面的分水面积以不超过 200m^2 为宜。落水管的间距常在 12～16m（民用建筑）或 18～24m（工业建筑）。

二、坡屋面防水构造系统

传统坡屋面所采取的防水方式主要是构

造防水。因为坡屋面是一种传统的建筑形式，在其悠久的发展进程中，屋面的构造方式几乎没有发生什么重大的变化，也没有足以使这种方式发生根本变化的建筑材料诞生，所以传统坡屋面防水的关键在于屋面瓦，在于瓦片本身的构造形式及其安置和搭接的方式。至于瓦片难以按照一般顺序搭接的地方，例如屋脊、天沟等部位，还有瓦片和其他构件相交汇的地方，例如与山墙的交汇处，等等，则必须做特殊处理。

近年来，坡屋顶的构成方法有了很大的变化，例如开始采用钢筋混凝土的现浇屋面，或者是用新的结构方式构成坡屋面系统甚至是异形的屋面系统，如壳体等，在这种情况下，坡屋面的防水构造系统就开始向多元的方向发展。因此，本节将在对传统的坡屋面的典型做法作一般介绍的基础上，着重介绍坡屋面构成的沿革及演变，以及相应的防水构造措施的变化，希望能使读者对此有所发现。

（一）传统坡屋面的防水构造

传统坡屋面的屋面瓦防水构造设计精良，图 3.2.2.6 罗列了几款由不同国家生产的平瓦，从中可以看出，它们都设有排水沟和挂瓦钩，而且其整体形状有利于上、下、左、右互相搭接。正是依靠瓦片自身这种良好的防水构造，屋面可以无须设置屋面板而直接采取冷摊瓦的方式，就是在山墙、屋架等构、部件间布置檩条，再在垂直檩条的方向布置椽子，最后在椽子上钉挂瓦条后直接挂瓦[图 3.2.2.7（a）]。不过冷摊瓦的做法在风力较大而且形成负压的情况下有可能使得屋面瓦片上鼓被吹落而造成屋面防水系统的破坏，因此较好的做法是在檩条或椽子上先满铺一层屋面板，上面放置一层油毡后，再钉上顺水条和挂瓦条，这样挂上去的瓦不易被吹落，而且万一有水渗入瓦片之间，也可以在顺水条的空隙间沿油毡流至檐口，使得整体的防水性能较好[图 3.2.2.7（b）]。

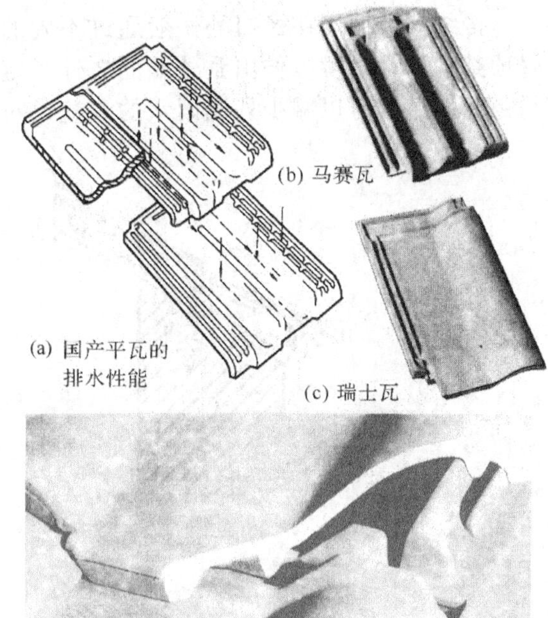

图 3.2.2.6　不同国家生产的瓦片防水构造

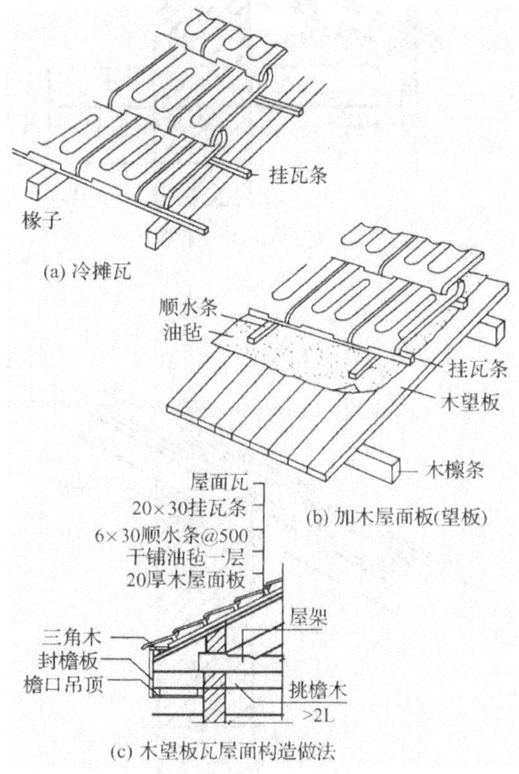

图 3.2.2.7　传统的盖瓦坡屋面的构造

传统的坡屋面在檐口处一般通过不同的屋顶结构构件出挑以伸出到外墙面之外一定的距离，这样可以减少外墙雨水的流量，对墙脚起到保护作用。图 3.2.2.8 是几种常见的挑檐做法。

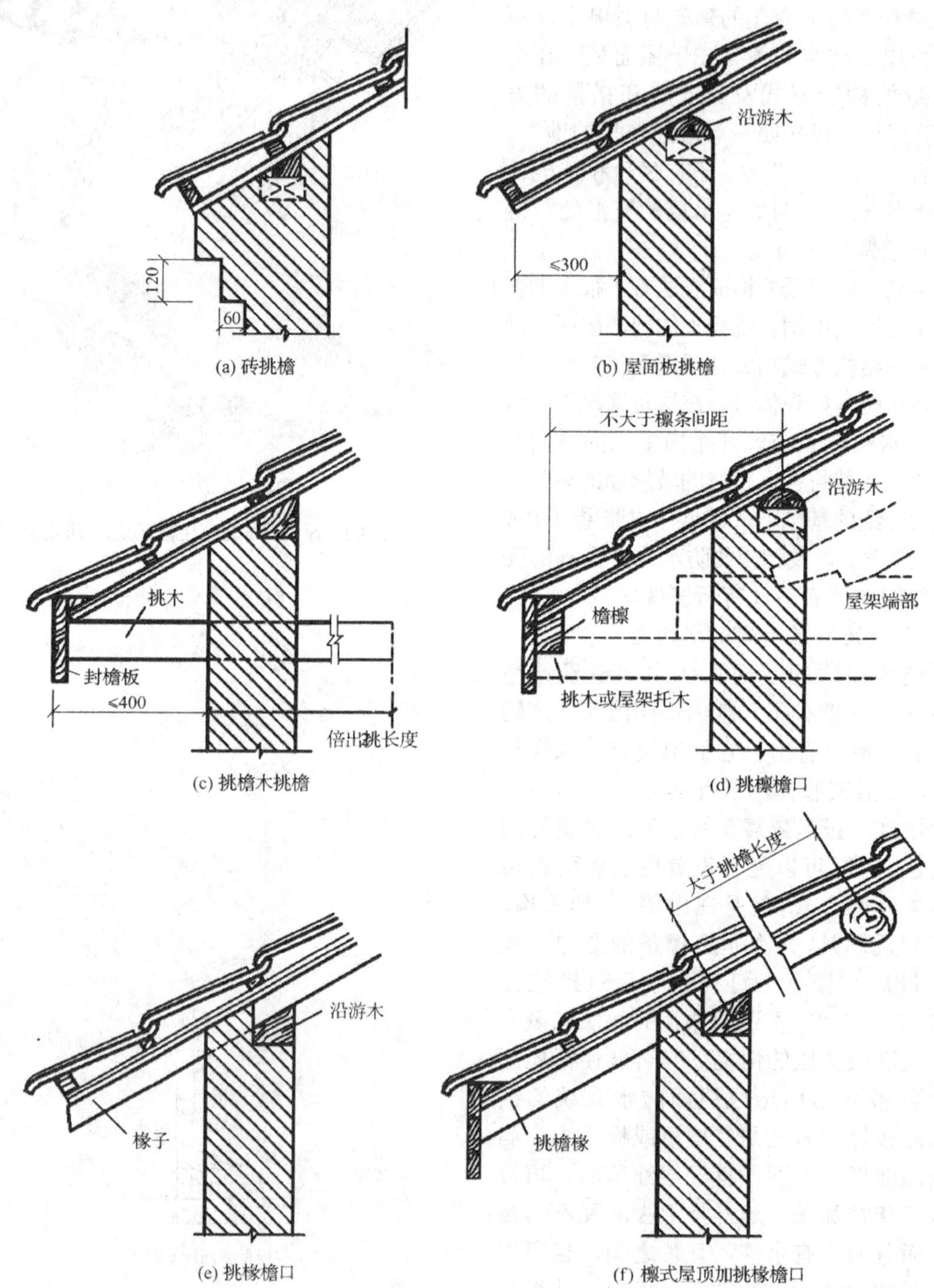

图 3.2.2.8 传统坡屋面几种常见的挑檐做法

坡屋面的相邻侧面的相交处，一般都会形成平屋脊、斜屋脊或者斜天沟。这些部分以及斜屋面与山墙高出屋面的交汇处等部位，都是传统屋面瓦的防水优势难以发挥的地方，需要做特殊的构造处理。图 3.2.2.9 及图 3.2.2.10 介绍了这些部位的几种构造做法。

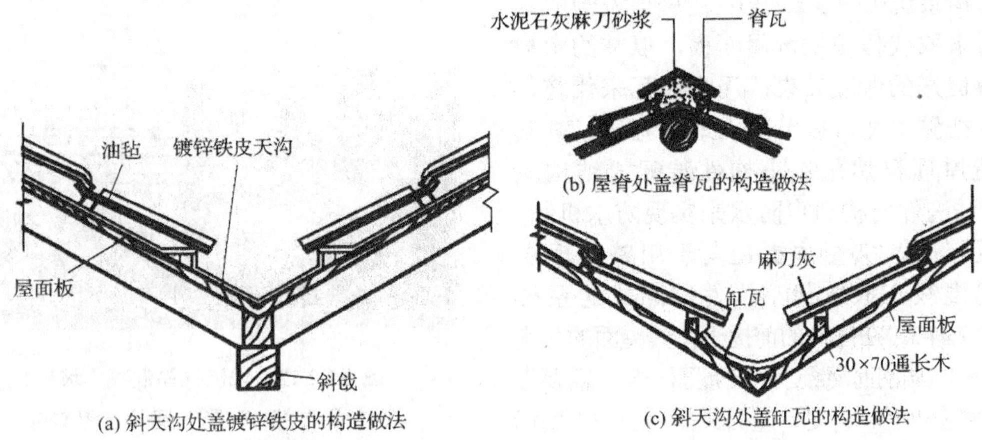

图 3.2.2.9　传统坡屋面在屋脊及天沟处的防水构造做法

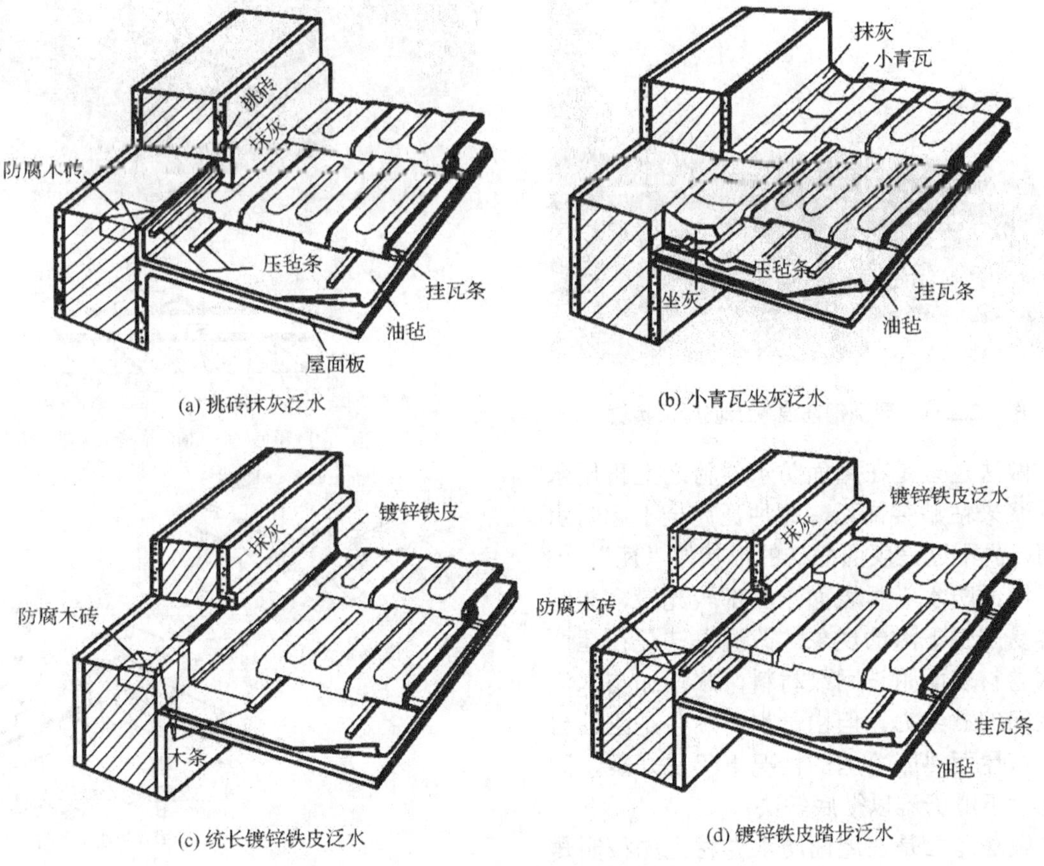

图 3.2.2.10　传统坡屋面在出山的山墙处的防水构造做法

（二）传统坡屋面做法的改变及其沿革

传统坡屋面做法的改变最早是材料的改变，例如用轻钢结构来代替传统的木结构的屋面结构系统（图 3.2.2.3）；用轻质发泡的水泥块材来取代传统的木屋面板，以节约木材及取得良好的保温效果；用水泥瓦来代替传统的烧结黏土瓦，以节约土地资源等，其基本构造原理仍然是以小构件装配式结构系统，通过构件的构造自防水来实现防水机制。

近年来，坡屋顶更趋向于用整体现浇的钢筋混凝土来取代小构件装配式的系统（图 3.2.2.11）。在这样的前提下，其屋面的防水机理就可以与钢筋混凝土的平屋面一样，需要靠防水材料来保护。但是，屋面瓦作为一种识别标志和符号仍不可缺少，于是就有了各种做法。

图 3.2.2.11　现浇钢筋混凝土坡屋顶实例

做法之一是在屋面防水卷材之上再用水泥砂浆来粘贴装饰瓦，这种瓦完全不起防水作用，只不过是表面面砖的形状像“瓦”。但由于屋面防水卷材表面一般都较光滑，装饰瓦容易产生下滑的现象。改进办法是在屋面防水卷材表面附设网纹材料，来增加与水泥砂浆间的黏结力。但由于水泥砂浆是刚性材料，在屋面热胀冷缩的情况下仍易开裂，因此瓦片下滑仍难以彻底解决。

做法之二是在屋面防水卷材上先按照传统做法设顺水条和挂瓦条，再铺设传统的屋面瓦或金属波形瓦，这种做法相当于用瓦又增加了一道防水层，效果较好（图 3.2.2.12 和图 3.2.2.13）。

图 3.2.2.12　现浇钢筋混凝土坡屋顶上用传统方法铺设瓦片过程实例

(a) 彩色钢板瓦屋面示意图

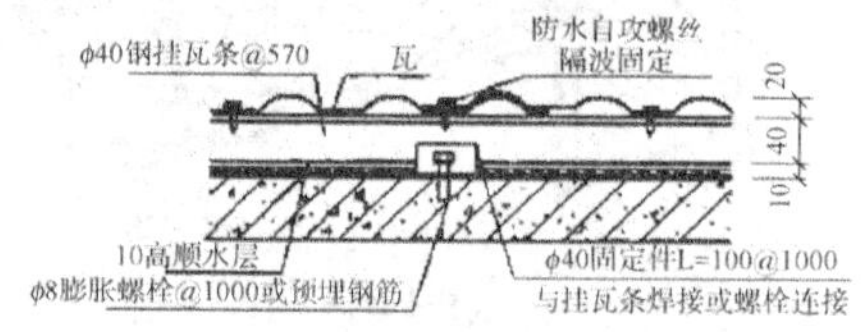

(b) 彩色钢板瓦横向搭接示意图

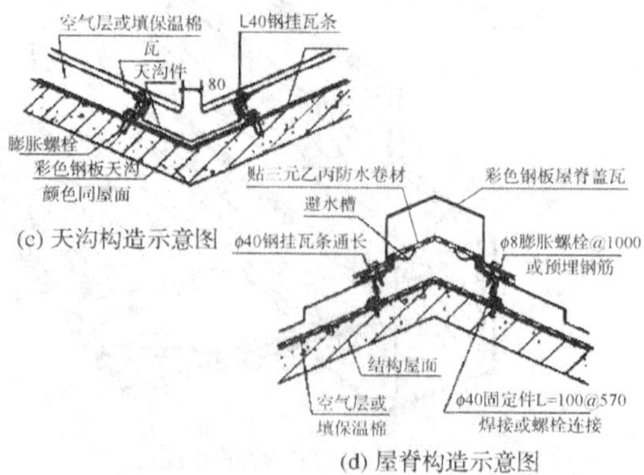

(c) 天沟构造示意图

(d) 屋脊构造示意图

图 3.2.2.13　彩色钢板瓦屋面构造示意图

其三是改变装饰瓦的材性及其与基底的连接方式。例如玻璃纤维的沥青瓦，是将玻璃纤维和沥青分层黏合成片状，上敷以天然矿石粒，既形成了对沥青的保护层，又带有天然石质的质感和色彩（图 3.2.2.14）。这种瓦可以用黏结剂直接贴在基层上，也可以用水泥钉钉在屋面防水层上（图 3.2.2.15）。当然，其关键在于需要选用良好的基底防水材料。防水材料应具有良好的抗拉伸及挤压作用，可以使钉眼处不渗漏。像这样的玻纤沥青瓦比面砖型的装饰瓦轻得多，又可以减少许多为贴装饰瓦而设的构造层次，还兼有防水作用。如果屋顶结构层仍然用传统的装配式的小构件来构筑，也可以选用这种瓦及其铺设的方式。

图 3.2.2.14 玻纤沥青瓦构成

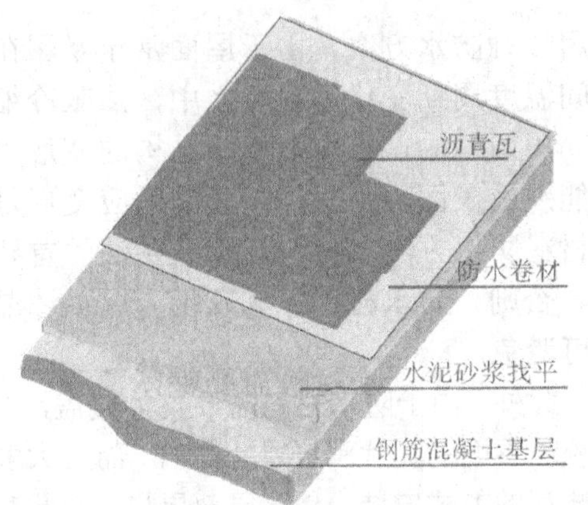

图 3.2.2.15 玻纤沥青瓦防水屋面构成示意图

（三）大型金属坡屋面板防水构造

大型金属坡屋面板利用金属材料可以挤压成型及具有良好的柔韧性的特点，可自成系统地既成为屋顶部分的覆盖物，又具有构造自防水的功能。这种板材可以复合其他材料从而达到防火、保温或具有鲜艳色彩等多种目的。特别是对于大跨的屋盖系统及各种异形的屋盖系统，大型金属屋面板都可以覆盖。图 3.2.2.16 及图 3.2.2.17 是两则实例。图 3.2.2.18 介绍一种金属坡屋面板的构造体系，它的优点是表面不像其他相近体系一样有很多由于用钉安装屋面板造成的窟窿需打胶修补，因而大大减少了渗水的概率。读者可自行比较其与图 3.2.2.19 所示的金属屋面板的安装构造的差别。这类屋面系统如果需要保温，可以在其下部与结构构件间直接安装保温的卷材。

图 3.2.2.16 大型金属屋面板坡屋顶实例

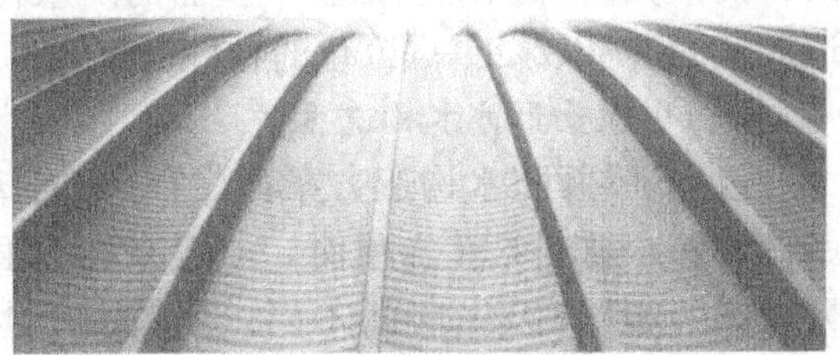

图 3.2.2.17 大型金属屋面板曲面坡屋顶实例

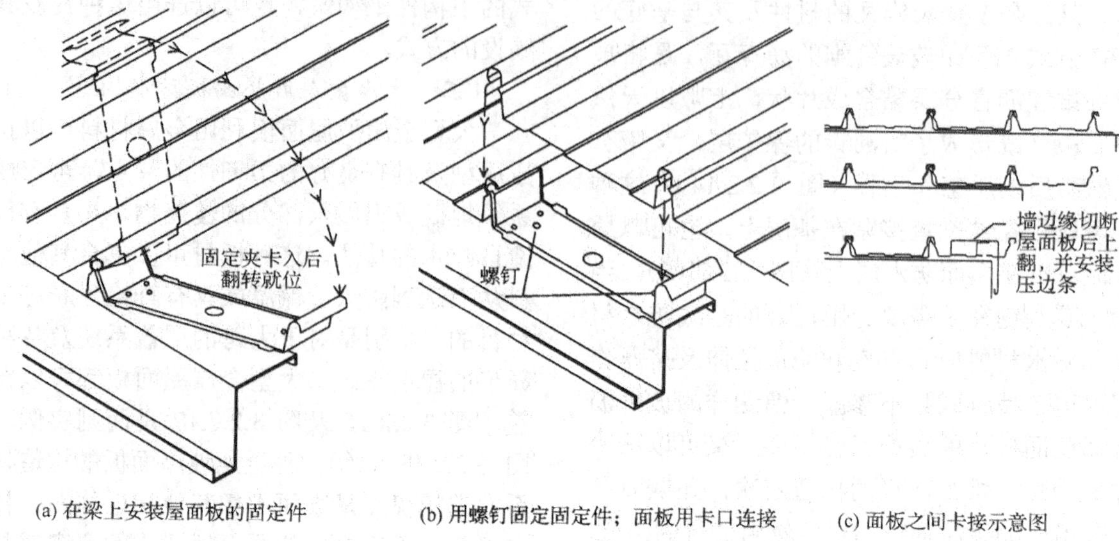

(a) 在梁上安装屋面板的固定件　(b) 用螺钉固定固定件；面板用卡口连接　(c) 面板之间卡接示意图

图 3.2.2.18　某大型金属坡屋面板的安装构造示意图

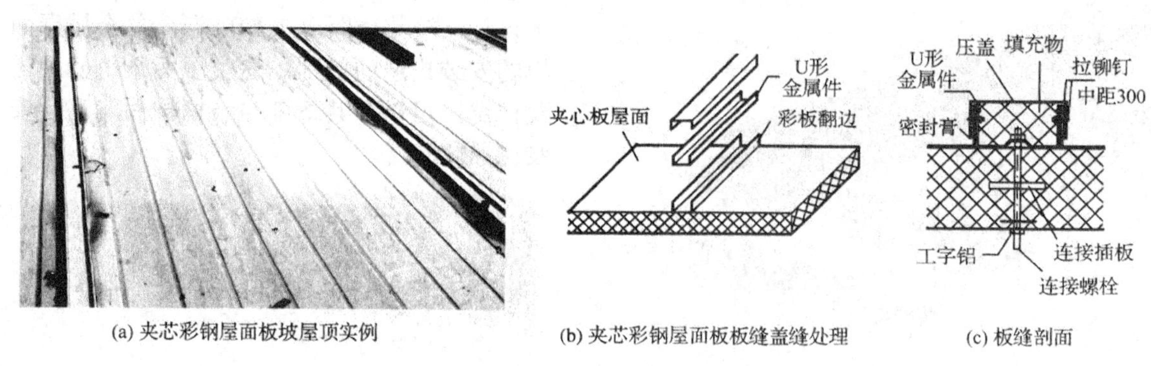

(a) 夹芯彩钢屋面板坡屋顶实例　(b) 夹芯彩钢屋面板板缝盖缝处理　(c) 板缝剖面

图 3.2.2.19　夹芯彩钢屋面板防水构造示意图

三、平屋面防水构造系统

平屋面所采取的防水方式主要是材料防水，用防水材料覆盖整个屋面以达到防渗漏的目的，其防水系统包括整个屋面的防水构造方案的选择以及重点部位的特殊处理。

（一）平屋面防水构造方案

选择平屋面防水构造方案首先在于选择用哪种防水材料来覆盖屋面。一般来说，根据所选防水材料及做法的不同，平屋面防水构造方案可以分为柔性材料防水、刚性材料防水和涂膜防水等几种基本方法，它们各有优缺点，适用范围也有所不同。然而，无论采用哪种防水方案，由于屋面常年暴露在昼夜间温度周期变化的环境之中，热胀冷缩的运动周而复始，再加上屋顶结构的变形也有可能殃及表面防水层，因此能适应变形是所有材料防水方案对材料及构造做法的首要要求。否则，防水材料一旦开裂，屋顶渗漏将不可避免。

此外，由于防水材料需要整体覆盖，不像传统坡屋面的瓦片那样是小构件，而且大多采用挂瓦的方式安装，易于局部更换，因此对屋面防水材料的耐久性和耐气候性也有一定的要求。在构造上往往设保护层来加以保护。下面将分别就各种材料的防水方案进行论述。

1. 柔性材料防水方案

1）材料：柔性防水材料指本身不透水，又有一定的延展性和弹性，可以在一定范围内适应屋面的微小变形的材料。它们一般是卷材，可供粘贴铺设。

在防水卷材中，过去最常用的是普通油毡。普通油毡比较便宜，但容易老化，耐气候性及耐久性都较差，而且因为是纸胎的，材质较脆，在荷载作用下容易开裂，造成渗漏。现阶段建材的发展提供了大量性能良好的材料，经用玻纤无纺布取代纸胎，并将沥青与人造橡胶混溶后做成氯丁橡胶沥青、丁基橡胶沥青等取代单一的沥青材料制作成改性沥青的卷材，性能较普通油毡有了大幅度的提高。此外，许多用高分子化合物制作的防水卷材，如橡胶基的三元乙丙防水卷材、三元丁橡胶防水卷材、树脂基的聚氯乙烯防水卷材、橡胶与树脂共混的氯化聚乙烯-橡胶共混防水卷材等，其性能在耐老化、耐低温、耐腐蚀等方面都优于油毡，而且弹性及抗拉强度都比较高，是较为理想的防水卷材。

2）施工方法和构造层次：柔性防水材料在施工过程中是粘贴的，粘贴前必须有平整的基底，否则不利于粘贴，还有可能有某些尖锐的局部会戳破防水材料而造成渗漏。因此无论用哪种方法形成屋面坡度，只要表面不平整，都必须先做找平层之后再做柔性防水层。找平层一般可使用 20 厚 1∶3 水泥砂浆。

由于平屋面用来垫坡的轻集料混凝土和用来找平的水泥砂浆都是刚性材料，在热胀冷缩的温度应力作用下易于开裂，而且基层结构的变形也可能造成上部轻混凝土和找平砂浆的开裂而影响附着在上面的防水层的牢固，因此在这些刚性材料的构造层次中应留预留分格缝（也叫分仓缝），使变形应力到此不再扩大，以减少刚性材料大面积开裂的可能性。设置分格缝的位置应该是变形较大或较易变形处，如预制屋面板的支撑端、拼缝处以及屋面的转折处、防水层与突出屋面结构的交接处。即便是整体现浇的钢筋混凝土屋面，也要在纵横不大于 6m 的间距内以及距屋面檐口 500mm 的范围内设置分格缝。分格缝的宽度宜为 5～30mm，缝内宜填塞聚乙烯泡沫塑料（卷材防水层）或密封材料（图 3.2.2.20）。

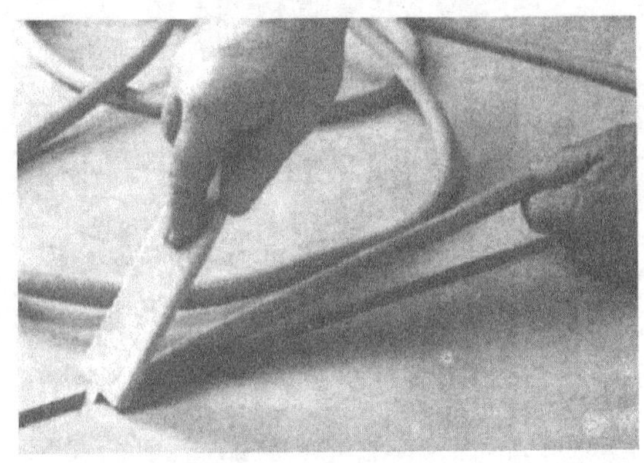

图 3.2.2.20　在分格缝中填塞柔性防水材料

为了使防水卷材之间搭接的接缝中不至于渗水，同时防止卷材在风力作用下移动或被破坏，柔性防水材料一般都采用与其化学性能接近的材料来粘贴。例如，习惯用沥青玛琋脂来粘贴油毡，称之为几毡几油。这是热施工的过程，施工条件差，沥青还容易在高温的气候中产生流淌的现象。高分子化合物的防水卷材则可以进行冷施工，例如三元乙丙防水卷材用合成橡胶类的胶结剂来粘贴，不必对黏结剂进行加热。

由于在施工过程中不能保证基底完全干燥后再铺贴柔性防水层，而且在进行室内粉刷及用户使用的过程中也都有可能产生水汽，这些水汽如果在防水层之下某处积聚，柔性防水层就有可能在该处鼓泡；这种泡一旦在外力作用下破裂，防水层的防水机制就会受到破坏。因此在粘贴防水卷材时，较好的方法是改满涂黏结剂的办法为条粘法或点粘法（图 3.2.2.21），这种方法可以使得水汽不在一处积聚，而且在某些部位给水气以出路（图 3.2.2.22）。有些柔性防水卷材的厂商特

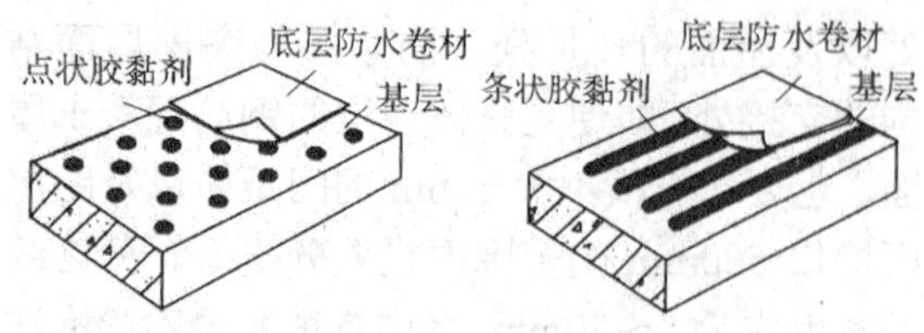

图 3.2.2.21　用点粘法或条粘法粘贴柔性防水材料

图 3.2.2.22　在屋面上留有水汽的出口

地生产出带波状的品种来供使用在防水层的底层，其机理与条粘法是一样的。

为了避免卷材防水层在分格缝处因变形应力较为集中而被拉裂，当采用满粘法施工时，在分格缝处宜加铺一道卷材（每边不少于 100mn 宽），单边粘贴，造成局部空铺，以适应变形。此外，当采用沥青防水卷材时，考虑沥青软化点较低且防水层较厚，在屋面坡度较大时，卷材铺设方向应垂直屋脊方向铺贴，以免发生流淌。高聚物改性沥青防水卷材和合成高分子防水卷材因不存在流淌问题，故对铺贴方向没有限制。防水卷材铺设的层数和每层厚度可参阅相关的规范。

天沟、檐沟等部位是屋面排水最集中的部位，也是结构变形最敏感的部位。为了确保防水功能，在屋面天沟、檐沟处也应增铺卷材附加层。如果这些部位因形状较为复杂而造成密封处理较为困难时，也可以增加防水涂膜的附加层，形成涂膜与卷材复合的防水层。

屋面防水卷材在女儿墙处的收头处理视女儿墙的基层材料而有所区别。一般当砖砌女儿墙较低时，卷材收头应直接铺至压顶下，用压条钉压固定，并用密封材料封严。当砖砌女儿墙较高时，应在不低于高出最上层防水材料 250mm 的高度部位留出凹槽并将卷材收头压入凹槽内。

为了避免卷材脱开，要用压条钉压，密封材料封严，抹水泥砂浆或聚合物砂浆保护。当女儿墙为混凝土时，卷材收头应直接用压条固定于墙上，并用密封材料封严，在收头上部做盖板保护（图 3.2.2.23）。在屋面与女儿

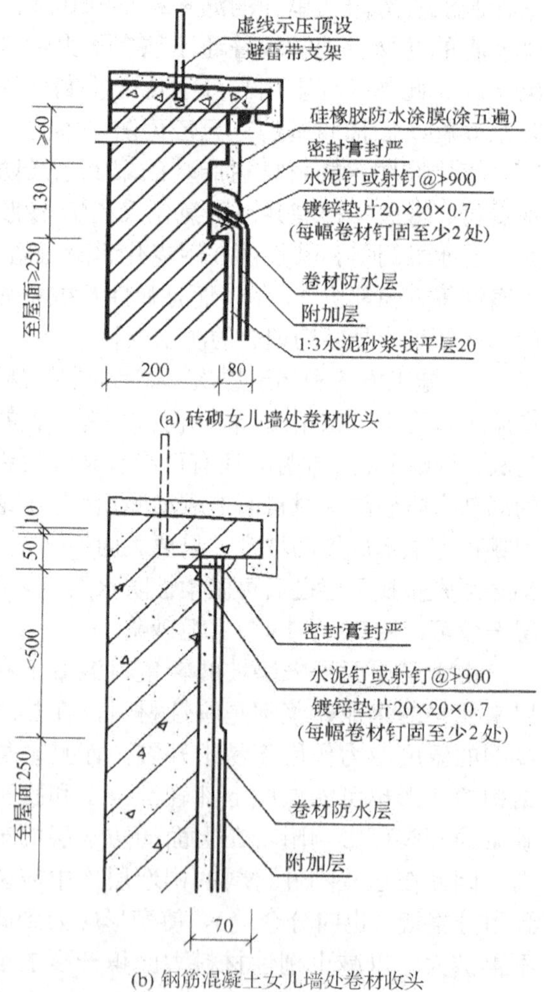

图 3.2.2.23　女儿墙处防水卷材收头处理

墙的交接处，找平层等构造层次应先做成圆角，才能使防水卷材上翻时下部被衬实而不因空鼓遭破坏。

为了保护柔性防水层，减少其受气候变化的影响并提高其耐久性，往往可以在其表面上再做一层保护层，例如可以在油毡防水屋面上撒一层粗砂（俗称绿豆砂）或云母及蛭石，由于其表面颜色较浅，可以反射部分阳光，达到降温的效果，并可以保护防水层表面的沥青，使其不至于在高温下流淌。通常还可以在防水卷材表面涂刷浅色的反光涂料，或者铺设细石混凝土及各种预制的混凝土块材。但在柔性防水层与细石混凝土等保护层之间需要设置隔离层，以确保防水卷材不破损，并方便防水层的检修与更新。隔离层的材料可选用干铺卷材、粗砂等。图 3.2.2.24 和图 3.2.2.25 所示的是比较典型的柔性防水屋面及其檐口处的做法。

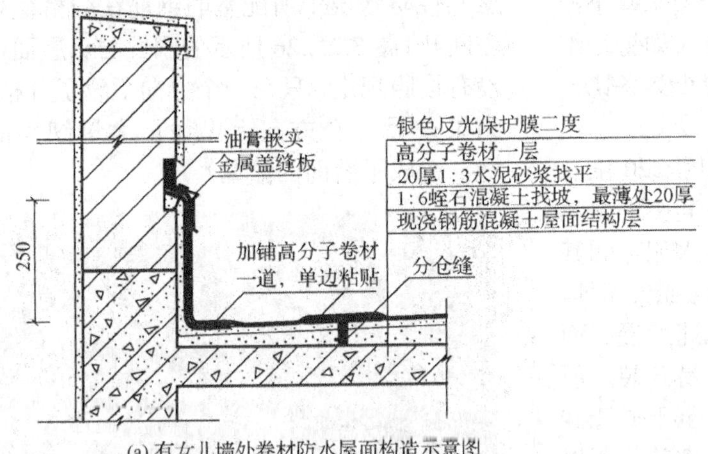

(a) 有女儿墙处卷材防水屋面构造示意图

(b) 有女儿墙处卷材防水屋面实例

图 3.2.2.24　有女儿墙处卷材防水屋面构造

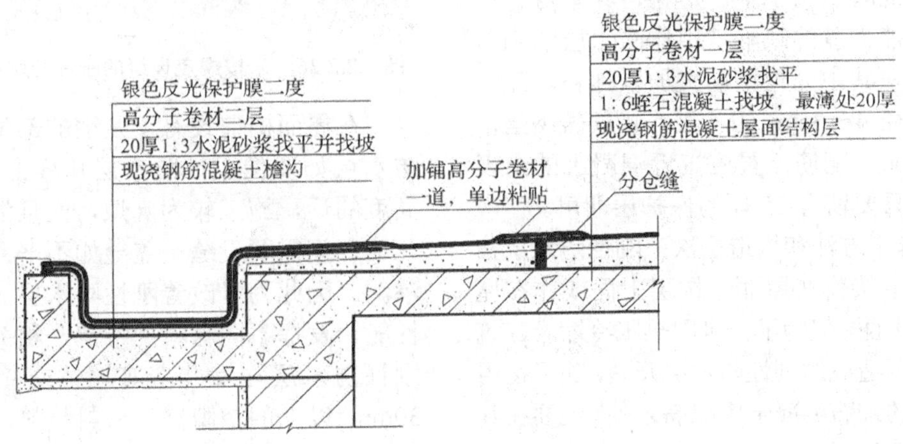

图 3.2.2.25　有檐沟处卷材防水屋面构造

2. 刚性材料防水方案

1）材料：刚性防水材料主要是指普通细石混凝土、补偿收缩混凝土和钢纤维混凝土。

混凝土本来的材性就比较密实，唯因在结硬过程中水分流失会留下孔隙而形成毛细管，于防水不利，故而在用作防水层时最好加入添加剂。添加剂的作用有的是可以减少施工时水泥砂浆和混凝土的用水量，并提高它们的凝结速度以进一步改善其材料的密实性的；有的是可以堵塞孔隙，防止水渗漏的，例如一些憎水性的材料，像有机硅（水玻璃）、氯化物金属盐、无机非金属矿物质及金属皂类，等等；还有的是用来引起混凝土结硬时的微膨胀以抵消其原有的收缩，从而达到提高其抗裂性能的目的的（即所谓补偿收缩混凝土）；再有的可以利用纤维的分布来减小混凝土的收缩率，以提高其抗裂性（如钢纤维混凝土）。加入添加剂的防水混凝土具备比一般混凝土更好的防水性能。

用作防水层的混凝土一般采用 C20 细石混凝土，厚度不得小于 40mm。其中的水泥应采用普通硅酸盐水泥或硅酸盐水泥，因其早期强度高、干缩性小、性能较稳定、耐风化，同时比其他品种的水泥碳化速度慢。而火山灰质硅酸盐水泥干缩率大、易开裂，所以在刚性防水屋面上不得采用。至于矿渣硅酸盐水泥，因其泌水性大、抗渗性差，所以使用时应采取减少泌水性的措施。

由于混凝土属于刚性材料，其本身存在着抗拉伸能力差的缺陷，用作防水层的细石混凝土应在其中配置钢筋来加以弥补。配筋一般为直径 4～6mm 的乙级冷拔低碳钢丝，@100～200。配筋位置应接近混凝土的上表面，一般只要留有 15 厚的保护层即可。

2）施工方法和构造层次：刚性防水层按理说可以直接作在屋面结构层上面或作在屋面找坡层上面。但为了抵御因热胀冷缩及建筑结构变形所造成的刚性防水层开裂，除了在用作防水层的细石混凝土中配筋之外，还要在其下部设置浮筑层，并在其中设置分格缝。

浮筑层的作用是将刚性防水层与结构部分脱离，消除防水层与基层之间的黏结力及机械咬合力，使它们之间具有相对位移的可能。这样防水层可以在温度作用下自由伸缩而不受结构部分的牵制，建筑结构变形给防水层带来的影响也可以减至最少。在工程中能用作浮筑层的材料很多，各地习惯的做法也不尽相同，石灰砂浆、纸筋石灰、塑料薄膜等都可用来当浮筑层。为了使上述的相对位移易于实现，必须给浮筑层提供一个平整的基底，因此在做浮筑层之前，往往需要先做找平层。

分格缝的设置部位及间距等都与柔性材料防水方案一节中所叙述的相同，并且应注意刚性防水层中所配置的钢筋在分格缝处也需断开。图 3.2.2.26 所示的刚性防水屋面由于没有按照规定，只在一个方向上设了分格缝，结果在另一个方向上出现了大量细小的裂缝，造成了屋面的渗漏。

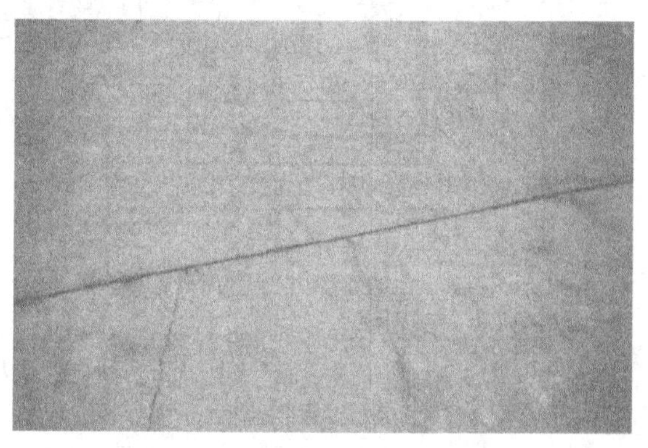

图 3.2.2.26　未按规定设缝的刚性防水屋出现裂缝

在屋面檐口设有女儿墙的部位，混凝土防水层如要像柔性防水层那样上翻 250mm 高度的话，施工较为麻烦，而且混凝土与女儿墙之间需要设缝，盖缝如不严，反而更易渗漏。因此为了改善刚性防水层的整体防水性能，发挥不同材料的特点，相关规范规定刚性防水层与女儿墙等墙体交接处应留有 30mm 以上的空隙嵌填密封材料，设女儿墙的泛水处应设卷材或涂膜附加层，代替刚性防水层上翻。卷材的收头做法参照柔性防水卷材的处理方法，涂膜收头采用多遍涂刷封严。图 3.2.2.27 和图 3.2.2.28 所示的是较典型的刚性防水屋面及其檐口处的做法。

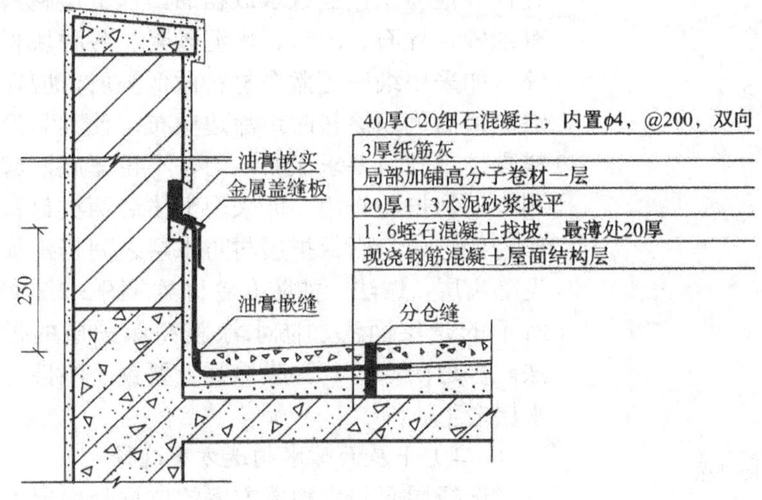

(a) 有女儿墙处刚性防水屋面构造示意图

(b) 有女儿墙处刚性防水屋面实例

图 3.2.2.27　有女儿墙处刚性防水屋面构造

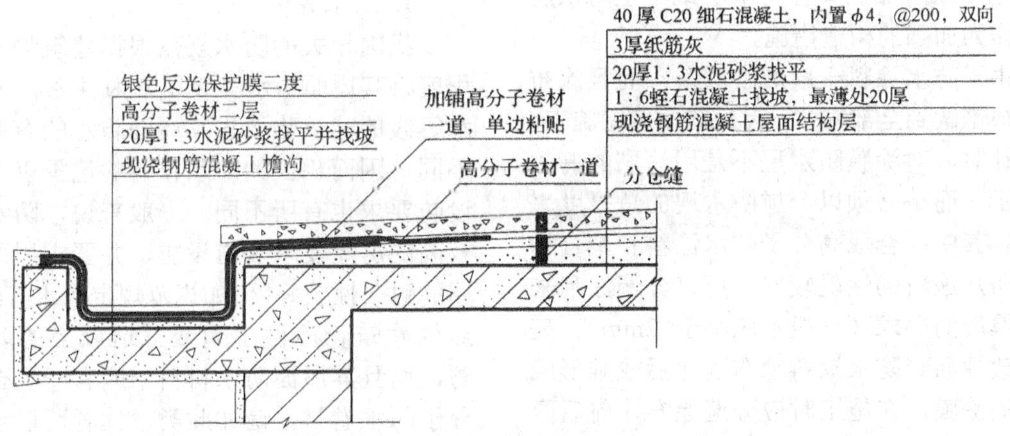

图 3.2.2.28　有檐沟处刚性防水屋面构造

3. 涂膜防水方案

1）材料：防水涂料主要有水泥基涂料、合成高分子防水涂料、高聚物改性沥青防水涂料及发泡聚氨酯硬膜等。其防水机理一是靠涂料本身或者其与基底表面发生的化学反应所生成的不溶性物质来封闭基层表层的孔隙，二是生成不透水的薄膜，附着在基底表面。因此要求防水涂料与基底之间具有良好的结合性，且形成的涂膜应坚固、耐久，具有一定的弹性，能够较好地适应屋面的变形。市场上的防水涂料有单一的产品，也有做成双组分的，在施工时再加以混合。

与防水卷材相比，防水涂料的一大优点是它可以用来填补某些细小的缝隙，可以用在某些难以铺贴卷材的地方，例如管道高出屋面的部位，等等（图 3.2.2.29）。有一些防水涂料还可以附着在潮湿的表面上，不受现场施工条件的限制。但防水涂料因为是直接敷设在基层材料上的，因此其适应变形的能力要弱于防水卷材。

图 3.2.2.29　防水涂料用于局部补强

2）施工方法和构造层次：涂膜防水层可以在与卷材防水屋面相同的构造层次上施工，也可以附加在柔性防水层或刚性防水层上，作为加强的构造措施。

由于防水涂料一般成膜较薄，而且涂布一遍很难做到全部密实，因此需要多遍施工。在设计时，对涂膜防水层不是用涂刷的遍数来表示，而是必须以一道防水层的总厚度来表示。其中，合成高分子防水涂料和聚合物水泥防水涂料的性能较好，可以分遍涂刮来达到厚度的要求（一般不应小于 2mm）。高聚物改性沥青防水涂料涂布固化后较难形成较厚的涂膜，在施工时应分遍涂布，前后两遍的涂布方向相互垂直，前遍干燥成膜后再涂后遍，直到达到所要求的涂膜厚度（一般不应小于 3mm）。

为了提高涂膜防水层对变形的适应能力，可以像铺贴柔性防水卷材那样，在其下部刚性找平层等构造层次的分格缝上及某些易于产生裂缝的地方先空铺一层玻纤网格布或防水卷材作为加强措施；也可以整体加入纤维性的胎体增强材料，在上面涂布若干涂层。

由于涂膜防水层的总厚度较薄而且耐穿刺的能力较弱，因此涂膜防水层上方应加做保护层；未做保护层之前，不能够在其上面进行其他施工作业或堆放物品。保护层材料有细砂、蛭石、云母、水泥砂浆、各种块材等。如采用细砂等撒布材料做保护层，应在涂刮最后一遍涂料时边涂边撒布，使其与涂料黏结牢固，要求撒布均匀、不得露底，起到长期保护的作用。如采用上述后两类材料作为保护层，则保护层与防水层之间仍需加设隔离层，做法一如防水卷材类。图 3.2.2.30 所示的是层面添加防水涂膜和保护层的做法。多道防水时，涂膜原则上要置于刚性防水层之下。

（二）平屋面防水构造方案选择

选择屋面防水构造方案的依据是房屋的防水等级、气候的影响、屋面的使用情况、经济条件以及施工条件等。

1. 防水等级

我国相关的防水规范根据建筑物的重要程度将其屋面防水等级划分为 4 级。不同防水等级的建筑物要求其屋面防水的有效年限不同，因而相应的防水材料的选择以及防水设防要求也有所不同。一般来说，防水等级较高的房屋要求多道设防，并要求屋面防水屋的耐久性较好，例如规范规定防水等级为 1 级的建筑物应做三道或三道以上的防水设防，而且其屋面防水材料中应有一道合成高分子防水卷材。诸如此类，读者可以通过阅读表 3.2.2.1，结合上文有关各种防水方案的介绍，仔细体会。

2. 气候的影响

气候对屋面的影响相当大。不但日温差的大小会影响屋面热胀冷缩的幅度，而且常年温差和极端温度的大小也会影响到屋面防水层的使用寿命。在气候条件差的地区应选用耐气候性较好的材料，例如在使用多种防水材料复合的屋面时，应充分利用各种材料技术性能上的优势，将耐老化的防水材料放在最上面，以提高屋面工程的整体防水功能。像卷材与涂膜复合使用时，涂膜宜放在下部，

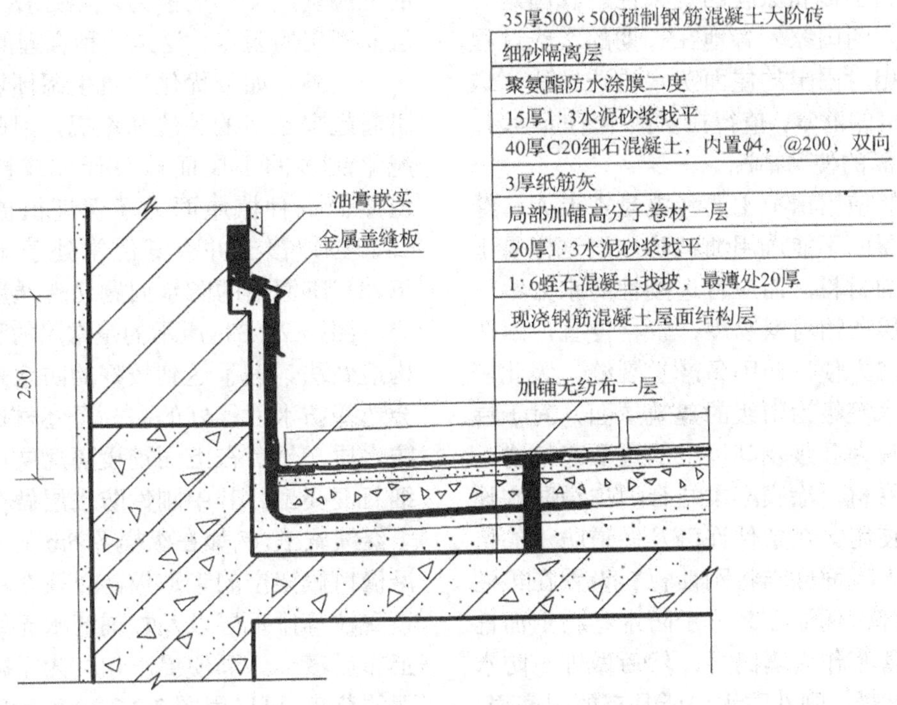

图 3.2.2.30　有女儿墙处涂膜防水屋面构造

表 3.2.2.1　屋面防水等级和设防要求

项目	屋面防水等级			
	1 级	2 级	3 级	4 级
建筑物类别	特别重要的民用建筑和对防水有特殊要求的工业建筑	重要的工业与民用建筑，高层建筑	一般的工业与民用建筑	非永久性的建筑
	25 年	15 年	10 年	5 年
防水层选用材料	宜选用合成高分子防水卷材、高聚物改性沥青防水卷材、合成高分子防水涂料、细石防水混凝土等材料	宜选用高聚物改性沥青防水卷材、合成高分子防水卷材、合成高分子防水涂料、高聚物改性沥青防水涂料、细石防水混凝土、平瓦等材料	应选用三毡四油沥青防水卷材、高聚物改性沥青防水卷材、合成高分子防水卷材、高聚物改性沥青防水涂料、合成高分子防水涂料、沥青基防水涂料、刚性防水层、平瓦、油毡瓦等材料	可选用二毡三油沥青防水卷材、高聚物改性沥青防水涂料、沥青基防水涂料、波形瓦等材料
设防要求	三道或三道以上防水设防，其中应有一道合成高分子防水卷材，且只能有一道厚度不小于2mm的合成高分子防水涂膜	二道防水设防，其中应有一道卷材。也可以采用压型钢板进行一道设防	一道防水设防，或两种防水材料复合使用	一道防水设防

因为这有利于提高涂膜的耐久性。我国是一个幅员辽阔的国家，各地在长期的实践过程中形成了相对固定的屋面防水构造做法，这是一份宝贵的财富，值得在实践中不断学习。

3. 屋面的使用情况

屋面的使用情况主要考虑是否上人。经常上人的屋面不能选用油毡防水层这样易于鼓泡破裂的材料，而应首选刚性防水方案。刚性防水层所用材料易得，价格便宜，耐久性好，维修方便，但因易产生裂缝，因此广泛用于防水等级为Ⅲ级的建筑屋面，对于屋面防水等级为Ⅱ级及其以上的重要建筑物，只有在与卷材、涂膜刚柔结合做二道防水设防时方可使用。在条件许可及多道防水的情况下，上人屋面应当将刚性材料设置在柔性材料的上部，例如在高分子防水卷材上面铺一层塑料薄膜作为隔离层，然后做细石防水混凝土，这样，刚性防水层所具有的耐磨损、耐穿刺和耐老化的性能，可以对下面的柔性防水层起到保护作用，而柔性防水层有良好的适应基层变形的能力，则弥补了刚性防水层易开裂的弱点，这是一种合理的选择。

此外，如今优化建筑生态环境的问题正引起越来越多的关注和重视，因此可能会有越来越多的平屋面被设计成或被改造为种植屋面。种植屋面为了保证植被的正常生长，必须覆土并令其经常处于湿润的条件下，其所面临的防水问题比普通屋面更为严峻。图 3.2.2.31 所示的是常用的种植屋面的构造做法。为了达到较好的防水效果，通常会选择防水性能好的高分子卷材作为第一道防水层，然后在上面铺设隔离层后再做防水细石混凝土。其中刚性防水层做在上部有利于继续施工，例如在纵横各 6m 的范围内以及沿檐口做架空的走道板，以及在种植区内铺设陶粒等排水层以及加铺滤水无纺布或者土工布后覆土。顺便提一句，为了减轻种植屋面的荷载，可以用图 3.2.2.32 所示的轻质塑料夹层板来代替陶粒等材料。

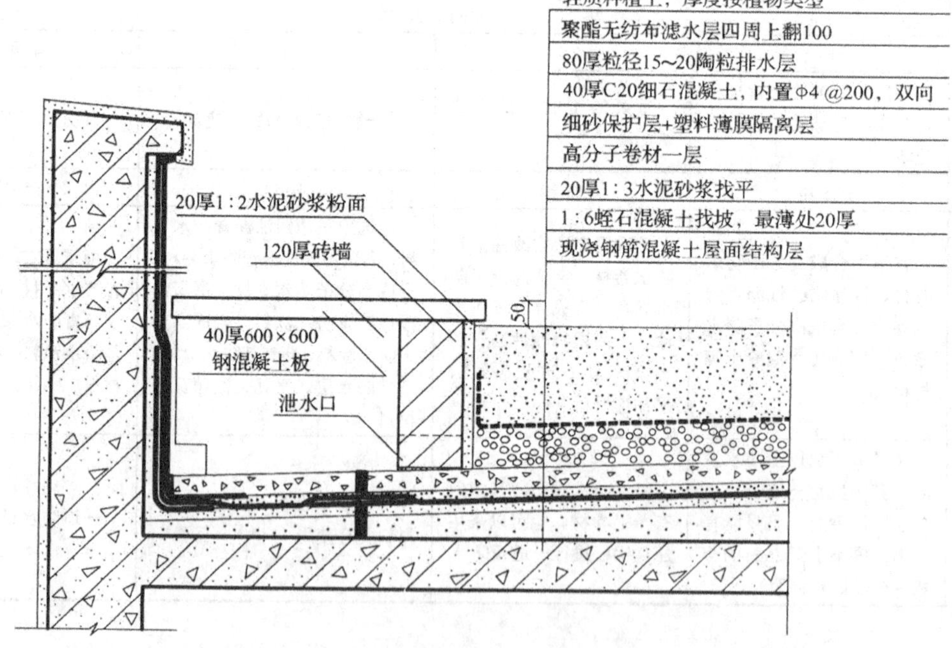

图 3.2.2.31　种植防水构造示意图

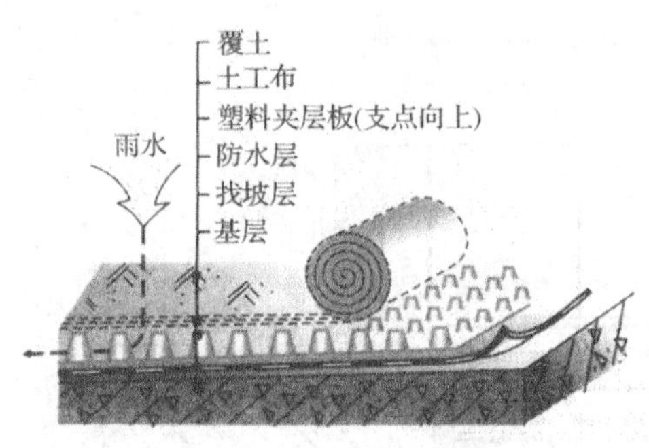

图 3.2.2.32　塑料夹层板应用示意图

4. 经济条件

经济条件是制约较大的因素，在选取屋面的防水构造方案时也不得不认真考虑。往往有许多新的防水材料材性好，施工较方便，但价格较贵；传统的防水构造做法一般都经过长时期的实践考验，虽然有一些材料的性能并不十分理想，但构造方法合理，价格也较低廉。表 3.2.2.1 中对防水材料选择的顺序编排，实际上也含有对经济方面的考虑。

5. 施工条件

施工条件牵涉到各种防水材料的性能及防水方案实施的可能性。在工程中主要考虑基底的条件以及现场的气候因素等。例如，在某些潮湿的基底上就需考虑使用能与其结合的防水涂料；在某些较难施工的场所，像屋面有突出物处，也可以选用涂料或某些卷材；但在烈日暴晒下以及零下的极端低温情况下，就不适合浇筑细石混凝土，等等。

总之，可以影响到屋面防水方案选择的因素相当多，应综合考虑决定取舍。另外，建材业的发展也会不断带来新的选择的可能性，在实践中应予以密切关注。

实例分析

图 3.2.2.33 所示的屋面是上人屋面，以防滑地砖作为面层终饰。屋面分仓缝贯穿至饰面层，而且纵横交错，在十字交接处留有排水汽的通道口。该屋面防水层在女儿墙处上翻，并有盖缝处理。其可以借鉴之处是合理安排了防水构造，使在屋面檐口女儿墙处形成一道沟，有利于屋面排水。其实只要先在整个屋面上经找坡、找平后满铺一道高分子卷材，再在檐口处加做第二道高分子卷材，二道皆上翻至女儿墙上的合适高度，然后在大面积上于第一道防水卷材上做刚性防水层上贴防滑地砖。利用刚性防水层与檐口处第二道防水卷材间的高差自然形成沟。读者如有兴趣，不妨自行将该屋面檐口处的构造详图画出来并加上标注。

图 3.2.2.33　某上人屋面女儿墙处防水构造实例

第三节　楼面防水构造

楼面防水的重点部位是有水的房间及有管道穿越楼层的场所。

一、有水房间楼板层的防水构造

有水房间一般较相连房间的地面落低 20～30mm，高差太大的话有可能造成行走的不便。有水房间的地面在做面层装修之前，应先满做防水层，而且要沿周边翻起以及局部伸过与相连房间的搭接处（图 3.2.3.1）。防水层一般可选择做柔性防水卷材，或者玻纤布一层、防水涂料二道。在有的情况下，有水房间和相连房间之间的装修面层的厚度相差较多，有水房间地面需要垫高以保持相互间约 20mm 的高差，其防水层可以做不小于

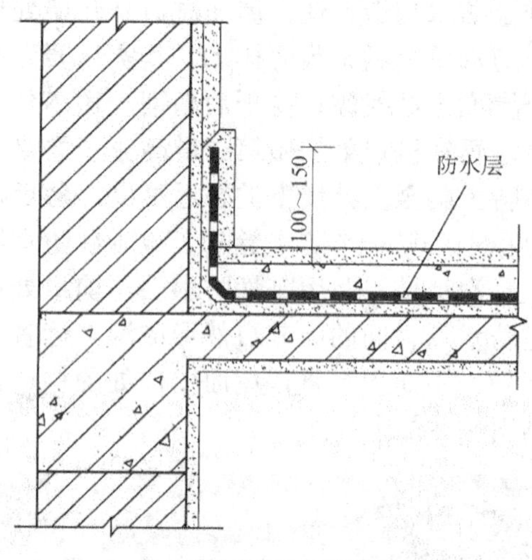

(a) 有水房间防水层在四周上翻

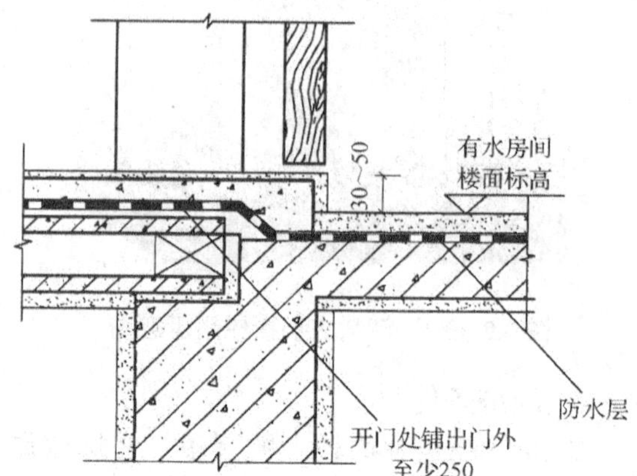

(b) 有水房间防水层铺过与相连房间交接处

图 3.2.3.1　有水房间防水层构造示意图

35mm 厚的防水细石混凝土，以同时达到垫高和防水的双重目的。

二、有管道穿越楼层处的防水构造

在有管道穿过楼层的部位，管道工程完成之后孔洞的周边应该用 C20 干硬性的细石混凝土捣实来修补。在要求孔洞周边平整的地方，可以参照管道出屋面处的做法，用两道玻纤布加上防水涂料来进行密封处理，否则也可以在孔洞周边用混凝土做翻起，然后参照屋面女儿墙泛水作防水处理。如果通过楼层的是热力管，在管道需要通过的孔洞处应先做套管，以防止混凝土因热胀冷缩而开裂（图 3.2.3.2）。

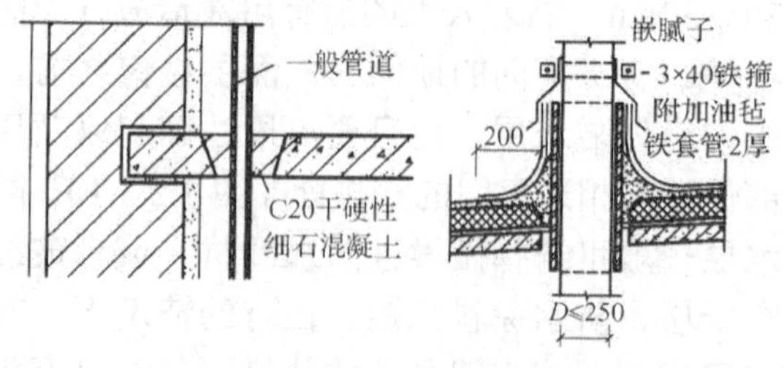

图 3.2.3.2　管道通过楼层处的防水构造示意图

第四节　地下室防水构造

一、地下室防水状况分析

建筑地下室长期埋置在土中，周边环境较为潮湿，其防水的状况主要取决于地下水位的高低。如果地下水文资料显示无论是常年地下水位还是丰水期地下水位均低于地下室底板标高的，地下室只要采取防潮处理就可以了。但如果常年地下水位或者丰水期的地下水位有可能高过地下室底板的，地下水就会对建筑物的地下室产生浮力及侧压力，并有可能使水进入地下室内，此时必须进行防水处理。因为尽管目前为满足结构和防水的需要，建筑物的地下室一般都已采用钢筋混凝土材料制作，其防水性能较为良好，而且添加外加剂后密实性有进一步的提高，但如果地下室长期浸泡在地下水中，受到地下水侵蚀的混凝土的耐久性会受到影响，所以不能单靠用防水混凝土来抵抗地下水的侵蚀。

二、地下室防水构造

地下室的防水构造做法为采用防水材料来挡水以及在周边和室内进行降、排水。降水的方法可以降低地下室周边的地下水位，使其不对地下室形成压力，从而减少水对其周边构件的渗透。排水的方法主要是指排除已经进入室内的地下水，以保证地下室的使用功能。

可以用作地下室防水的材料有防水卷材、防水砂浆和防水涂料等几种。根据建筑物的状况应选用合适的防水材料，而且不同防水材料的防水层，其敷设的位置也不尽相同。在地下室防水工程中，一般是按照构件的迎水面和背水面来加以区分的。

地下室的防水等级标准应按照是否允许渗、漏水以及湿渍的面积大小来加以区分（表 3.2.4.1）。

表 3.2.4.1 地下工程防水等级标准

防水等级	标准
1 级	不允许渗水，结构表面无湿渍
2 级	不允许漏水，结构表面可有少量湿渍； 工业与民用建筑：湿渍总面积不大于总防水面积的 1%，单个湿渍面积不大于 $0.1m^2$，任意 $100m^2$ 防水面积不超过一处； 其他地下工程：湿渍总面积不大于防水面积的 6%，单个湿渍面积不大于 $0.2m^2$，任意 $100m^2$ 防水面积不超过 4 处
3 级	有少量漏水点，不得有线流和漏泥砂； 单个湿渍面积不大于 $0.3m^2$，单个漏水点的漏水量不大于 2.5L/d，任意 $100m^2$ 防水面积不超过 7 处
4 级	有漏水点，不得有线流和漏泥砂； 整个工程平均漏水量不大于 2L（m^2•d），任意 $100m^2$ 防水面积的平均漏水量不大于 4L（m^2•d）

（一）地下室卷材防水构造

卷材防水构造适用于受侵蚀性介质或受振动作用的地下工程。卷材应采用高聚物改性沥青防水卷材或合成高分子防水卷材，铺设在地下室混凝土结构主体的迎水面上。铺设位置是自底板垫层至墙体顶端的基面上，同时应在外围形成封闭的防水层。

卷材铺贴前应在基层表面上涂刷基层处理剂，基层处理剂应与卷材及胶黏剂的材料相容，可采用喷涂或涂刷法施工。喷涂应均匀一致、不露底，待表面干燥后方可铺贴卷材。两幅卷材短边和长边的搭接宽度均不应小于 100mm。当采用多层卷材时，上下两层和相邻两幅卷材的接缝应错开 1/3 幅宽，且两层卷材不得相互垂直铺贴。在阴阳角处，卷材应做成圆弧，而且应当像在有女儿墙处的卷材防水屋面做法一样，加铺一道相同的卷材，宽度≥500mm（图 3.2.4.1 和图 3.2.4.2）。

防水卷材厚度的选用应符合表 3.2.4.2 的规定。

表 3.2.4.2 防水卷材厚度

防水等级	设防道数	合成分子防水卷材	高聚物改性沥青防水卷材
1 级	三道或三道以上设防	单层：不应小于 1.5mm； 双层：总厚不应小于 2. 4 mm	单层：不应小于 4mm； 双层：总厚不应小于 6 mm
2 级	二道设防		
3 级	一道设防	不应小于 1.5mm	不应小于 4mm
	复合设防	不应小于 1.2mm	不应小于 3mm

（二）地下室砂浆防水构造

砂浆防水构造适用于混凝土或砌体结构的地下室基层上，可以做在结构主体的迎水面或者背水面。但环境有侵蚀性、持续振动

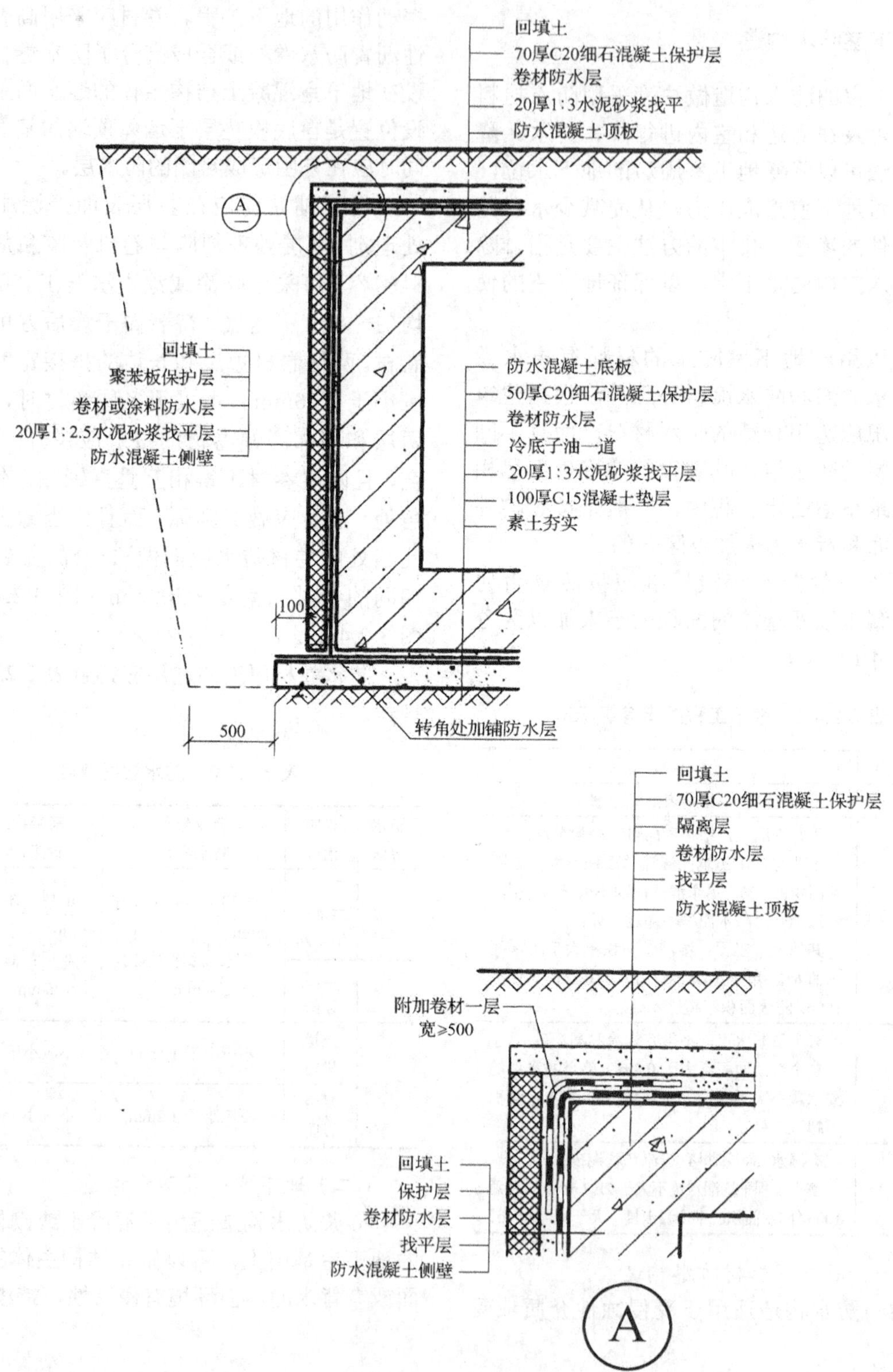

图 3.2.4.1　全埋式地下室卷材防水构造示意图

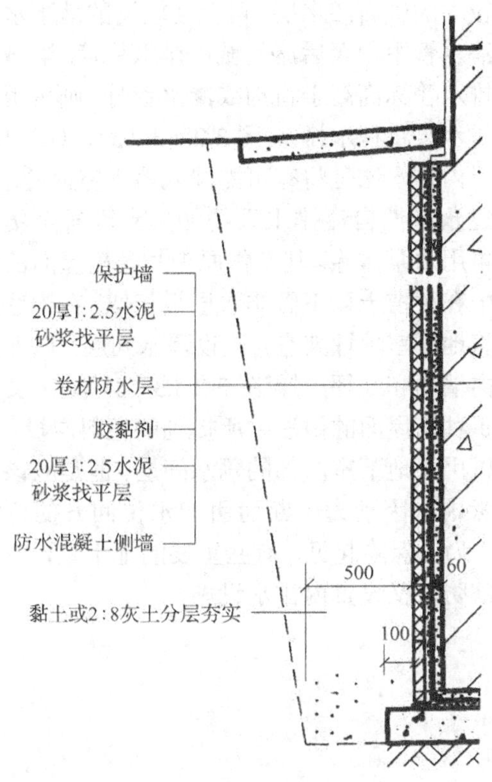

图 3.2.4.2　顶板出地面的地下室卷材防水构造示意图

或温度高于 80℃的地下工程不适用。

地下室所用的防水砂浆应为水泥砂浆或高聚物水泥砂浆、掺外加剂或掺和料的防水砂浆，施工应采取多层抹压法进行。其中水泥砂浆的配比应在（1∶1.5）～（1∶2），单层厚度同普通粉刷。高聚物水泥砂浆的单层厚度为 6～8mm；双层厚度为 10～12mm。掺外加剂或掺和料的防水砂浆总厚度为 18～20mm。

（三）地下室涂料防水构造

涂料防水构造适用于受侵蚀性介质或受振动作用的地下室，且按照涂料的种类，分别适用于地下室主体的迎水面或背水面。

其中，适宜做在主体结构迎水面的是有机防水涂料。有机防水涂料主要包括合成橡胶类、合成树脂类和橡胶沥青类。其中如氯丁橡胶防水涂料、SBS 改性沥青防水涂料等聚合物乳液防水涂料，属挥发固化型；聚氨酯防水涂料等属反应固化型。另有聚合物水泥涂料，是以高分子聚合物为主要基料，加入少量无机活性粉料（如水泥及石英砂等），具有比一般有机涂料干燥快、弹性模量低、体积收缩小、抗渗性好等优点，国外称之为弹性水泥防永涂料。有机防水涂料固化成膜后最终是形成柔性防水层，所以适用在地下室的迎水面。

此外，适宜做在地下室主体结构背水面的是无机防水涂料。无机防水涂料主要包括聚合物改性水泥基防水涂料和水泥基渗透结晶型防水涂料，其成分是在水泥中掺和一定的聚合物，使之能够不同程度地改变水泥固化后的物理力学性能，但是无机防水涂料仍应认为是刚性防水材料，所以不适用于变形较大或受振动的部位，而适宜做在地下室主体结构的背水面。

涂料防水构造的做法，可以参考图 3.2.41 及图 3.2.4.2 中防水卷材的做法（图中标注为“卷材或涂料防水层”）。

防水涂料一般需要多道设防，尤其是防水等级较高的地下室，应分别满足设防道数和总厚度的要求。具体数据，可参照表 3.2.4.3 的规定。

表 3.2.4.3　防水涂料厚度（mm）

防水等级	设防道数	有机涂料			无机涂料	
		反应型	水乳型	聚合物型	水泥基	水泥基渗透结晶型
1 级	三道或三道以上设防	1.2～2.0	1.2～1.5	1.5～2.0	1.5～2.0	≥0.8
2 级	二道设防	1.2～2.0	1.2～1.5	1.5～2.0	1.5～2.0	≥0.8
3 级	一道设防	—	—	≥2.0	≥2.0	—
	复合设防	—	—	≥1.5	≥1.5	—

（四）地下室人工降、排水

地下室人工降、排水的方法可分为外排法和内排法两种。所谓外排法系采取在建筑物的四周设置永久性降排水设施，使高过地下室底板的地下水位在地下室周围回落至其底板标高之下，或者使平时水位虽在地下室底板之下，但在丰水期有可能上升的地下水水位难以达到地下室底板的标高，使得对地下室的有压水变为无压水，以减小其渗透的压力。通常的做法是在建筑物四周地下室地坪标高以下设盲沟，或者设置无砂混凝土管、普通硬塑料管或加筋软管式的渗水管，周围填充可以滤水的砾石及粗砂等材料。其中贴近天然土的是粒径较小的粗砂滤水层，可以使地下水通过，而不把细小的土颗粒带走；而靠近排水装置的是粒径较大的砾石渗水层，可以使较清的地下水透入渗水管中积聚后流入城市排水总管。当城市的排水管标高高于盲沟或渗水管时，则采用人工排水泵将积水排走[图 3.2.4.3（a）、（b）]。

内排水法是将有可能渗入地下室内的水，通过永久性自流排水系统如集水沟排至集水井再用水泵排除。其工作原理与种植屋面的做法中在种植土以下做排水层很相似。在构造上常将地下室地坪架空，或设隔水间层，以保持室内墙面和地坪干燥[图 3.2.4.3（c）]。上文中关于种植屋面的做法中所提到的塑料层板，也可以用于地下室内部的隔水间层。但是应该充分考虑到因动力中断而引起水位回升的可能性。为了保险起见，有些重要的地下室，既做外部防水又设置内排水设施。

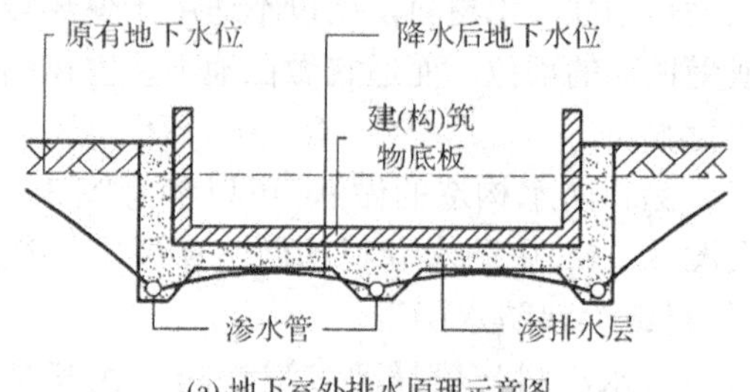

(a) 地下室外排水原理示意图

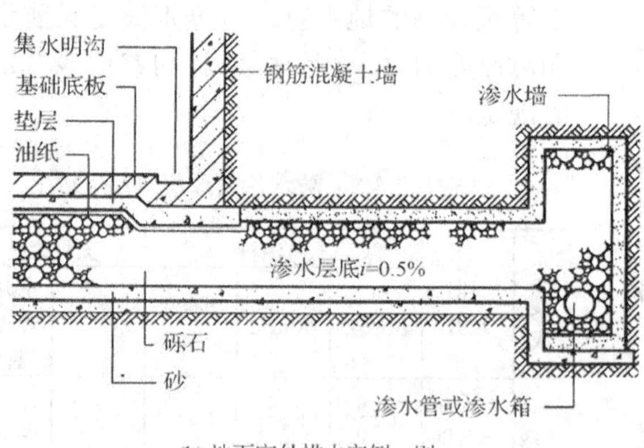

(b) 地下室外排水实例一则

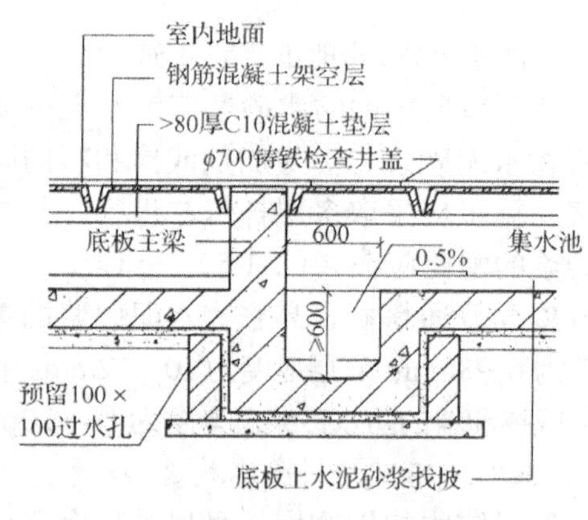

(c) 地下室内排水构造示意图

图 3.2.4.3　地下室人工降、排水构造示意图

第五节　外墙防水构造

外墙防水的重点部位在屋面附近、门窗洞口周围及墙面因悬挂设施而打洞的地方。造成墙面渗漏的主要原因是裂缝，而造成裂缝的主要原因首推建筑物的不均匀沉降。这种不均匀沉降形成的变形在屋面附近最为明

显，一旦墙面出现裂缝，就容易渗水。此外，门窗洞口、建筑物转角处是抗剪的薄弱环节，也容易因变形而开裂。现今，除了现浇墙板的建筑外，大部分的砌筑墙和填充墙都以空心砖和水泥砌块等为外墙材料。这类砖和砌块一旦被钻了孔又没有用密封材料嵌实，水进入孔洞后不易排出，造成墙面渗水是不足为怪的。另外，许多外墙饰面砖不但不防水，而且还吸水、渗水，对防止外墙渗漏也有不利影响。

一、普通外墙的防水措施

要防止墙面开裂，首先应努力避免或减少建筑物的不均匀沉降，这主要由结构计算和施工过程来控制。

其次，在构造方面主要是在整体上用材料来防水和加强对洞口的密封处理。

外墙材料防水包括用防水砂浆或聚合物砂浆做粉刷、喷发泡聚氨酯以及涂各种防水涂料等（图 3.2.5.1）。

图 3.2.5.1　某建筑外墙用防水涂料进行防水处理

对各类洞口，应按照不同的情况在其中填入防水填充剂，或嵌入密封条后用密封胶封实。图 3.2.5.2 所示的建筑物采用在现场将外墙构件和门窗框浇在一起之后再行安装的方法，目的是尽量减少缝隙，这样就降低了水渗入的概率。

(a) 某建筑外墙与门窗在现场浇筑成一体

(b) 现场浇筑成一体后的墙体与门窗整体安装

图 3.2.5.2　某建筑外墙减少缝隙的做法实例

二、装配式外墙板板缝防水构造

装配式外墙板的板缝是不可避免的，这些缝纵横交错，给防水提出了相当高的要求。不过，在形成各种装配式外墙板体系的过程中，人们在板缝的防水构造方面积累了丰富的经验。图 3.2.5.3 所示的几个板缝防水节点是比较经典的做法，对照门窗缝防水构造的原理，读者不难发现，诸如空腔原理，导水和堵水的原理在这里都是同样适用的。

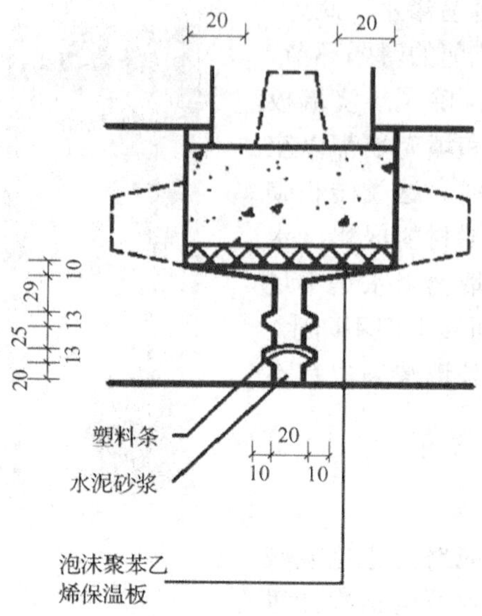

(a) 垂直缝防水构造

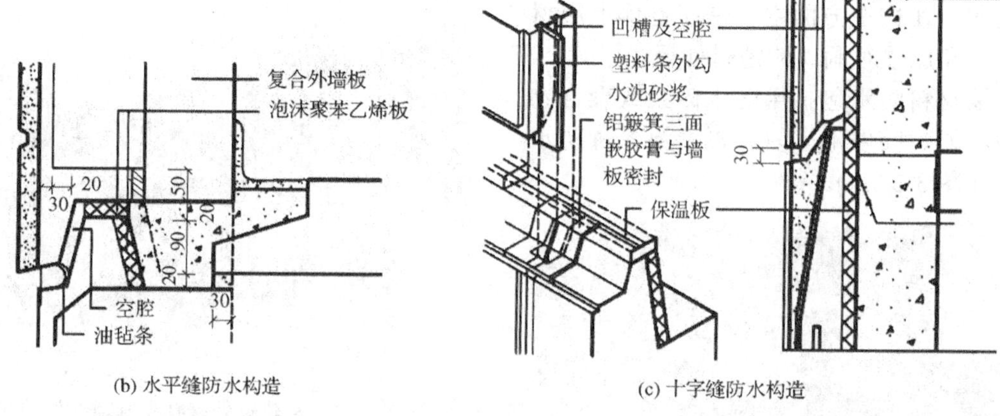

(b) 水平缝防水构造

(c) 十字缝防水构造

图 3.2.5.3　典型外墙板板缝防水构造做法

本章复习提要

- 了解造成建筑外围护结构渗漏的主要原因
- 掌握建筑屋面防水构造的主要措施
- 了解屋面坡度形成的主要方法
- 从传统和现行坡屋面构成的异同讨论其在防水构造选材及做法上的异同
- 掌握平屋面防水构造的主要类型及做法比较
- 了解对平屋面防水构造方式及做法的选择依据
- 了解建筑外墙面易发生渗漏的部位及防范方法
- 比较外墙板板缝节点与门窗缝节点的防水构造原理
- 了解建筑地下室防水选材及基本构造方法
- 了解管道穿越楼板时所应采取的防水构造措施

第三章 建筑保温、隔热和隔声

第一节 建筑保温和隔热

一、研究路径

1）建筑外围护结构的保温和隔热本来分别是属于北方高寒地带和南方炎热地区的特殊要求，但随着人的生活质量的提高以及空调等设备的广泛运用，人工环境下的建筑室内外温差远远超过了自然状态下的差值，而且许多气候较为温和的地区也开始对建筑物存在冬季保温、夏季隔热的要求，因此，建筑外围护结构保温和隔热的现实意义已大大超越了地域的限制。

2）建筑保温、隔热构造的重点之一是改善外围护结构的热工性能，使之既达到改善热环境质量的目的，又实现节能的目标。近年来随着我国国民经济的迅速发展，政府对实施环境保护、节约能源以及改善人民的居住条件方面给予了越来越多的重视，首先是细化了建筑热工设计分区，按照气候特征将我国的建筑热工分区从原来的 4 个地区进一步细分为表 3.3.1.1 所示的 5 个地区（摘自《民用建筑热工设计规范》GB 50176—92），使得各种针对地区特点制订的相应的节能标准能够相继出台，对提高建筑热环境的质量以及建筑节能都起到了积极的作用；此外，在满足民用建筑热工设计规范的要求之上，又进一步制定了建筑节能规划的基本目标。近年来，有关部门通过组织对许多示范工程的探索和研究，根据我们国家的具体国情，发展出了许多行之有效的建筑节能的构造方法，对相关建材行业的发展也起到了重要的推动作用。希望读者随时予以充分的关注和重视。

3）建筑保温、隔热构造的重点之二在于解决存在热压差的情况下，特别是在设置保温层的建筑物中，需要防止水气在从高压向低压区扩散的过程中在外围护结构中凝结（结露），因而降低甚至破坏外围护结构的热工性能。

表 3.3.1.1 建筑热工分区及设计要求

分区名称		严寒地区	寒冷地区	夏热冬冷地区	夏热冬暖地区	温和地区
分区指标	主要指标	最冷月平均温度≤-10℃	最冷月平均温度0～-10℃	最冷月平均温度0～10℃ 最热月平均温度25～30℃	最冷月平均温度>10℃ 最热月平均温度25～29℃	最冷月平均温度0～13℃ 最热月平均温度18～25℃
	辅助指标	日平均温度≤5℃的天数≥145天	日平均温度≤5℃的天数90～145天	日平均温度≤5℃（0～90天）日平均温度≥25℃（40～110天）	日平均温度≥25℃的天数100～200天	日平均温度≤5℃的天数 0～90天
设计要求		必须充分满足冬季保温的要求，一般可不考虑夏季防热	应满足冬季保温的要求，部分地区兼顾夏季防热	必须满足夏季防热要求，适当兼顾冬季保温	必须充分满足夏季防热要求，一般可不考虑冬季保温	部分地区应注意冬季保温，一般可不考虑夏季防热

二、建筑热环境

人生活在建筑物中，希望有一个舒适的热环境。人的舒适感包括空气的温度、空气的湿度、空气的流速、辐射换热、劳动强度、衣着条件等几个方面。前面几项都与建筑外围护结构有关。因为诸如空气温度、湿度等可以通过人工手段来获取，例如通过燃烧锅炉取得热量、通过空调来制冷或制热等，而建筑外围护结构给这些手段提供依存的空间和物质的屏障。所谓良好的热工性能，包括热的稳定性，即不使或尽量减少室内温度随一天自然温度的波动而变化，以及有利于改善极端气候的影响和有利于节能等几个方面。其中尤其是建筑节能，国际上承认的意义已经从早期的“节约能源”到后来的“保持能源”即减少能量的散失，直至最近的“提高能源利用效率”，这对建筑设计无疑存在深刻的影响。

三、热传导的方式和建筑保温、隔热的重点部位

热传导的方式如下所述。

1）导热：指物体或媒质中温度不同的各部分，通过接触进行的热的传递过程。

2）对流：只在流体中进行，是因温度不同的各部分流体之间发生相对运动，互相掺和而传递热能的。

3）辐射：以电磁波来传递热能。

这三种传热的基本方式，在建筑外围护结构传热的过程中表现为：其某个表面首先通过与附近空气之间的对流与导热以及与周围其他表面之间的辐射传热，从周围温度较高的空气中吸收热量；然后在围护结构内部由高温向低温的一侧传递热量，此间的传热主要是以材料内部的导热为主；接下去围护结构的另一个表面将继续向周围温度较低的空间散发热量。

由此可见，在建筑物室内外存在温差，尤其是较大温差的情况下，如果要维持建筑室内的热稳定性，使室内温度在设定的舒适范围内不做大幅度的波动，而且要节省能耗，就必须尽量减少通过建筑外围护结构传递的热流量。其中，减少外围护结构的表面积，以及选用导热系数较小，即其传热阻较大的材料来做建筑的外围护构件，是减少热量通过外围护结构传递的重要途径。但是导热系数小的材料一般都是孔隙多、密度小的轻质材料，大部分没有足够的强度，不适合于直接用作建筑的屋盖以及外墙的基材，特别是当外围护结构兼有承重结构的作用时，更是如此。

在过去较长的时间内，为了改善外围护结构构件的热工性能，往往采取加大构件厚度的做法。例如在我国北方曾将低层或多层住宅的实心黏土砖墙都做到了 370mm 或 490mm 的厚度，这是很不经济的。如今实行墙体改革，减少或取消了对实心黏土砖的使用，但许多外墙材料的导热系数都比普通实心黏土砖的导热系数要来得大。例如为了达到采暖居住建筑节能设计的标准，在单一材料墙体中，除了加气混凝土墙体的热工性能尚可，经局部处理后，自西安到佳木斯地区的墙体厚度需自 200mm 递增到 450mm 外，如使用黏土多孔砖，其厚度在西安地区就需 370mm，在北京地区需 490mm，在沈阳地区需 760mm，在哈尔滨地区甚至需多达 1020mm。普通钢筋混凝土的墙体的热工性能就更差。因此，加大构件厚度并不是好方法，比较好的是在符合强度要求的建筑物的外围护结构的基层构件上直接复合或者附加热工性能良好的材料，或者是根据热量转移的基本原理，综合建筑的防水、饰面等其他要求，对建筑外围护结构的构造层次和构造做法进行良好的安排及设计，以提高其整体的热工效能。当然所选用的保温材料及材料厚度，应先经过热工计算。

图 3.3.1.1 所示的是处于半室外状态下

(a) 某建筑报告厅外墙板采用彩钢板

(b) 该报告厅外墙内部保温构造

(c) 置于外墙中的带反射铝箔的保温棉

图 3.3.1.1　某建筑报告厅外墙保温做法

的一个报告厅的外墙做法。其外墙板采用彩钢板（导热系数甚高）；内墙板为纸面石膏板。保温做法是利用两层墙板间的空隙安装带有铝箔反射面的岩棉保温材料。这样室内热量在向外传递的过程中通过纸面石膏板后经导热性甚小的不流动的空气介质的作用，减少了流失，然后再经过铝箔的反射以及通过热阻较大的松软材料时，传递速度明显减缓，可以达到较好的保温效果。

不过，建筑物的外围护结构的构造往往也不是像这样由单一类型就能够解决的。一般说来，屋面构件较为单纯，而建筑的外墙就比较复杂。例如在建筑物的外墙面上，首先总要开门开窗。门窗在开启时，会让室内外的空气对流，从而产生热量的交换；门窗在闭合时，由于采光的需要，同时也会让大量太阳的辐射热传入室内。而且，由于门窗所采用的材料通常较薄，传热阻又较小，再加上经门窗缝中空气的对流传热，使得门窗成为建筑外围护结构中传热最敏感、需要进行特殊处理的部位。据有关方面调查发现，在北方冬季采暖的建筑物中，窗户的传热耗热量加上其空气渗透耗热量，可以占到全部耗热量的一半甚至更多。此外，由于所采用建筑结构体系的不同，处于建筑外墙墙体上各个部位上的构件也有所不同，例如混合结构的建筑，墙体上除了砌体材料外，还会有钢筋混凝土的圈梁和构造柱；框架结构的建筑则更是如此，除了钢筋混凝土或者钢的柱和梁外，还会填充有各种其他材料做的构件。这些材料分别有着不同的导热系数。这样，在建筑外围护结构中，就会存在某些局部，是易于传热的热流密集的通道，被称为“热桥”。有鉴于此，目前的相关规范规定对外墙的热工性能采用平均传热系数的概念来讨论，即将组成外墙的各种材料所具有的导热系数与该种材料做成的构件的垂直于热流方向的表面积的乘积之和去除以外墙的总的表面积，得到的平均导热系数被认为更能够接近真实情况。这种加权平均的概念其实反映了要求对建筑外围护结构上的各个部分给予全面的关注以及综合性的考虑。尤其是对建筑的“热桥”的部分，应当进行加强处理，要不然通过这些部分所进行的室内外的热交换就有可能使整个外围护结构的热工效能大打折扣。这是在进行建筑外围护结构热工性能设计时所必须加以注意的。

四、水汽对建筑物保温、隔热构造的影响

空气中会有水分。每立方米空气中所含水蒸气的质量叫作绝对湿度。空气的温度不同时，其中所能含的水蒸气的量是不同的。即使空气中含湿量不变，温度下降后，由于造成水蒸气相对饱和，水就会从空气中析出，所以往往在潮湿天气里，人们会发现在温度低的物体表面出现冷凝水。这种现象又叫结露。刚刚开始结露时的温度称为露点温度。

结露很有可能在建筑物的外围护结构中发生。围护结构两侧的温差越大，水蒸气越有可能因热压差而从热压高处向低处扩散，在这个过程中如果达到露点温度，就会结露。结露会影响建筑物的寿命和使用，如使墙面发霉等。结露现象如发生在保温层中，因为水的导热系数远比干燥的空气要高，这样就会使建筑物好像穿了一件湿的大棉袄一样，大大降低了材料的保温效果。如果水汽不能够及时被排出，而是滞留在保温材料中，则保温材料也可能因此而发生霉变，影响使用寿命。在高寒地区，当冬季室外温度较低的情况下，如果进入保温材料的水汽进而受冻结冰，体积膨胀，就会使材料的内部结构遭到破坏，称为冻融性的破坏。因此，在对建筑物的外围护结构进行热工设计时，不能不考虑水汽的影响。不使水汽在建筑物外围护结构中特别是在保温层中结露，并合适地安排其出路，是构造设计中需要特别予以关照的方面。

五、建筑外围护结构保温构造

（一）常用的保温材料

建筑物外围护结构的保温措施在主体部分主要是通过附加保温层来实现的。用作保温的材料应该是导热系数小，容重也小的才行。同时，保温材料还应该尽量为低吸水率的或者甚至不吸水，这有利于防止雨水以及空气中的水汽的入侵。

常用的保温材料（括号中所注的是常见的成品厚度）如下。

保温浆料：如胶粉聚苯颗粒保温浆料（成分为粉煤灰-硅灰-石灰-水泥胶凝体系胶粉料+聚苯颗粒轻骨料+各种复合外加剂，又称EPS保温浆料，一般20～25厚）等；

保温板材：如膨胀聚苯板（30厚）、挤塑型（又称挤压型）聚苯板（25厚）、半硬质憎水型矿棉板（30～35厚）、聚氨酯外墙保温板（25厚）等，其中挤塑型的聚苯板孔洞是闭合的，不会受潮，在防水方面比发泡型的好；

保温块材：如砂加气块、水泥聚苯空心砌块（40～60厚）等；

保温卷材：如矿棉毡、玻璃棉毡等。

此外，铝箔有较强的反射作用，可以复合在许多保温板材和卷材的表面，起到增强的作用。另有可在现场发泡的聚氨酯，也是保温、防水俱佳的材料。

（二）建筑外围护结构保温构造方案

保温层与建筑物主体结构之间的相对位置主要有外置及内敷两种，通常称之为建筑外保温和内保温。

在这两种保温构造方案中，一般认为外保温方案要优于内保温方案，因为采用外保温时，建筑物主体结构整体受到保护，不容易在温度应力的作用下产生变形，从而减少了引发破坏的可能性，同时一些热桥部位的保温构造也较易处理，有利于建筑物的节能。此外，采用外保温方案时，保温层不占据室内空间，有利于提高室内使用面积所占的比率，也方便了建筑的室内装修。但是，保温

层置于建筑物主体结构之外，首先会面临防水的问题，如果保温材料不是自防水的，就需要在其外侧设置防水层来遮挡雨水，同时，还需要在其朝向建筑物主体结构的一侧设置隔蒸气层来阻挡来自热压高的一侧的水气。其次，由于保温材料一般较为松软，抗撞击的能力较差，有些保温板材表面又比较光滑，对于进一步实施外装修，特别是外墙面的装修也会带来较大的困难。

与外保温方案相比，内保温方案的主要问题是容易使得建筑物的外围护结构两侧的温差比不做保温时更大，更容易受到温度应力的影响而产生变形。同时，内保温构造一般多将保温材料附着在外围护结构的内表面上，这样，内保温体系很容易受到外围护结构变形的影响，也发生变形，甚至空鼓、开裂，影响正常使用和美观。另外，内保温对于热桥部位不容易做重点处理，如果热桥依然存在，那在这些部位因为局部温差较大，就容易产生结露现象而造成此处的墙面发霉、开裂，影响使用效果。

在实际工程中，建筑外围护结构保温层的设置和构造做法除了应经过必要的热工和建筑节能计算外，尚需综合考虑材料性能、防水、装修、安全及施工可能性等各方面的因素来决定取舍。

（三）常用建筑屋面保温构造

1. 屋面外保温

建筑物的屋面采用外保温构造时，保温层通常可以放在屋面结构层与防水层之间，这样保温材料受到防水层的保护，不会受到雨水等的侵袭，因此对保温材料的选取没有特殊的限定。不过保温材料如果不是自防水的，则依然还需要排除来自热压高的一侧的水汽侵入的可能性，因此通常需要在保温层与屋面结构层之间加设隔蒸气层。隔蒸气层一般可以选择使用一层防水卷材，例如改性沥青油毡等。为了防止水汽在隔蒸气层底下聚集，最好能够设置通道将其排出。图 3.3.1.2 所示的粘贴隔蒸气层卷材的方法称为“花油法”，是指用条状或者点状的方式涂布黏结剂，以利用黏结剂之间的间隙来形成水汽的通道，最后可以在屋面材料分仓缝等部位采取构造措施将水汽排放到大气中。图 3.3.1.3 所示的屋面，其排水气的部位选择放在屋面纵横分仓缝的交接处处理。

图 3.3.1.2　用花油法粘贴自带隔蒸气层的保温块材

图 3.3.1.3　在屋面纵横分仓缝的交接处设置排气口

对于排水采用建筑找坡的平屋面而言，用来找坡的轻集料和保温材料有时可以合二而一，只要其最薄处的材料厚度符合热工和节能计算的要求而铺设又同时满足屋面排水所需要的坡度，更重要的是吸水率低就行（图 3.3.1.4）。目前市场上可以提供断面为梯形的保温板材或块材，以适应这类需求。

这种方法的好处是可以减少屋面的构造层次和加快施工的进度。图 3.3.1.5 所示的实例所采用的就是这种方法。

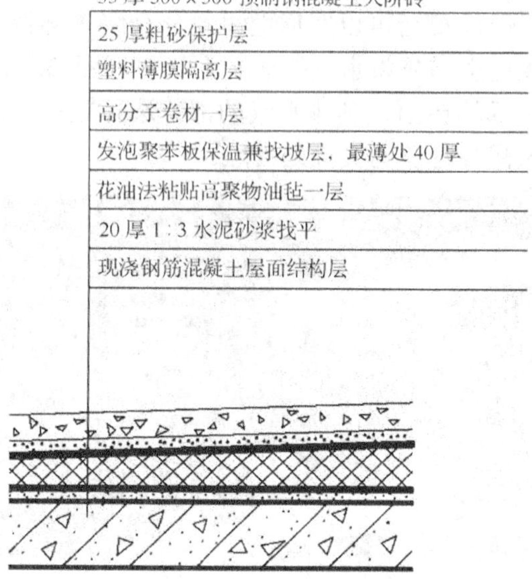

图 3.3.1.4　找坡层兼做保温层的构造做法示意图

图 3.3.1.5　屋面找坡层兼做保温层的做法实例

有些保温材料如挤塑型聚苯板等具备自防水的功能，可以不放在屋面防水层之下而是铺设在其之上，这种构造做法相对保温层设置在屋面防水层之下的做法被称作“倒铺式屋面”。倒铺式屋面的好处是防水层因为受到保温层的保护而较少受到热胀冷缩温度应力的影响，因而耐久性较好，也不易开裂。这是今后屋面保温发展的一个重要方向。不过由于保温材料通常较轻，放在表面容易受到风力的影响或行走时的不慎破坏，因此倒铺式屋面的保温层之上往往还需要设置保护层（图 3.3.1.6 和图 3.3.1.7）。

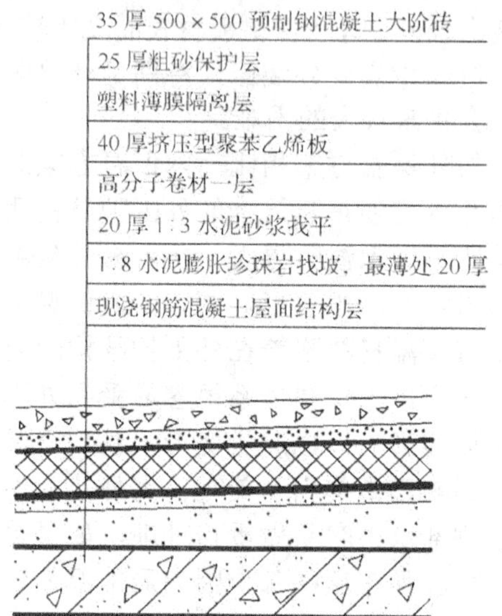

图 3.3.1.6　倒铺式屋面构造做法示意图

图 3.3.1.7　倒例式屋面保温层上设置保护层实例

此外，做在坡屋面上的外保温材料，因为屋面坡度较大，有可能下滑；而且因为某些保温板材表面较为光滑，有可能影响到其上部屋面瓦等的进一步设置，因此往往还需要对保温层采取固定措施（图 3.3.1.8 和图 3.3.1.9）。

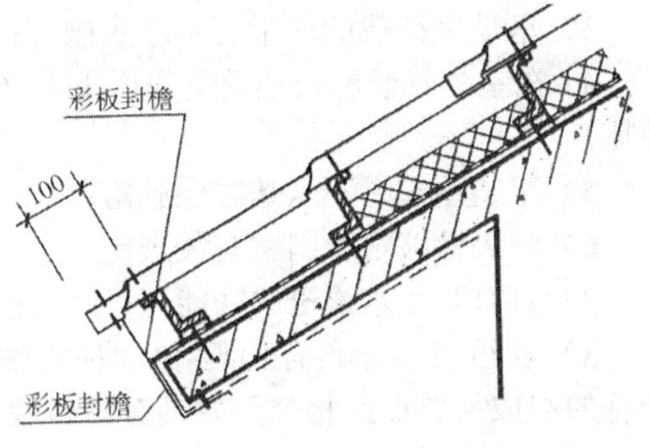

图 3.3.1.8　利用挂瓦型钢阻止保温材料下滑

2. 屋面内保温

屋面内保温通常在建筑顶层内部做吊顶的情况下才会使用，一般有两种做法。一种是将保温板材或卷材粘贴在屋面板的板底（图 3.3.1.10 和图 3.3.1.11），另一种是将保温材料直接放在吊顶之上（图 3.3.1.12）。采用屋面内保温时，如果能够在吊顶和屋面板的板底之间形成空气对流，将有利于排放水气，保证保温层的工作效率。

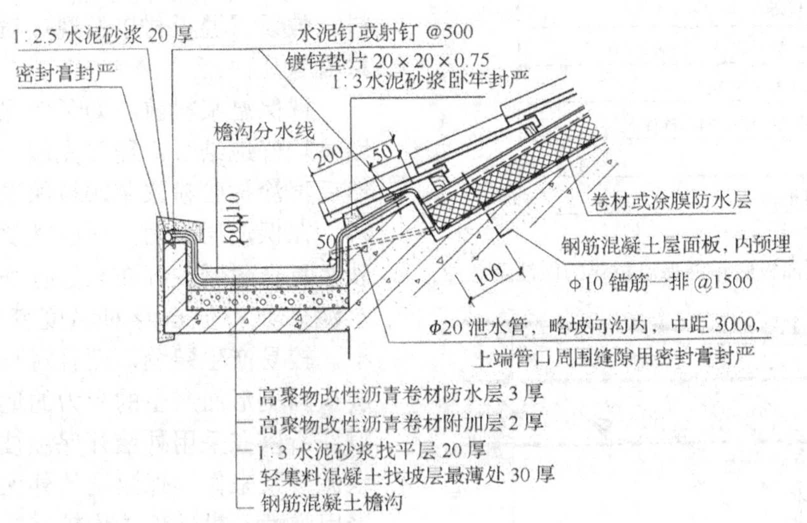

图 3.3.1.9　利用锚结钢筋及檐口构件隆起阻止保温材料下滑

图 3.3.1.10　某用带铝箔的保温棉做内保温的屋面实例

（四）常用建筑外墙保温构造

与屋面相比，外墙的保温构造需要更多地考虑到保温层与基层的连接牢固以及进一步实现墙面装修的可能性等问题。因为基层墙体在大多数情况下不可能像屋面那样托着保温层，而且还有诸多变形因素会作用在外墙上，做在墙面上的保温层与主体的连接构造显得格外重要。此外，由于外墙对于饰面的要求往往比屋面高，饰面材料与保温材料以及隔蒸气层、防水层等构造层次之间的排列顺序、连接方法等，都需要综合考虑安全、美观、方便等诸多因素。归纳起来，建筑外墙面的保温层的构造做法应该能够满足以下条件：

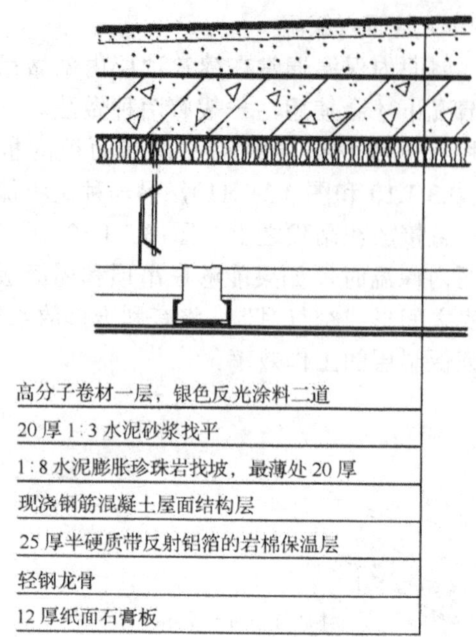

图 3.3.1.11 屋面板底粘贴保温材料的做法示意图

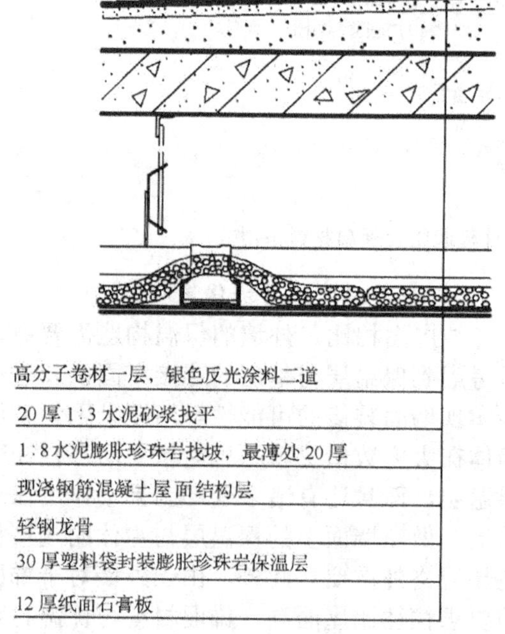

图 3.3.1.12 保温材料搁置在吊顶上的做法示意图

1）适应基层的正常变形而不产生裂缝及空鼓；

2）长期承受自重而不产生有害的变形；

3）承受风荷载的作用而不产生破坏；

4）在室外气候的长期反复作用下不产生破坏；

5）罕遇地震时不从基层上脱落；

6）防火性能符合国家有关规定；

7）具有防止水渗透的功能；

8）各组成部分具有物理-化学稳定性，所有的组成材料彼此相容，并具有防腐性。

1．外墙外保温

外墙外保温的常见做法主要有抹保温浆料、敷设保温板材以及现场喷涂发泡聚氨酯材料等几种。

抹保温浆料前，为了使保温材料与基层墙体较好地结合，需要先做一道界面砂浆，然后再涂抹胶粉聚苯颗粒保温浆料等保温材料。在保温层表面，一般需要用聚合物抗裂砂浆复合耐碱玻纤布来进行处理。因为普通水泥砂浆不但自身对温度变形的适应性较小，较易产生裂缝，而且对与之相邻的构造层次因变形而产生的应力的适应性也非常有限，所以在采用外墙外保温技术时不要采用水泥砂浆来作为保温层的外保护层，而应当采用弹性及黏结性能均较好的聚合物砂浆，同时在砂浆中压入耐碱玻纤网格布，以达到

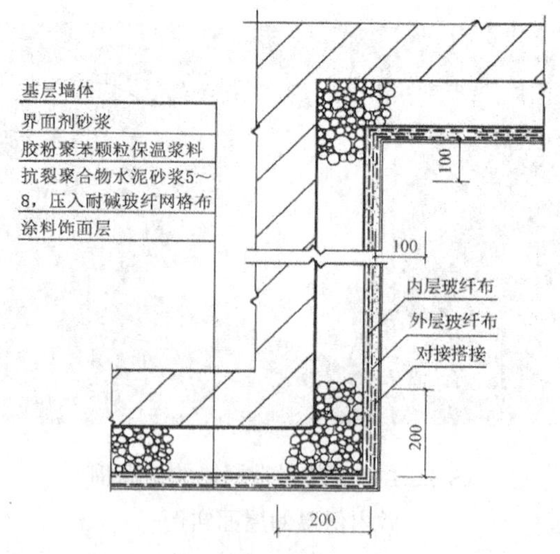

图 3.3.1.13 外墙保温浆料外保温构造做法示意图

进一步防止砂浆开裂的目的（图 3.3.1.13）。玻纤布的位置应该靠近抗裂砂浆的外表面，在门窗洞口等易开裂部位还要按 45° 角加贴一道斜贴的玻纤布。如遇外墙构件有突出的部位以及转角处，可加做一道镀锌钢丝网，用射钉等固定（图 3.3.1.14）。

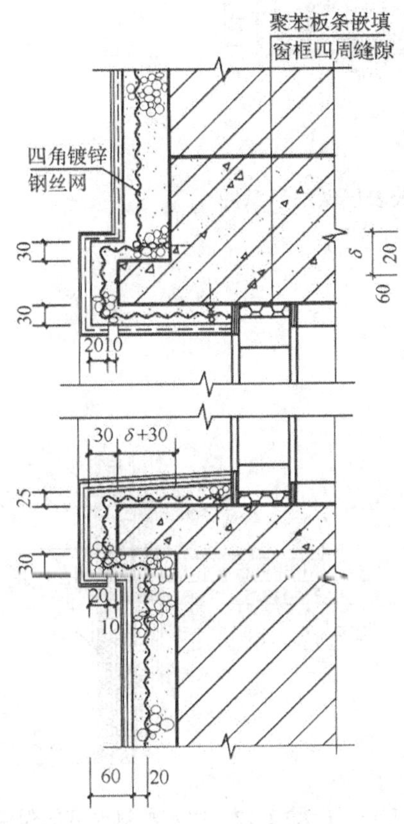

图 3.3.1.14　外墙突出部位及转角处用镀锌钢丝网加强

保温板材在外墙面上的安装一般采用黏结剂粘贴及加钉机械固定等方法。粘贴前基层墙面也应做一道界面砂浆。如果基底不够平整，可以选用胶粉聚苯颗粒保温浆料作为找平层，并粘贴保温聚苯板材，同时用机械锚固件辅助连接，以防止脱落（图 3.3.1.15）。一般情况下，挤塑型聚苯板需加钉 4 个钉/m^2；发泡型聚苯板需加钉 1.5 个钉/m^2。此外，出于高层建筑进一步的防火方面的需要，在高层建筑 60m 以上高度的墙面上，窗口以上的一截保温应用矿棉板来做。不过由于矿棉板较易被剥离，强度也比较小，除采取锚固的措施外，通常还需要加铺一层钢丝网。在保温板材的外表面，可以再用胶粉聚苯颗粒保温浆料找平，然后用玻璃纤维布增强聚合物砂浆抹灰。这比较符合柔性渐变，防止开裂的原理。

图 3.3.1.16 所示的一种体系，综合考虑建筑的结构施工、保温节能以及装修等方面的问题。其构思系将挤塑型聚苯板做成可以插接的模板，装配后在里面现浇钢筋混凝土墙板；调整跨越内外两层模板的塑料固定件的型号，还可以按照结构要求改变钢筋混凝土墙体的厚度。同时，固定件插入聚苯模板中的部分又可以作为墙筋来固定内外装饰面板。这种方法工业化程度高、施工方便，可以节省大量现场人工，保温效果也非常好。如果将其内侧的保温板改为钢模板来浇注混凝土，就变成单一的外保温。同时，要是聚苯板板缝间带有塑料卡钉并可伸出至混凝土的范围内，浇注混凝土后就可以对保温层起到很好的锚固效果（图 3.3.1.17）。

在现场喷涂发泡聚氨酯保温材料时，喷涂前一般需经用 1∶3 水泥砂浆找平、涂刷聚氨酯防潮底漆、插定厚度标杆后再实施喷涂发泡至规定厚度（图 3.3.1.18）。其表层涂聚氨酯界面砂浆，再用胶粉聚苯颗粒保温浆料找平，并用玻璃纤维布增强聚合物砂浆抹灰。

由于保温材料材质都较为松软，又均具有一定的厚度，为了安全起见，不建议在外墙外保温层上找平后直接粘贴面砖等饰面块材，以防止坠落伤人。即便要做，也应当采用加铺金属网并与基层锚固等加强的措施。相比之下，做外墙涂料简单易行，不过仍应注意采用抗裂的柔性腻子来批嵌，同时选用合适的外墙涂料。

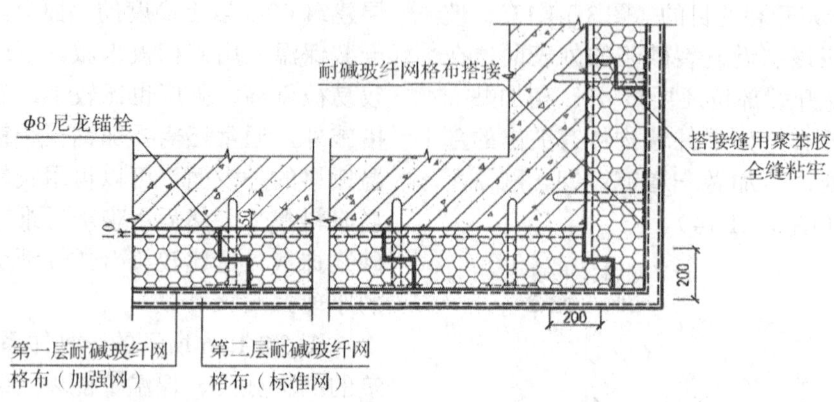

图 3.3.1.15　外墙保温板材的固定以及表层做法示意图

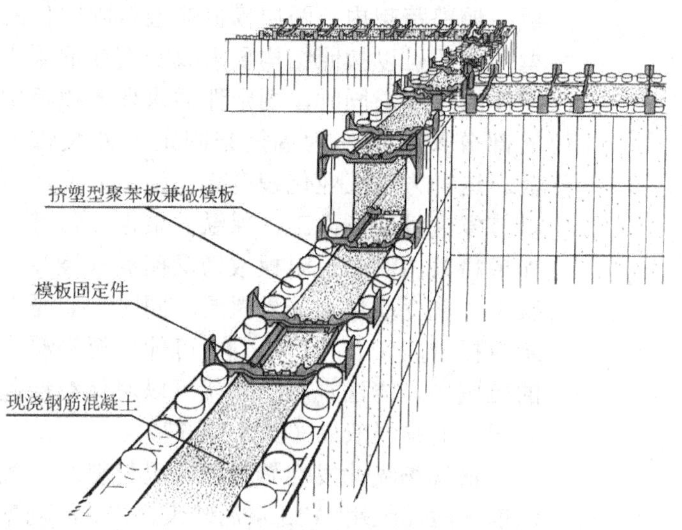

图 3.3.1.16　保温层及现浇混凝土外墙组合的体系

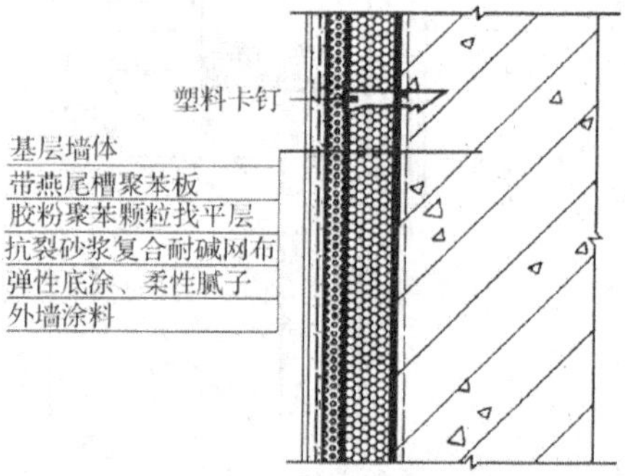

图 3.3.1.17　用带塑料卡钉的保温板做模板现浇外墙板

对于建筑外墙上的“热桥”部分，在做保温层时局部最好能够进行重点处理。如图 3.3.1.19 所示，可以将混合结构建筑物构造柱和圈梁的截面大小做到符合相关规范规定的最小尺寸，从而利用其与墙厚的差距，在中间填入聚苯保温板作重点保温处理。这样能较好地综合提高整个建筑外围护结构的热工性能。

2．外墙中保温

针对外墙采用外保温措施后面装修较难处理的问题以及某些带有内、外墙板的骨架体系建筑的外墙构造特点，采取中保温的做法，即将外墙面的装饰部分制作成独立的构件置于保温层外侧，但不依附在外保温材料上而是直接由建筑主体结构支撑；或者将保温层设置在内、外墙板间的间层中或依附在墙板上，形成包夹在中间的构造层次。本节图 3.3.1.1 所示的建筑外墙采用的就是这种中保温的做法。此外，目前外墙采用干挂石材

图 3.3.1.18 在现场喷涂发泡聚氨酯保温材料

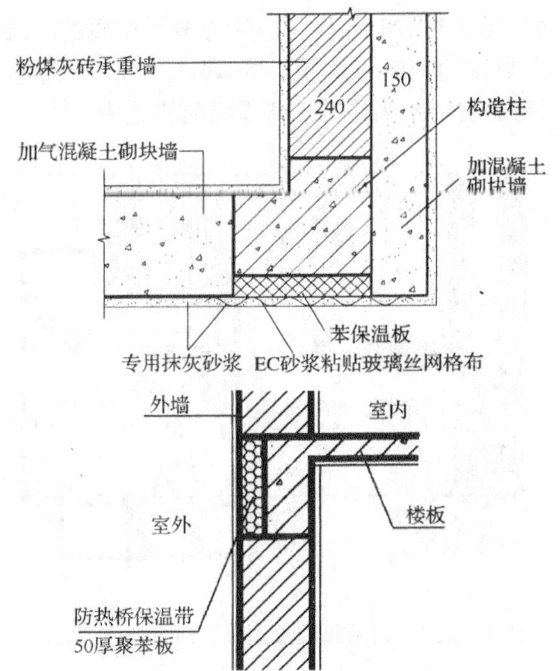

图 3.3.1.19 采取构造措施对
“热桥”部位作重点保温

饰面以及外挂墙板的建筑也多有采用中保温的（图 3.3.1.20 和图 3.3.1.21）。

还有些低层和多层的建筑物，例如国外

图 3.3.1.20 保温层设置在外墙
与石材饰面层间的实例

（a）在外挂金属墙板的内侧安装保温块材

（b）内侧装有保温块材的金属墙板安装后的状况

图 3.3.1.21 外挂金属墙板内
侧附有保温块材的实例

某些木结构的低层住宅，常常采用外砌饰面层的做法，其保温层多放置在主体木构架与饰面层之间。有时做中保温甚至可以不用保温材料，只要能够在合适的位置利用构件间隙形成有效的空气间层，或适当添加铝箔等反射材料，也能够取得较为理想的保温效果。

3．外墙内保温

常见的外墙内保温的做法主要有在墙内侧挂装保温层后加上硬质内墙板以及内贴硬质建筑保温制品这两种。出于安全方面的考虑，用于建筑室内的保温材料还应当充分注意其防火性能以及无毒这两方面（图 3.3.1.22 和图 3.3.1.23）。

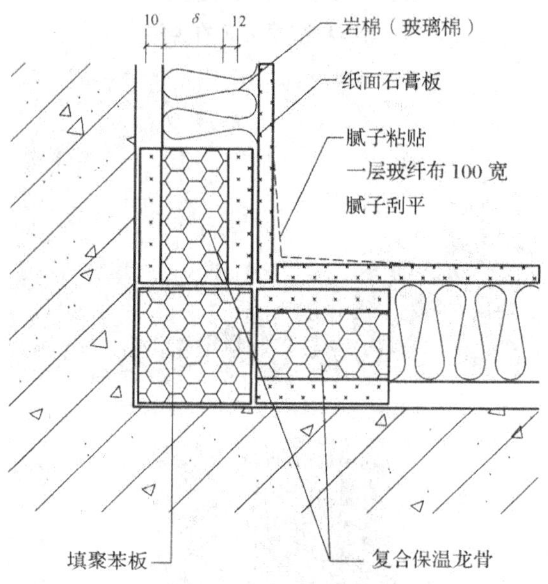

图 3.3.1.22　在墙内侧挂装保温材料示意图

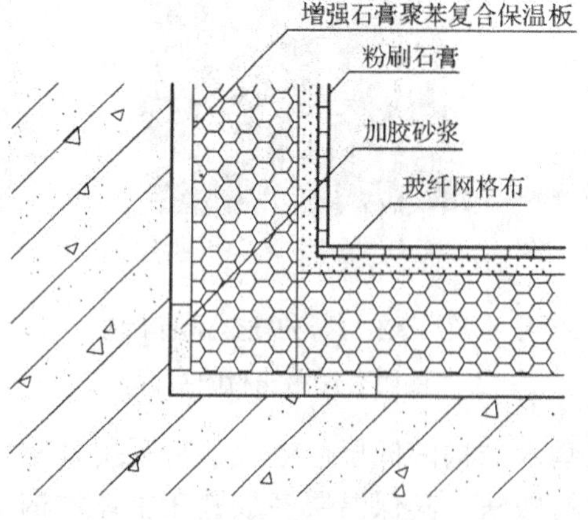

图 3.3.1.23　在墙内侧粘贴保温材料示意图

（五）常用外门窗保温构造

建筑外门窗的保温构造主要涉及材料的选择和提高热阻以及加强门窗的密封性能两方面。

在门窗扇中，传热面积最大的通常是玻璃。为了提高其热阻，较为普遍的做法是用双层中空玻璃来代替单层玻璃。但是，这会增加框料的截面面积，而且为了保证门窗不变形，像工程塑料这样的材料虽然导热系数较小，但由于塑钢门窗在加工时内部的型钢在连接处刚度较小，因此往往不能够满足安装尺幅较大的双层玻璃而不变形的要求，目前除了较小尺寸的门窗采用工程塑料外，通常还是选择使用空腹钢型材或铝型材来做门窗的框料，但在框料中会嵌入热阻相当大的材料作为断热装置，以改善其整体的热工性能。图 3.3.1.24 所示的是某种金属材质的双层密封窗的构造示意图。类似其中的断热装置，目前还广泛应用在玻璃幕墙的构造中。

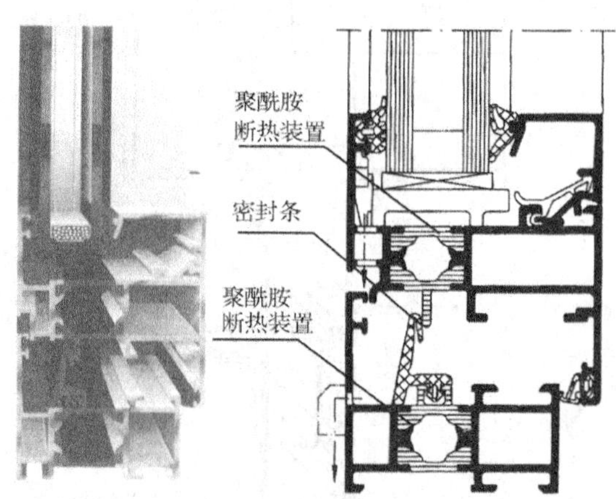

图 3.3.1.24　带断热装置的金属门窗断面示意图

此外，还可以利用金属材料加工时较易成型的特点，在门窗缝内形成多道空腔和密封条的嵌入部位，以加强门窗缝的密封性能，减少因空气流通而造成的热损耗。

（六）建筑地面保温构造

在严寒和寒冷地区，建筑底层室内如果

采用实铺地面构造，则对于直接接触土壤的周边地区，也就是从外墙内侧算起 2.0m 的范围之内，均应当作保温处理。其构造做法可以参照图 3.3.1.25。

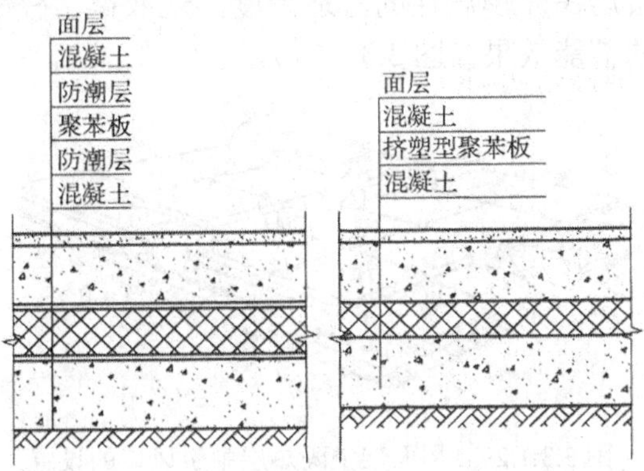

图 3.3.1.25　地面保温构造做法示意图

此外，如果底层地面之下还有不采暖的地下室，例如地下停车场等，则地下室以上的底层地面应该全部作保温处理。保温层除了可放在底层地面的结构面板与地面的饰面层之间之外，还可以考虑放在底层地面的结构面板，即地下室的顶板之下。不过在实际工程中需要先分析，这样做保温层的设置到底与板底的各种管道的架设会有多少相互影响、施工是否方便、是否有利于管道的检修、是否符合相关的防火规范等，权衡利弊之后再做决定。

六、建筑外围护结构隔热构造

需要采取隔热措施的建筑物，其热源在建筑物的外部，而且每天以极大的辐射热使建筑物外表面升温，再以传导的方式通过外围护结构进入室内。夏季如果开启门窗令室内外空气对流通风的话，那室内温度的提高就会更快。

为了使得夏季建筑物室内能够有较为舒适的环境，采用空调制冷现已成为普遍的现象，尤其是在夏热以及温和的地区，夏季空调的能耗占据建筑物全年能耗中的相当大的比例，因此，采取构造措施进行隔热处理，对这部分的建筑节能是有相当重要的意义的。

（一）建筑外围护结构隔热构造方案

对需要隔热的建筑物而言，外围护结构内表面的温度是一个重要的指标，由于外围护结构材料本身具有一定的热容量，这个内表温度的峰值相对于室外气温的波动会有一个延迟效应。鉴于这个道理，如果采用某些蓄热系数大的材料来隔热，例如在屋面上堆放砾石等材料，虽然在白天室外气温上升的阶段有可能延迟建筑外围护结构内表温度的同步升高，但在傍晚室外气温逐步下降的过程中，室内气温反而会受到蓄热材料继续放热的影响而迟迟降不下来，直接影响使用。因此，建筑外围护结构隔热的最好方法首先不是“穿胄甲”，而是“扇扇子”，即在外围护结构外层利用通风对流将一部分可能传入室内的热量带走（图 3.3.1.26）。

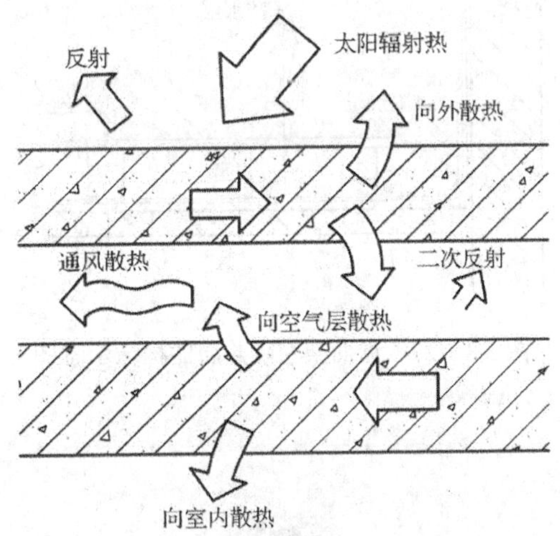

图 3.3.1.26　空气间层通风散热原理示意图

其次，利用材料表面的反射作用，可以阻挡一部分太阳的辐射热，也是有效的方法。

此外，还可以利用遮阳、植被等来减少太阳的直接光照。

以上方案在实际工程中，可以根据具体情况以及建筑物的不同部位，予以综合运用。

（二）常用建筑外围护结构隔热构造

1. 隔热通风间层的设置

平屋面隔热通风间层的设置多采用在屋顶上做架空板的方法。图 3.3.1.27 是典型的屋面架空隔热层的构造示意图。架空板最好用砖砌带垫起，并使其开口迎向主导风向，这比用砖墩垫起而有可能使在内部形成气流的紊流要好，因为可以提高风速。同时架空板还应该离开檐口女儿墙一端距离，令风能够进入到架空层内（图 3.3.1.28）。要是通风距离较长，可以在架空层的某一处设置引风口（图 3.3.1.29）。有些上人屋面的隔热架空层，能结合面装修通盘考虑，是较好的选择（图 3.3.1.30）。此外，在对某些老建筑，特别是平屋顶的老住宅进行屋面维修的过程中，许多城市选择采用“平改坡”的做法，即在原有的平屋面上用简易的轻钢屋架及斜梁等搭建轻型的坡屋顶，这样一来，一方面可以形成新的防水机制，并改善城市景观，另一方面在新旧两层屋面中间形成了空气间层，通过通风百页等使得空气对流后，可以大大改善顶层居民夏季居住的舒适程度，还取得了较好的节能效果（图 3.3.1.31）。

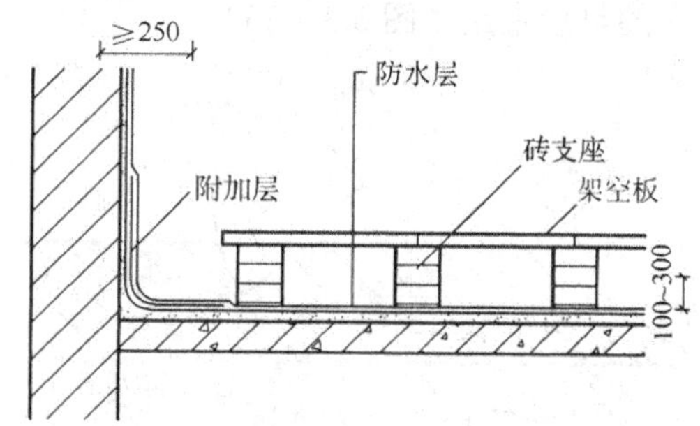

图 3.3.1.27　屋面架空隔热层的构造示意图

图 3.3.1.28　屋面架空隔热层离开女儿墙以实现通风

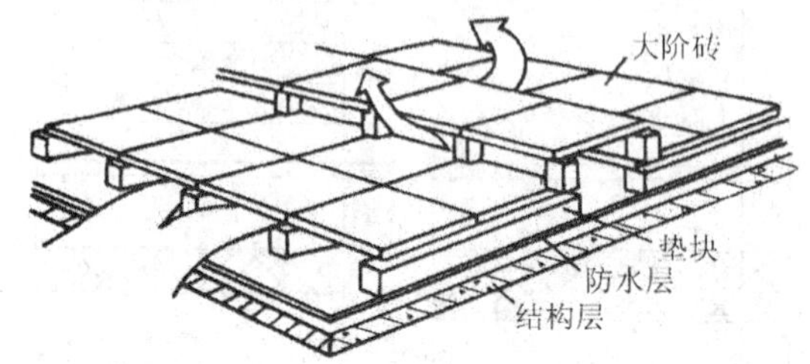

图 3.3.1.29　屋面架空隔热层中引风口的设置

图 3.3.1.30　结合屋面装修设置架空隔热层的实例

图 3.3.1.31　进行过“平改坡”改造的通风屋面实例

像这样的通风间层，在传统坡屋面的建筑中多放在坡屋顶与其下方的吊顶中间，采取在山墙山尖上开口或者在屋面上设置通风口的方法来形成对流（图 3.3.1.32 和图 3.3.1.33）。对于新建的用钢筋混凝土现浇坡屋面的建筑而言，如果顶层不做吊顶的话，屋面最好能在保温层上用挂瓦条盖瓦，如图 3.3.1.8 和图 3.3.1.9 所示的那样。因为挂瓦条架空后，在瓦片之下会自然形成一个通风的空气间层，这种做法特别适合于那些夏季需要隔热而冬季需要保温的地区的建筑节能的需要。

图 3.3.1.32　在山墙上设置通风口的传统坡屋面实例

图 3.3.1.33　在屋面上设置通风口的传统坡屋面实例

同样的原理和构造方法在建筑外墙上也能够实现。例如图 3.3.1.20 所示的建筑外墙，在保温层和外挂的饰面石材之间由连接件所占据的空间自然形成了一个空气间层，而石材又采用离缝处理的方式，给空气留下了出入口。夏季当间层中的空气变热上升时，靠近地面的温度较低的空气会进来补充，形成气流。又如图 3.3.1.34 所示的双层玻璃幕墙，外层幕墙带有百叶，冬季闭合后形成封闭的空气间层可用于保温，而夏季开启后，则可以用于通风隔热，是节能效果较好的幕墙方式。

图 3.3.1.34　设置通风口的双层玻璃幕墙实例

2. 反射材料的设置

反射材料如铝箔等可以单独设置，例如设置在墙体的空气间层中，朝向热源，也可以附着在其他构造层次上，例如图 3.3.1.8 和图 3.3.1.9 所示的屋面保温材料的外表面如果带铝箔，就可以加强隔热的效果。一般在屋面、墙面上涂上浅色的反光涂料，都可以反射一部分太阳的热能。尤其是门窗及幕墙玻璃，在保证室内一定照度的情况下，采用在玻璃上镀膜、烤漆、印刷等方法减少直射光的通过，或者在夹层玻璃之间加入可以有效地阻挡部分太阳光的材料，对夏季节能是可以取得很好的效果的（图 3.3.1.35 和图 3.3.1.36）。

3. 植被和遮阳构件的运用

利用植被覆盖屋面和墙面，可以用绿荫来遮挡阳光的直射，而且植物常年需要水分，水分在蒸发时也可以带走一部分热量（图 3.3.1.37 和图 3.3.1.38）。此外，在门窗上方或者侧面以及采光天窗等的下方设置遮阳构件，也能够有效地减少阳光直射及形成阴影（图 3.3.1.39 和图 3.3.1.40）。

图 3.3.1.35　镀反射膜的门窗及幕墙玻璃

图 3.3.1.36　利用烤漆局部减少光通的幕墙玻璃

图 3.3.1.37　在屋面上种植植物的实例

图 3.3.1.38　设网帮助爬藤植物覆盖墙面的实例

图 3.3.1.39　设置门窗遮阳以及百页的实例

图 3.3.1.40　在采光顶棚下设置遮阳的实例

第二节　建筑隔声

声音传递的途径主要是空气传声和固体传声。

隔声对空气声而言，应尽量采用材料面密度大的材料。例如普通的半砖墙，如果双面做粉刷，其隔空气声的效果已达到45dB，能够基本满足要求。但对于许多轻质隔墙来说，因为单位面积的质量较轻，即便是做立筋隔墙，在双侧面板之间留有空气间层，其隔声效果依然较差，特别是有立筋的地方还可以成为“声桥”。解决的方法是加大空气层的厚度、增加面板的层数及以将吸声材料填入空气间层中等几种。表 3.3.2.1 以用石膏板做面板的立筋隔墙为例，列出其选材以及是否填入吸声材料对隔音量所产生的影响。图 3.3.2.1 和图 3.3.2.2 则分别介绍在立筋隔墙中设置双层墙筋或令墙筋错位并填入吸声材料以减小“声桥”作用的方法。

表 3.3.2.1　不同构造的纸面石膏板（厚 12mm）轻质隔墙声量比较（dB）

石膏板的层数	板间材料	金属墙筋	木质墙筋
1—1	空气层	36	37
1—2		42	40
2—2		48	43
1—1	玻璃棉	44	39
1—2		50	43
2—2		53	46
1—1	矿棉板	44	42
1—2		48	45
2—2		52	47

注：1—1 表示墙筋两边各为一层石膏板；1—2 为一边一层板一边二层板；2—2 为两边均为二层板。

此外，由于在建筑的隔墙上常常会开门，除了门扇的构造需要增加隔声效果外，门缝通常也是隔空气声的薄弱环节。图 3.3.2.3 所示的隔声门在门的开启缝两侧的门框或门扇中嵌入橡胶条，使得门扇关闭后能达到密

图 3.3.2.1　隔墙设双层墙筋、内置吸声材料的实例

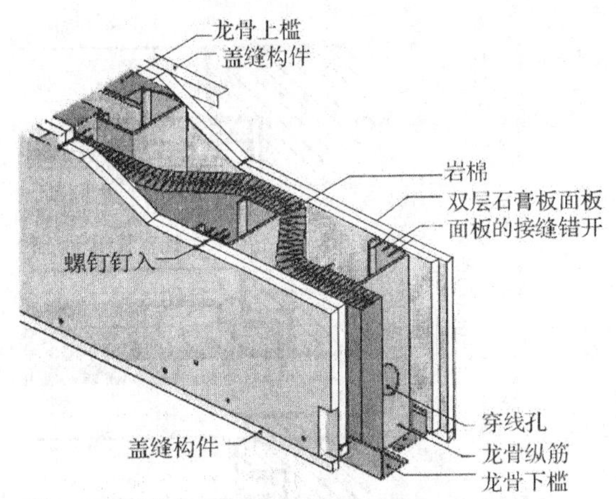

图 3.3.2.2　隔墙墙筋错位设置、内置吸声材料的做法示意图

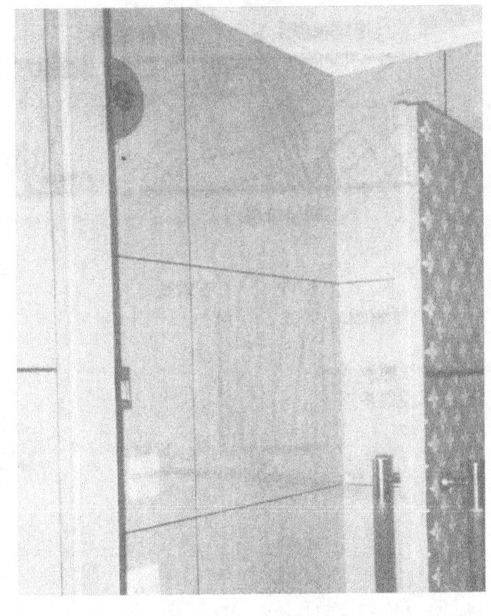

图 3.3.2.3　隔声门门缝镶嵌密封条的实例

闭的效果。图 3.3.2.4 介绍门缝处的隔声构造做法。

隔声对于固体传声特别是撞击声而言，需要解决的重点部位在楼板。一般的做法是通过铺设软垫如地毯、橡胶垫等来减少楼板的振动，也可通过设置吊顶来消耗其撞击的能量（图 3.3.2.5 和图 3.3.2.6）。

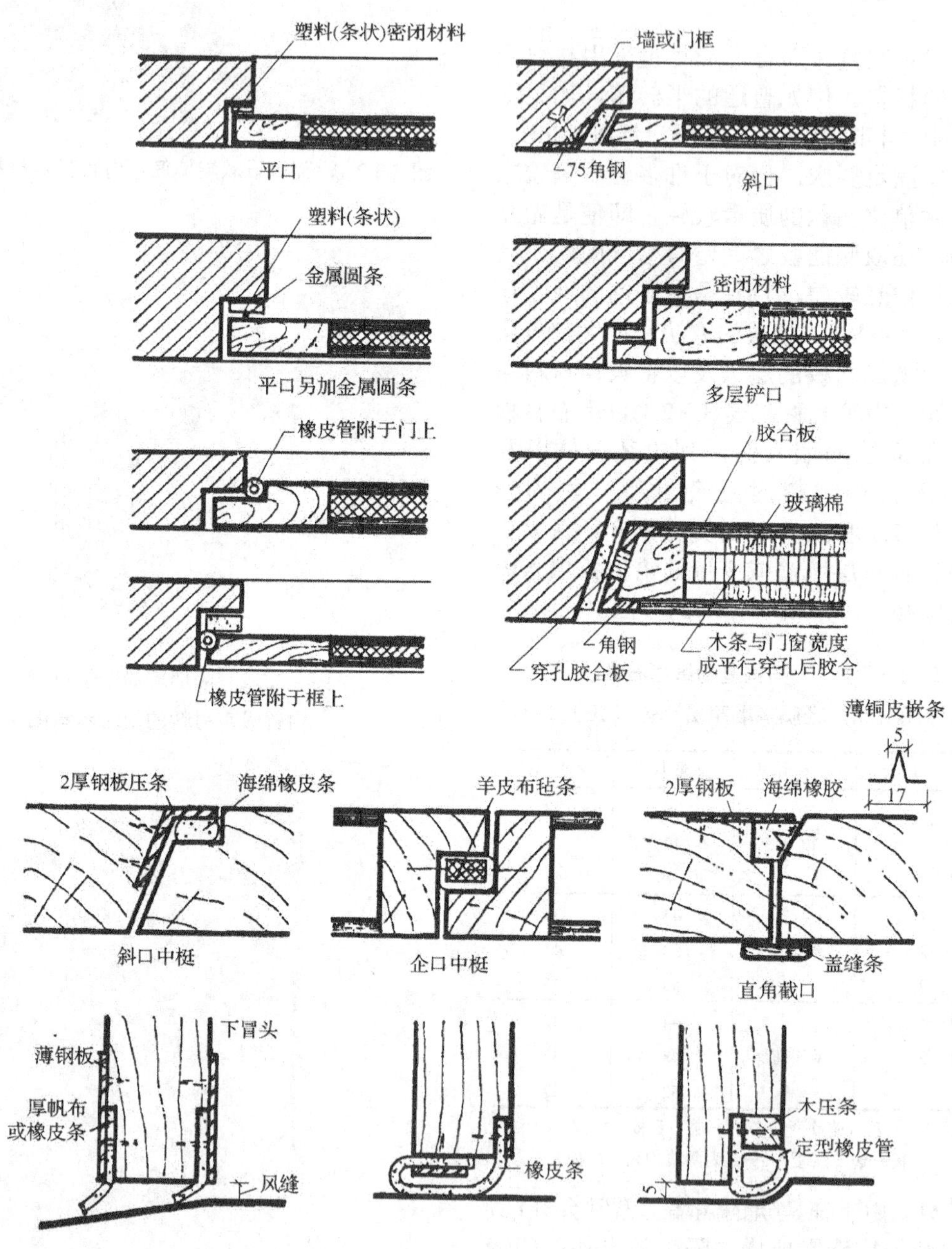

图 3.3.2.4　门缝隔声构造做法

图 3.3.2.5　在走道及楼梯上铺设地毯的实例

图 3.3.2.6　用矿棉吸声板做吊顶的实例

本章复习提要

- 了解建筑物外围护结构的热工性能与室内人工环境之间的相互影响
- 区别建筑隔热和保温的基本概念
- 掌握建筑屋面隔热、保温的常用材料及做法
- 了解隔蒸气层的主要作用及设置位置
- 了解建筑外墙面隔热、保温的基本构造方法
- 了解“热桥”的概念及处理方法

第四章　变　形　缝

指导途径

1）昼夜温差、不均匀沉降以及地震可能引起的变形，如果足以引起建筑物结构的破坏，就应该在变形的敏感部位或其他必要的部位预先将整个建筑物沿全高断开，令断开后建筑物的各部分成为独立的单元，或者是划分为简单、规则、均一的段，并令各段之间的缝达到一定的宽度，以能够适应变形的需要，建筑物中这样形成的缝就是变形缝。针对造成建筑物变形的不同原因，变形缝可分为伸缩缝（又称温度缝）、沉降缝和防震缝。

2）设变形缝会给建筑带来许多问题，例如建筑的特殊布置和防渗漏等，需要妥善处理。

3）在有的情况下，可以通过技术手段不设缝解决变形问题，人们正在加紧这方面的研究。

第一节　建筑变形缝

一、变形缝比较

（一）伸缩缝（温度缝）

伸缩缝所对应的变形因素是由昼夜温差所引起的建筑物的变形，因此伸缩缝又叫作温度缝。这种昼夜温差所引起的热胀冷缩对建筑物屋面造成的影响最大，这在屋面防水一节中已有说明。如果建筑物的长度超过一定值的话，温差引起的变形应力就可能累积到相当大，非但会对屋面造成影响，连房屋两端的墙面都有可能出现斜裂缝，尤其是建筑物上几层的窗洞口等薄弱环节（图 3.4.1.1）。在这种情况下，如果屋面有隔热保温措施的，温度变化所能引起的建筑物结构部分的变形相对可以较小，反之则较大。此外，建筑物的屋盖部分的水平刚度也对适应这类变形有影响。一般说来，屋盖为装配式的，对温度变化所引起的变形较易适应，而屋盖为整浇的，这种适应性则较小。因此，对建筑物是否需要设置伸缩缝，主要是按建筑物的长度、结构类型与屋盖刚度来决定（表 3.4.1.1 及表 3.4.1.2）。

图 3.4.1.1　由温度应力引起的建筑物墙体裂缝

表 3.4.1.1　砌体房屋伸缩缝的最大间距（m）

砌体类别	屋顶或楼板层的类别		间距
各种砌体	整体式或装配整体实钢筋混凝土结构	有保温层或隔热层的屋顶、楼板层	50
		无保温层或隔热层的屋顶、楼板层	40
	装配式无檩体系钢筋混凝土结构	有保温层或隔热层的屋顶	60
		无保温层或隔热层的屋顶	50
	装配式有檩体系钢筋混凝土结构	有保温层或隔热层的屋顶	75
		无保温层或隔热层的屋顶	60

续表

砌体类别	屋顶或楼板层的类别	间距
普通黏土、空心砖砌体	黏土瓦或石棉水泥瓦屋顶 木屋顶或楼板层	100
石砌体	砖石屋顶或楼板层	80
硅酸盐砖、硅酸盐砌块和混凝土砌块砌体		75

注：1. 层高大于 5m 的混合结构单层房屋，其伸缩缝间距可以按表中数值乘以 1.3 采用，但当墙体采用硅酸盐砖、硅酸盐砌块和混凝土砌块砌筑时，不得大于 75m。

2. 温差较大且变化频繁地区和严寒地区不采暖的房屋及构筑物墙体的伸缩缝最大间距，应按表中数值予以适当减少后使用。

表 3.4.1.2　钢筋混凝土结构伸缩缝最大间距（m）

项次	结构类型		室内或土中	露天
1	排架结构	装配式	100	70
2	框架结构	装配式	75	50
		现浇式	55	35
3	剪力墙结构	装配式	65	40
		现浇式	45	30
4	挡土墙及地下室墙壁等类结构	装配式	40	30
		现浇式	30	20

注：1. 如有充分依据或可靠措施，表中数值可以增减。

2. 当屋面板上部无保温或隔热措施时，框架、剪力墙结构的伸缩缝间距，可按表中露天栏的数值选用，排架结构可按适当低于室内栏的数值选用。

3. 排架结构的柱顶面（从基础顶面算起）低于 8m 时，宜适当减少伸缩缝间距。

4. 外墙装配、内墙现浇的剪力墙结构，其伸缩缝最大间距按现浇式一栏三数值选用。滑模施工的剪力墙结构，宜适当减小伸缩缝间距。现浇墙体在施工中应采取措施减少混凝土收缩应力。

由于昼夜温差引起热胀冷缩所造成的变形主要集中在建筑物的上部，因此，设伸缩缝的建筑物在基础部分不用断开，只需将其上部结构断开即可。

（二）沉降缝

沉降缝所对应的变形因素是建筑物的不均匀沉降。引起不均匀沉降的原因多种多样。首先是地基不均匀，例如持力层厚薄不均匀、基地原先有暗浜或地下设施，等等。其次是建筑物本身相邻的部分高低悬殊，例如带裙房的高层房屋等（图 3.4.1.2）。再有建筑物的某些部位结构形式变化大，例如框架结构的多层厂房在端部有混合结构的生活间等（图 3.4.1.3）。还有相邻部位的使用荷载变化大、基础埋深差别大以及紧邻老建筑建造新建筑等（图 3.4.1.4），都有可能造成建筑物的不均匀沉降。凡有这类情况的，除应采取将地基加固或加强建筑物的整体刚度等措施外，还应考虑在变化悬殊的部分从基础到屋顶沿全高将建筑物全部断开。

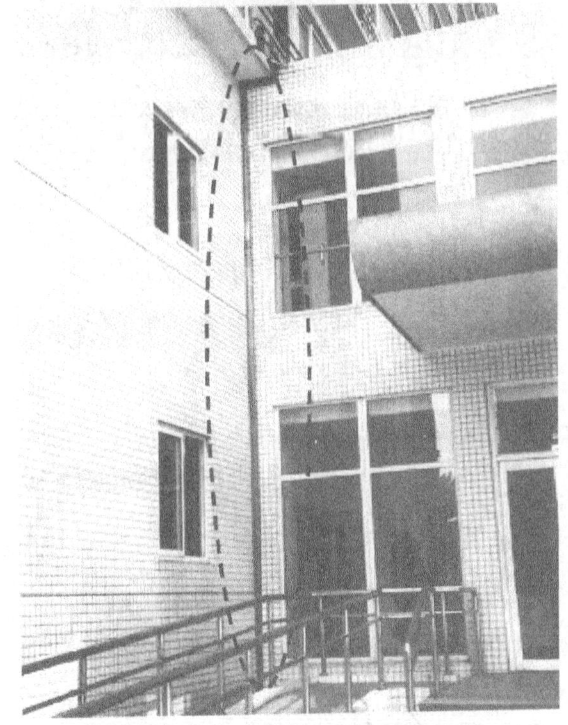

图 3.4.1.2　建筑物高低悬殊的相邻两部分间设沉降缝

图 3.4.1.3　建筑物结构差异大的相邻两部分间设沉降缝

图 3.4.1.4　新老建筑物交接处设沉降缝

（三）防震缝

防震缝所对应的变形因素是建筑物所在地区有可能发生的地震作用。在需要抗震设防的地区，建筑物的平面和体型最好较为规整，否则，一旦有地震发生，平面或体型较复杂的建筑物中的某些部位有可能因变形应力集中而遭到破坏。图 3.4.1.5 和图 3.4.1.6 分别从平面形状和建筑体型两方面表示容易发生应力集中的复杂情况。根据不同地区的设防烈度、建筑的结构类型和高度，要求在可能由地震作用而引起断裂的关键部位设置防震缝，将建筑物分为简单、规划、均一的单元。

根据目前对于地震作用的认识，在设置防震缝处，建筑物的基础可以断开，也可以不断开。

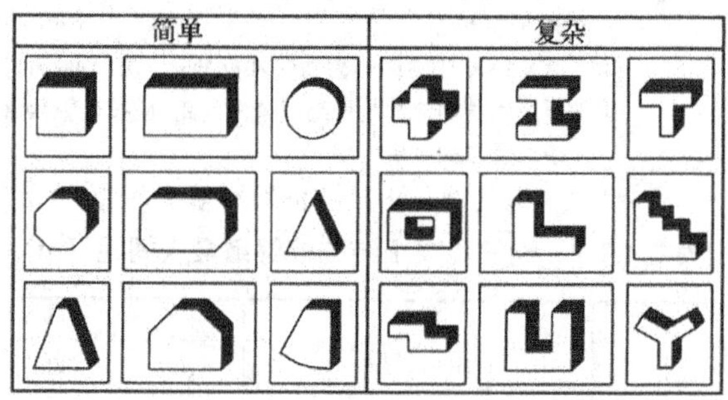

图 3.4.1.5　建筑物平面简单和复杂状况的比较

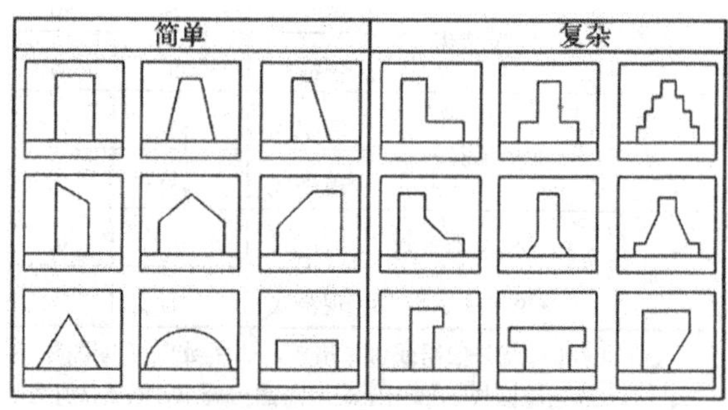

图 3.4.1.6　建筑物体型简单和复杂状况的比较

（四）变形缝的宽度

变形缝将建筑分成相邻的独立部分，缝的宽度要保证变形发生时缝两侧的相邻部分不至于产生碰撞。在三类变形缝中，温度变化所引起的变形是最小的，因此伸缩缝的缝宽可以做得最小。沉降缝虽然主要考虑垂直方向的变形，但在建筑物沉降的过程中，缝两边的部分有可能有轻微的倾斜，因此设缝要比伸缩缝宽，而且建筑物越高，缝宽就应越大。设置防震缝要考虑在地震作用下建筑物会发生摇晃，尤其是高层建筑，越高其上端的摆幅越大，而且与地震波的周期不一定吻合，因此其缝宽必须足够大，否则缝两侧的结构一旦在地震时因瞬时摆动方向不一致而发生撞击，其后果将不堪设想（图 3.4.1.7）。

表 3.4.1.3 总结比较了这一小节所阐述的三类不同的变形缝的设置要求及其设缝的宽度，以方便读者阅读。此外，需要注意的是，按照相关规范的规定，在抗震设防的地区，只要建筑物需要设置变形缝，无论是哪种性质的缝，其缝宽都应按照抗震缝的宽度设置，但其他方面的要求依然由缝的性质决定。

(a) 建筑物因体型较为复杂需设防震缝的实例

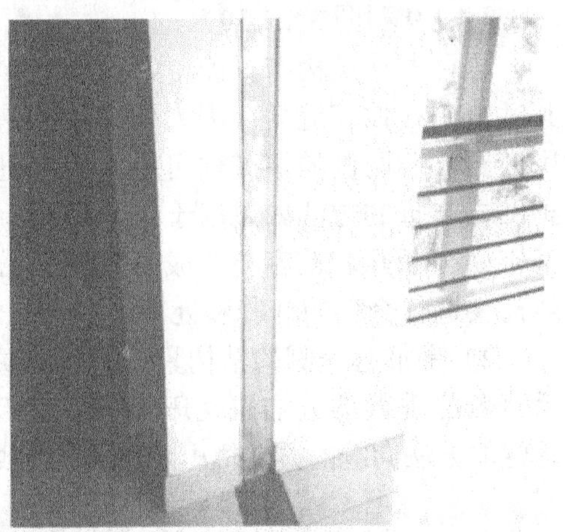

(b) 该建筑物内部设防震缝的状况

图 3.4.1.7　建筑物需要设置防震缝的情况

表 3.4.1.3　变形缝设缝比较

变形缝类别	对应变形原因	设置依据	断开部位	缝宽/mm
伸缩缝	昼夜温差引起的热胀冷缩	按建筑物的长度、结构类型与屋盖刚度	除基础外沿全高断开	20~30
沉降缝	建筑物相邻部分高低悬殊、结构形式变化大、基础埋深差别大、地基不均匀等引起的不均匀沉降	地基情况和建筑物的高度	从基础到屋顶沿全高断开	一般地基 建筑物高<5m　缝宽 30 5～10m　缝宽 50 10～15m　缝宽 70 软弱地基 建筑物 2～3 层　缝宽 50～80 4～5 层　缝宽 80～120 ≥6 层　缝宽>120 沉陷性黄土　缝宽≥30～70
抗震缝	地震作用	设防烈度、结构类型和建筑物高度（8 度、9 度设防且房屋立面高差相差在 6m 以上，或错层楼板相差 1/3 层高或 1m，毗邻部分各段刚度、质量、结构形式均不同时设置）	沿建筑物全高设缝，基础可断开，也可不断开	多层砌体建筑　缝宽 50～100 框架框剪建筑 当建筑物高≤ 15m 缝宽 70 当建筑物高> 15m 时： 6 7 8 9 } 度设防，高度每增高4m，缝宽加大20

二、建筑物设变形缝的方法

变形缝既将建筑物分成独立的单元，其两侧部分的结构必须各自独立，形成封闭的系统（图 3.4.1.8）。在进行建筑设计时，有如下几种方案可供参考：

1）在变形缝的两侧设双墙或双柱（图 3.4.1.9 和图 3.4.1.10）。

这种方法结构布置简单，使用最多，尤其适合用在伸缩缝处。因为伸缩缝的基础不用断开，缝两侧的墙或柱可以共用基础。这种结构布置的方法如果用于沉降缝处，因其基础必须断开，就容易造成基础的偏心，可能需要进行个别的计算和处理。

2）变形缝一侧的结构紧挨缝设墙或柱，另一侧的垂直承重结构退开若干距离后再用悬臂的方法向缝的方向挑出水平构件，或是缝两侧的垂直承重构件分别退开，再分别向设缝处悬挑水平构件（图 3.4.1.11 和图 3.4.1.12）。

图 3.4.1.8　变形缝两侧的结构应形成独立、封闭的系统

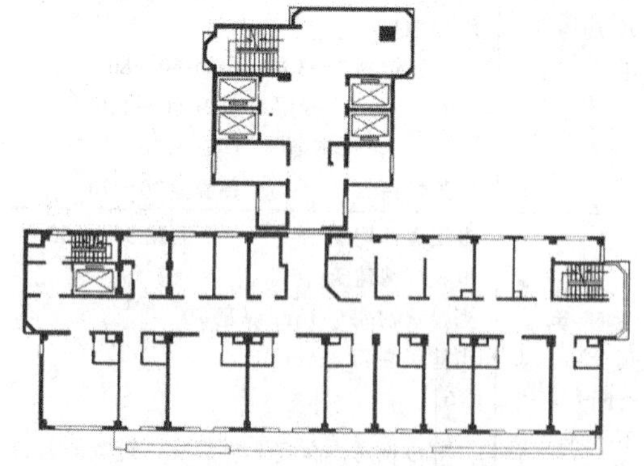

图 3.4.1.9　用双墙方案设置变形缝的建筑平面图

这种方法缝两侧的基础部分可以分别扩大而不会相互制约，可以适合各种类型的变形缝，尤其是当需要紧邻老建筑建设新建筑时，为了不使新建部分的基础压住老建筑原有的基础或是受老建筑的基础阻碍而不能达到设计所需要的深度，只要将新建筑邻近老建筑部分的垂直承重构件作退开处理，再向老建筑的方向悬挑水平构件，问题就很容易解决（图 3.4.1.13）。

图 3.4.1.10　变形缝两侧设双墙的建筑物实例

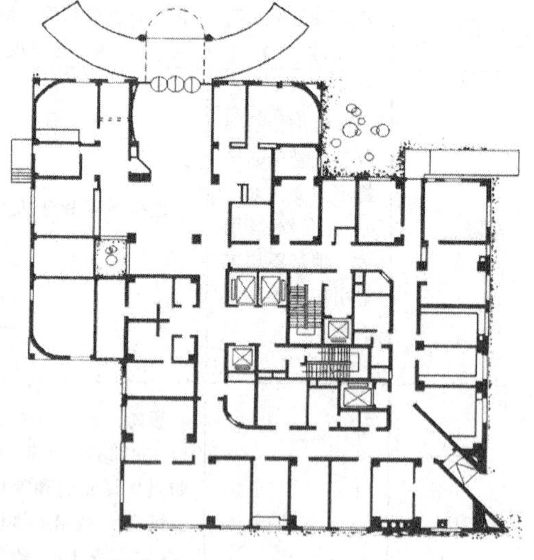

图 3.4.1.11　变形缝一侧的水平构件采用悬臂方案的建筑物平面图

图 3.4.1.12　变形缝两侧的垂直承重构件均退开若干距离后再用悬臂方法向缝的方向挑出水平构件的实例

图 3.4.1.13　紧邻老建筑的新建筑在变形缝处的垂直构件作退开处理

3）用一段水平构件，两头分别与变形缝两端的结构部分铰接作过渡处理（图 3.4.1.14），俗称“跷跷板”的方法。

这种方法中，过渡部分的水平构件可以随两边结构的沉降作轻微的调整。这种方法多用于连接两个建筑部分之间的空中通廊等。另外，有的连体的高层建筑之间或高层与其裙房之间可以结合中庭等的布置用钢构件，两端铰接来实现过渡，并可以取得大片的彩光天棚。如图 3.4.1.15 所示的建筑物，在设计时因考虑日后兴建的地铁将通过其基础下部，于是将建筑物一分为二，并将地铁通过部位的上方处理为入口及中庭，两侧的建筑由架空通道连接，上空覆盖钢构架作采光顶棚处理。这是在变形缝的设置方面变限制为构思的好例子。

(a) 某两栋建筑物之间的架空通道采用两端铰接的方式设置变形缝

(b) 该架空通道的结构构件布置方式

图 3.4.1.14　采用两端铰接的方式设变形缝的建筑实例

(a) 某建筑物因势利导将地铁通过部位的上方处理为两端铰接的入口及采光中庭

(b) 该建筑物的入口及采光中庭实录

图 3.4.1.15　因势利导设置变形缝的建筑实例

三、变形缝盖缝节点

变形缝需要沿建筑的全高断开，在水平和垂直两个方向都必须进行盖缝处理。

变形缝的盖缝节点构造应满足以下要求：

1）所选择的盖缝板的形式必须能够符合所属变形缝类别的变形需要。例如伸缩缝上的盖缝板只需适应水平方向的位移，而沉降缝上的盖缝板则必须能够满足上下方向位移的要求（图 3.4.1.16）。

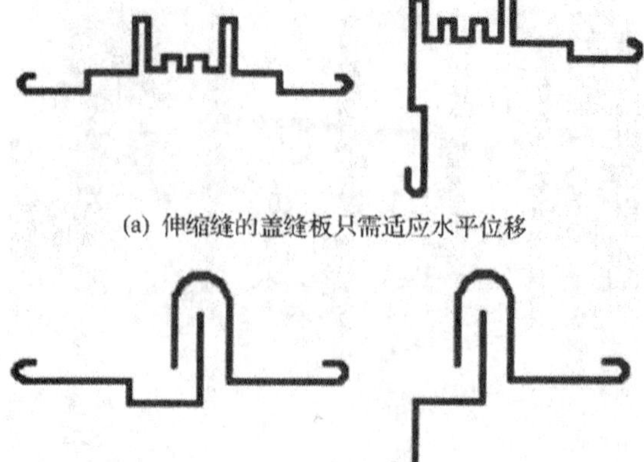

(a) 伸缩缝的盖缝板只需适应水平位移

(b) 沉降缝的盖缝板需能适应垂直位移

图 3.4.1.16　变形缝盖缝板的形式应符合变形需要

2）所选择的盖缝板的材料及构造方式必须能够符合变形缝所在部位的其他功能需要。例如用于屋面和外墙面部位的盖缝板应选择不易锈蚀的材料，如镀锌铁皮、彩色薄钢板、铝皮等，并做到节点能够防水；而用于室内地面、楼板地面及内墙面的盖缝板则可以根据内部面层装修的需要来做。

不过应当注意，对于高层建筑及防火要求较高的建筑物，室内变形缝四周的基层，应采用不燃烧材料，表面装饰层也应采用不燃或难燃材料。在变形缝内不应敷设电缆、可燃气体管道和易燃、可燃液体管道。如果有管道确需穿过变形缝，则应在管道穿越处加设不燃烧材料套管，并应采用不燃烧材料将套管两端空隙紧密填塞（图 3.4.1.17）。

3）在变形缝内部应当用具有自防水功能的柔性材料来塞缝，例如挤塑型聚苯板、沥青麻丝、橡胶条等，以防止热桥的产生。图 3.4.1.18～图 3.4.1.32 所示的是具有代表性

图 3.4.1.17　管道穿越变形缝处加设套管的实例

的墙面、楼地面以及屋面变形缝的盖缝构造详图和实例。

实例分析

例一：图 3.4.1.28 所示的是某养老院建筑在二层屋顶平台出屋面处的沉降缝及其节点设计。按照常规的做法，该处室内外应当像图 3.4.1.30 所示的那样存在较大的高差，但养老院建筑却应当按照无障碍的要求来进行设计。为了解决这一难题，建筑师在设计时反常规地在沉降缝处做了一条钢筋混凝土的排水沟，上面用铸铁盖板覆盖，并设置坡度将屋面雨水引向这条沟。由于雨水很难越过排水沟流到变形缝中，因此无须在变形缝侧边设置翻起来挡水，这样就避免了在出屋面处形成妨碍老人通行的高差。图 3.4.1.29 是该工程完成后的实景图。这个巧妙的构思来源于学生在一次课堂讨论时所产生的大胆设想。

例二：图 3.4.1.31 所示的是某种变形缝盖缝板的产品。实际上，市场上类似这种产品的变形缝盖缝板还有很多。这类产品往往有能够分别用于屋面、墙面、地面的一整套系列。其设计的巧妙构思是用铰来适应变形，因而盖缝板能始终密实地盖在缝上，而且能适应三个向度的变形。比起一般盖缝板只有两个向度的适应性来，这种盖缝板产品的防渗漏的性能也更好。

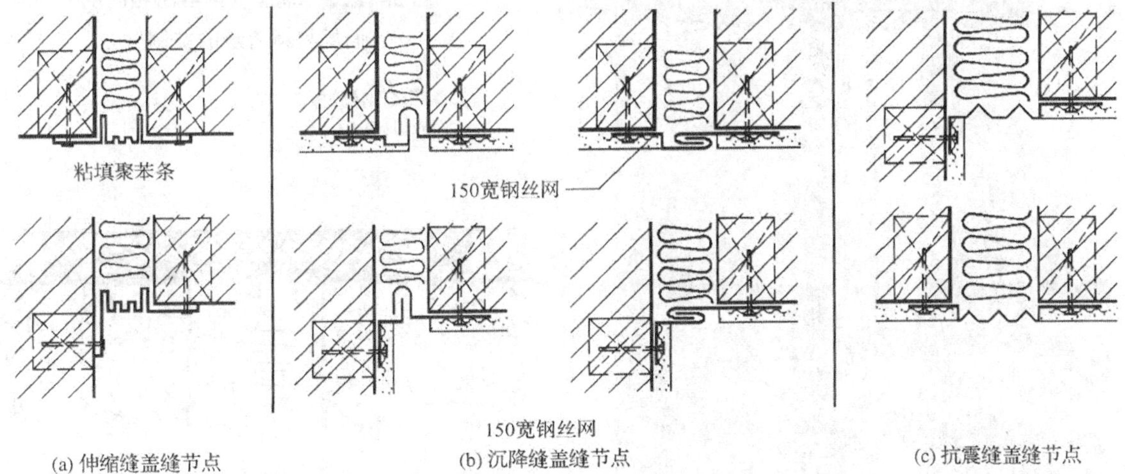

图 3.4.1.18　典型的墙面变形缝盖缝节点（平剖面）

图 3.4.1.19　外墙面变形缝金属板盖缝实例

图 3.4.1.20　内墙面变形缝金属板盖缝实例

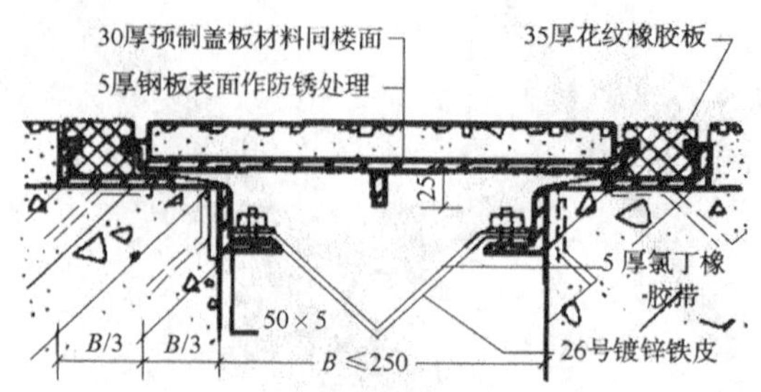

图 3.4.1.21　地面变形缝用相同的面层材料盖缝的做法示意图

图 3.4.1.22　地面变形缝用相同的面层材料盖缝的实例

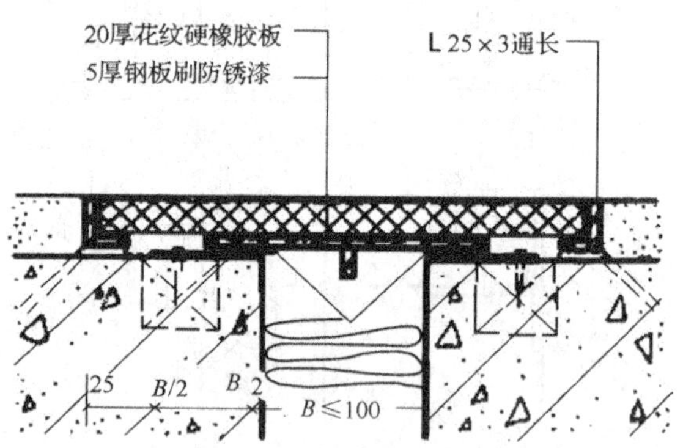

图 3.4.1.23　地面变形缝用硬质防滑材料盖缝的做法示意图

图 3.4.1.24　地面变形缝用轧花钢板盖缝的做法实例

图 3.4.1.26　屋面伸缩缝盖缝实例

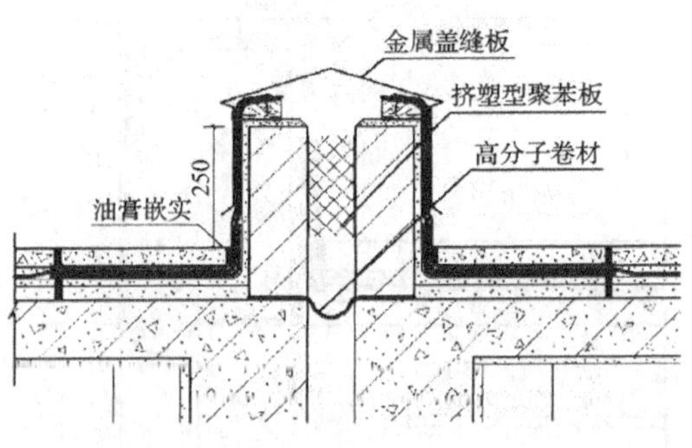

图 3.4.1.25　屋面伸缩缝盖缝做法示意图

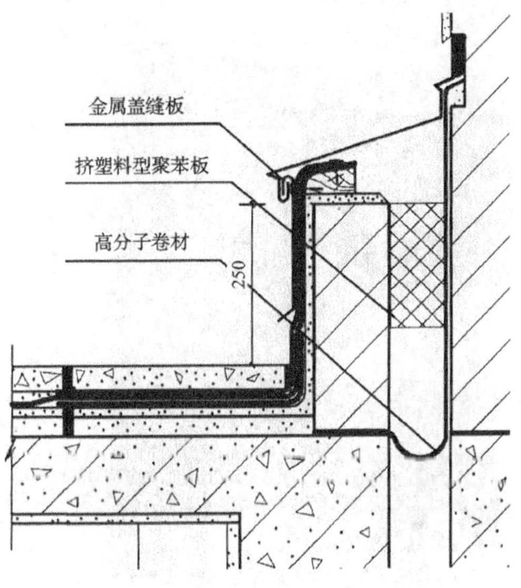

图 3.4.1.27　有高差处屋面沉降缝盖缝做法示意图

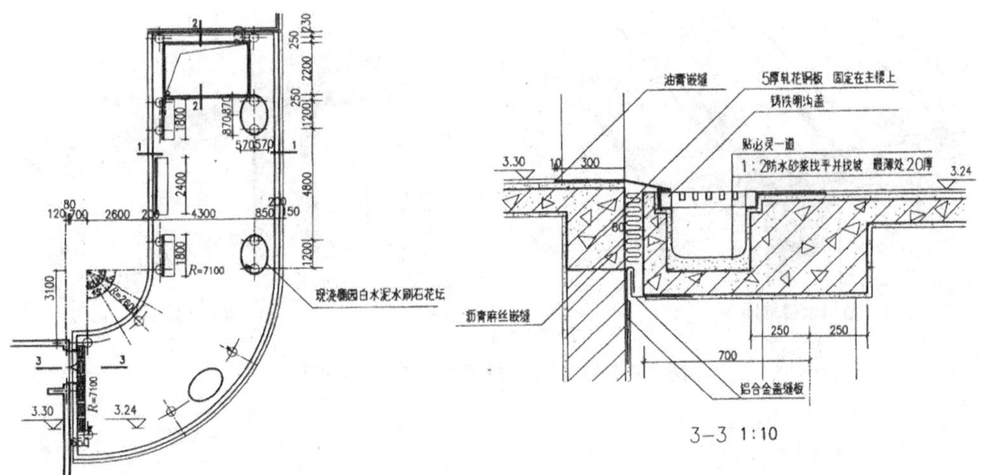

图 3.4.1.28　某养老院建筑在二层屋顶平台出屋面处的沉降缝设计

(a) 某养老院出屋面处沉降缝盖缝实景

(b) 该沉降缝处设排水沟下底与结构梁底平齐

图 3.4.1.29　某养老院建筑沉降缝处特殊设计的实景

(a) 建筑出屋面处变形缝按常规设计的实例

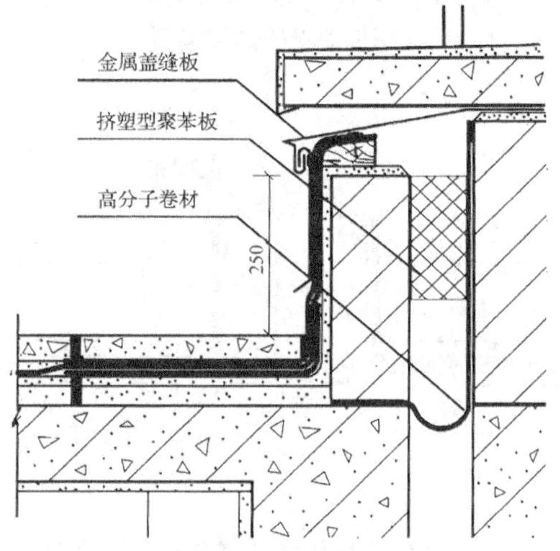

(b) 建筑出屋面处变形缝按常规设计的做法示意图

图 3.4.1.30　建筑出屋面处变形缝的常规做法

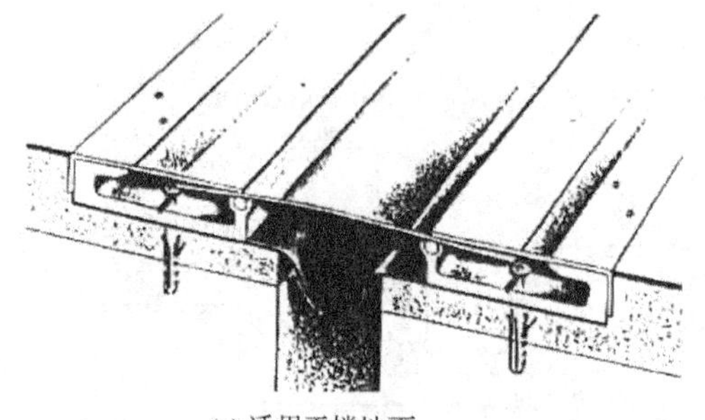
(a) 适用于楼地面

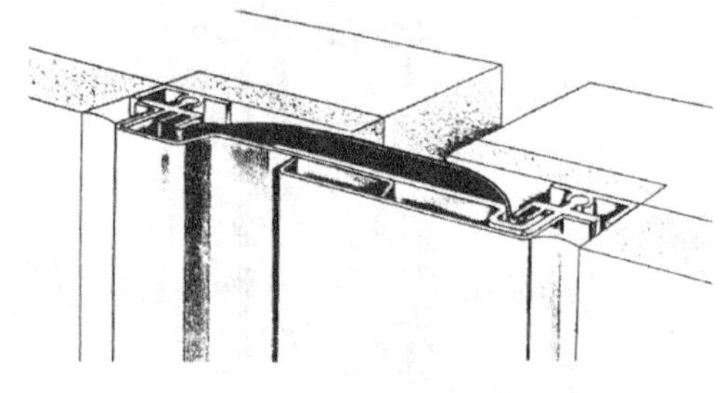
(b) 适用于墙面

图 3.4.1.31　某品种盖缝板的产品系列

此外，建筑物的地下室埋置在土中，环境一般较为潮湿，或者还可能受到地下水的侵蚀，如果需要设变形缝的，盖缝节点的处理更应充分注意防水的需要。图 3.4.1.32 提供在地下室变形缝安装止水带以及盖缝的节点做法。

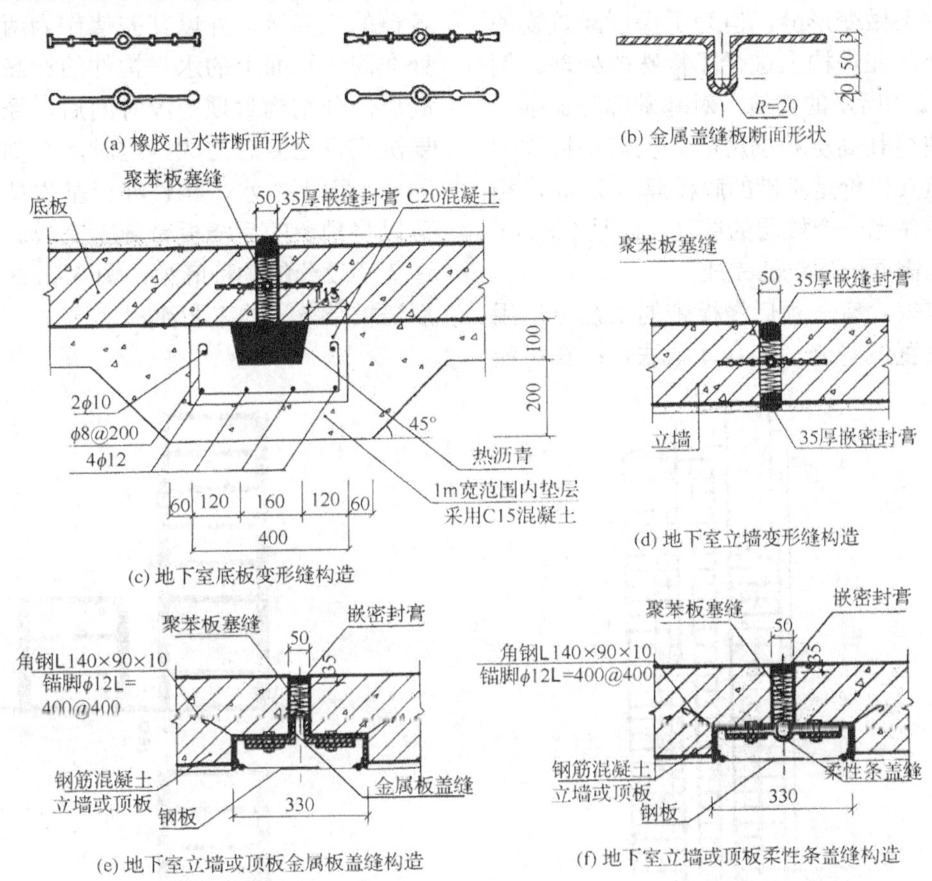

图 3.4.1.32　地下室变形缝构造

第二节　不设变形缝对抗变形

一、建筑物设变形缝带来的负面影响

设变形缝固然是对付建筑物可能因变形而引起破坏的好方法，但设缝毕竟会带来很多的麻烦，例如必须做盖缝处理，易发生渗漏，等等，在采用双墙双柱设缝的方案时，特别是紧邻的双柱，其庞大的体积往往还会给装修造成一定的不便（图 3.4.2.1）。

图 3.4.2.1　设置变形缝有可能造成的不便

二、不设变形缝对抗变形的可能性讨论

有的建筑物设计时在通常需要设置变形缝的部位不做变形缝，但为了保证建筑物的使用安全，在结构上进行了特殊的处理。例如图 3.4.2.2 所示的建筑，对基础部分加强了处理，使得其高层和群房部分能够保持均匀沉降，但其代价是基础的底板厚达 2.8m，相当于普通住宅一个楼层的层高，而且 8600m^3 的混凝土需要一次浇注完成。

近年来，有一种后浇板带的工艺可以用来替代设置沉降缝。其具体做法是：在可能的条件下，建筑物的高层部分与裙房同时开始施工，但在该两部分之间留出一段 800～1000mm 宽的板带先不浇注，而且预先计算好两部分各自的沉降量，并以其差值作为两个部分应处在同一平面上的水平构件的标高差值。等高层部分结构封顶一段时间后，经测得其主要沉降量已接近完成，这时两个部分应处在同一平面上的水平构件亦已基本持平，这时可以将预留的后浇板带施工完成。这种方法避免了设缝的种种麻烦，图 3.4.2.3 所示的是后浇板带方法的工艺流程。

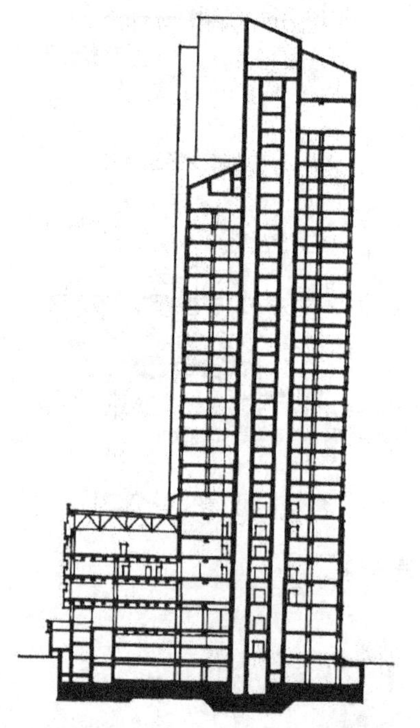

图 3.4.2.2 不设变形缝而进行其他结构处理的建筑实例

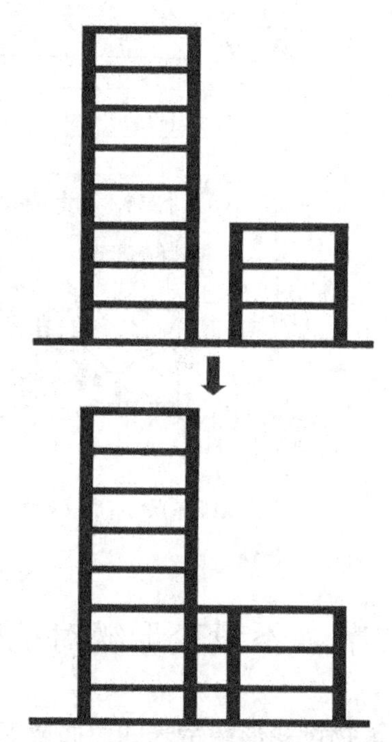

图 3.4.2.3 后浇板带工艺的流程示意图

本章复习提要

- 掌握建筑变形缝的基本概念
- 了解造成建筑物变形的主要原因及对应的设缝构造措施
- 比较各类变形缝断开部位及缝宽的差别
- 掌握对变形缝两侧建筑物的基本要求以及设缝所常用的结构布置方式
- 了解对各种类型及建筑各部位的建筑变形缝所采用的盖缝措施

附　　表

附表 1　建筑物耐久性等级

耐久性等级	耐久年限	适用建筑
一级	100 年以上	重要的建筑和高层建筑
二级	50～100 年	一般性建筑
三级	25～50 年	次要的建筑
四级	15 年以下	临时性建筑

附表 2　多层建筑构件的燃烧性能和耐火极限

构件名称		耐火等级			
		一级	二级	三级	四级
		燃烧性能和耐火极限/h			
墙	防火墙	不燃烧体 4.00	不燃烧体 4.00	不燃烧体 4.00	不燃烧体 4.00
	承重墙、楼梯间、电梯井墙	不燃烧体 3.00	不燃烧体 2.50	不燃烧体 2.50	难燃烧体 0.50
	不承重外墙、疏散走道两侧的隔墙	不燃烧体 1.00	不燃烧体 1.00	不燃烧体 0.50	难燃烧体 0.25
	房间隔墙	不燃烧体 0.75	不燃烧体 0.50	不燃烧体 0.50	难燃烧体 0.25
柱	支承多层的柱	不燃烧体 3.00	不燃烧体 2.50	不燃烧体 2.50	难燃烧体 0.50
	支承单层的柱	不燃烧体 2.50	不燃烧体 2.00	不燃烧体 2.00	燃烧体
梁		不燃烧体 2.00	不燃烧体 1.50	不燃烧体 1.00	难燃烧体 0.50
楼板		不燃烧体 1.50	不燃烧体 1.00	不燃烧体 0.50	难燃烧体 0.50
屋顶承重构件		不燃烧体 1.50	不燃烧体 0.50	燃烧体	燃烧体
疏散楼梯		不燃烧体 1.50	不燃烧体 1.00	不燃烧体 1.00	燃烧体
吊顶（包括吊顶搁栅）		不燃烧体 0.25	难燃烧体 0.25	难燃烧体 0.15	燃烧体

附表 3　高层建筑构件的燃烧性能和耐火极限

燃烧性能和耐火极限/h 构件名称		耐火等级	
		一级	二级
墙	防火墙	不燃烧体 3.00	不燃烧体 3.00
	承重墙、楼梯间、电梯井和住宅单元之间的墙	不燃烧体 2.00	不燃烧体 2.00
	非承重外墙，疏散走道两侧的隔墙	不燃烧体 1.00	不燃烧体 1.00
房间隔墙		不燃烧体 0.75	不燃烧体 0.50
柱		不燃烧体 3.00	不燃烧体 2.50
梁		不燃烧体 2.00	不燃烧体 1.50
楼板、疏散楼梯、屋顶承重构件		不燃烧体 1.50	不燃烧体 1.00
吊顶		不燃烧体 0.25	难燃烧体 0.25

附表 4　装修材料燃烧性能等级

等级	装修材料燃烧性能
A	不燃性
B_1	难燃性
b_2	可燃性
b_3	易燃性

附表 5　地下民用建筑内部各部位装修材料的燃烧性能等级

建筑物及场所	装修材料燃烧性能等级						
	顶棚	墙面	地面	隔断	固定家具	装饰织物	其他装饰材料
休息室和办公室等，旅馆的客房及公共活动用房等	A	B_1	B_1	B_1	B_1	B_1	B_2
娱乐场所、旱冰场等，舞厅、展览厅等，医院的病房、医院用房等	A	A	B_1	B_1	B_1	B_1	b_2
电影院的观众厅、商场的营业厅	A	A	A	B_1	B_1	B_1	b_2
停车库、人行通道、图书资料库、资料库	A	A	A	A	A		

附表 6　单层、多层建筑内部各部位装修材料的燃烧性能等级

建筑物及场所	建筑规模、性质	装修材料燃烧性能等级							
		顶棚	墙面	地面	隔断	固定家具	装饰织物		其他装饰材料
							窗帘	帷幕	
候机楼的候机大厅、贵宾候机室、商店、餐厅、售票厅等	建筑面积> $1000m^2$ 的候机楼	A	A	B_1	B_1	B_1	B_1		B_1
	建筑面积或≤$1000m^2$ 的候机楼	A	B_1	B_1	B_1	b_2	b_2		b_2
汽车站、火车站、轮船客运站的候车（船）室、餐厅、商场等	建筑面积> $1000m^2$ 的车站、码头	A	A	B_1	B_1	B_2	b_2		B_1
	建筑面积≤$1000m^2$ 的车站、码头	B_1	B_1	B_1	b_2	B_2	b_2		b_2
影院、会堂、礼堂、影院、音乐厅	>800 座位	A	A	B_1	B_1	B_1	B_1	B_1	B_1
	≤800 座位	A	B_1	B_1	B_1	b_2	B_1	B_1	B_1
体育馆	>3000 座位	A	A	B_1	B_1	B_1	B_1	B_1	b_2
	<3000 座位	A	B_1	B_1	B_1	b_2	b_2	B_1	b_2

续表

建筑物及场所	建筑规模、性质	装修材料燃烧性能等级							
		顶棚	墙面	地面	隔断	固定家具	装饰织物		其他装饰材料
							窗帘	帷幕	
商场营业厅	每层建筑面积>3000m² 或总建筑面积>9000m² 的营业厅	A	B_1	A	A	B_1	B_1		B_2
	每层建筑面积 1000～3000m² 或总建筑面积为 3000～9000m² 的营业厅	A	B_1	B_1	B_1	B_2	B_1		
	每层建筑面积<1000m² 或总建筑面积<3000m² 的营业厅	B_1	B_1	B_1	B_2	B_2	B_2		
饭店、旅馆的客房及公共活动用房	设有中央空调系统的饭店、旅馆	A	B_1	B_1	B_1	b_2	B_2		B_2
	其他饭店、旅馆	B_1	B_1	B_2	B_2	B_2	B_2		
歌舞厅、餐馆等娱乐、餐馆建筑	营业面积>1000m²	A	B_1	B_1	B_1	B_2	B_1		B_2
	营业面积≤1000m²	B_1	B_1	B_1	b_2	B_2	B_2		B_2
幼儿园、托儿所、医院病房楼、疗养院、养老院		A	B_1	B_1	B_1	B_2	B_1		B_2
纪念馆、展览馆、博物馆、图书馆、档案馆、资料馆等	国家级、省级	A	B_1	B_1	B_1	B_2	B_1		B_2
	省级以下	B_1	B_1	B_2	B_2	B_2	B_2		B_2
办公楼、综合楼	设有中央空调系统的办公楼、综合楼	A	B_1	B_1	B_1	B_2	B_2		B_2
	其他	B_1	B_1	B_2	B_2	B_2			
住宅	高级住宅	B_1	B_1	B_1	B_1	B_2	B_2		B_2
	普通住宅	B_1	B_2	B_2	B_2	B_2			

附表 7　工业厂房内部各部位装修材料的燃烧性能等级

工业厂房分类	建筑规模	装修材料燃烧性能等级			
		顶棚	墙面	地面	隔断
甲、乙类厂房 有明火的丁类厂房		A	A	A	A
丙类厂房	地下厂房	A	A	A	B_1
	高层厂房	A	B_1	B_1	b_2
	高度>24m 的单层厂房 高度≤24m 的单层，多层厂房	B_1	B_1	b_2	b_2
无明火的丁类厂房 戊类厂房	地下厂房	A	A	B_1	B_1
	高层厂房	B_1	B_1	b_2	b_2
	高度> 24m 的单层厂房 高度≤24m 的单层，多层厂房	B_1	b_2	b_2	b_2

附表 8　高层民用建筑内部各部位装修材料的燃烧性能等级

建筑物	建筑规模、性质	装修材料燃烧性能等级									
		顶棚	墙面	地面	隔断	固定家具	装饰织物				其他装饰材料
							窗帘	帷幕	床罩	家具包布	
高级旅馆	>800 座位的观众厅、会议厅、顶层餐厅	A	B_1	B_1	B_1	B_1	B_1	B_1		B_1	B_1
	≤800 座位的观众厅、会议厅	A	B_1	B_1	B_1	B_1	B_1	B_1		B_2	B_1
	其他部位	A	B_1	B_1	B_2	B_2	B_1	B_2	B_1	B_2	B_1
商业楼、展览楼、综合楼、商住楼、医院病房楼	一类建筑	A	B_1	B_1	B_1	B_2	B_1	B_1		B_2	B_1
	二类建筑	B_1	B_1	B_2	B_2	B_2	B_1	B_2		B_2	B_2
电信楼、财贸金融楼、邮政楼、广播电视楼、电力调度楼、防灾指挥调度楼	一类建筑	A	A	B_1	B_1	B_1	B_1	B_1		B_2	B_1
	二类建筑	B_1	B_1	B_2	B_2	B_2	B_1	B_2		B_2	B_2
教学楼、办公楼、科研楼、档案楼、图书馆	一类建筑	A	B_1	B_1	B_1	B_2	B_1	B_1		B_1	B_1
	二类建筑	B_1	B_1	B_2	B_1	B_2	B_1	B_2		B_2	B_2
住宅、普通旅馆	一类普通旅馆，高级住宅	A	B_1	B_2	B_1	B_2	B_1		B_1	B_2	B_1
	二类普通旅馆，普通住宅	B_1	B_1	B_2	B_2	B_2	B_1		B_2	B_2	B_2

注：“顶层餐厅”包括设在高空的餐厅、观光厅等；建筑物的类别、规模、性质符合国家现行标准的有关规定。

附表 9　常用建筑内部装修材料燃烧性能等级划分举例

材料类别	级别	材料举例
各部位材料	A	花岗岩、大理石、水磨石、水泥制品、混凝土制品、石膏板、石灰制品、黏土制品、玻璃、瓷砖、马赛克、钢铁、铝、铜合金等
顶棚材料	B_1	纸面石膏板、纤维石膏板、水泥刨花板、矿棉装饰吸声板、玻璃棉装饰吸声板、珍珠岩装饰吸声板、难燃胶合板、难燃中密度纤维板、岩棉装饰板、难燃木材、铝箔复合材料、难燃酚醛胶合板，铝箔玻璃钢复合材料等
墙面材料	B_1	纸面石膏板、纤维石膏板、水泥刨花板、矿棉板、玻璃棉板、珍珠岩板、难燃胶合板、难燃中密度纤维板、防火塑料装饰板、难燃双面刨花板、多彩涂料、难燃墙纸、难燃墙布、难燃仿花岗岩装饰板、氯氧镁水泥装配式墙板、难燃玻璃钢平板、PVC 塑料护墙板、轻质高强复合墙板、阻燃模压木质复合板材、彩色阻燃人造板、难燃玻璃钢等
	B_1	各类天然木材、木制人造板、竹材、纸制装饰板、装饰微薄木贴面板、印刷木纹人造板、塑料贴装饰板、聚酯装饰板、复塑装饰板、塑纤板、胶合板、塑料壁纸、无纺贴墙布、墙布、复合壁纸、天然材料壁纸、人造革等

续表

材料类别	级别	材料举例
地面材料	B_1	硬PVC塑料地板、水泥刨花板、水泥木丝板、氯丁橡胶地板等
	B_2	半硬质PVC塑料地板、PVC卷材地板、木地板、氯纶地毯等
装饰织物	B_1	经阻燃处理的各类难燃织物等
	B_2	纯毛装饰布、纯麻装饰布、经阻燃处理的其他织物等
其他装饰材料	B_1	聚氯乙烯塑料、酚醛塑料、聚碳酸酯塑料、聚四氟乙烯塑料、三聚氰胺、脲醛塑料、硅树脂塑料装饰型材、经阻燃处理的各类织物等、另见顶棚材料和墙面材料内的有关材料
	B_2	经阻燃处理的聚乙烯、聚丙烯、聚氨酯、聚苯乙烯、玻璃钢、化纤织物、木制品等

参 考 文 献

韩国A&C产业图书出版公社，2006．建筑集成细部2．香港雷尼国际出版有限公司译．大连：大连理工大学出版社．
韩建新，1996．建筑装饰构造．北京：中国建筑工业出版社．
黄汉存，1994．建筑抗震设计技术措施．北京：中国建筑工业出版社．
黄华生，1997．建筑外墙——香港案例．北京：中国计划出版社．
建设部科技发展促进中心，北京振利高新技术公司，2005．外墙保温应用技术．北京：中国建筑工业出版社．
建筑资料研究社，1997．建筑图解辞典．朱首明，等译．北京：中国建筑工业出版社．
上海市建设委员会，1991．上海八十年代高层建筑．上海：科学技术文献出版社．
杨差勤，郎四维，涂适祥，1999．建筑节能．北京：中国建筑工业出版社．
中国建筑标准设计研究所，2003．住宅建筑构造(03j930-l)．北京：中国建筑标准设计研究所．
钟训正，1994．国外建筑装修构造图集．南京：东南大学出版社．
F. 阿森西奥，1994．世界最新建筑室内设计佳作选集．高虹译．北京：中国建筑工业出版社．